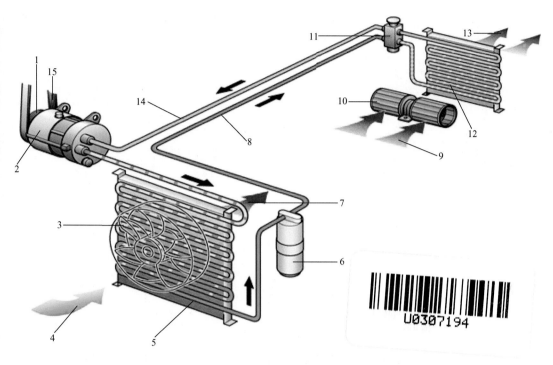

图 2-1　节流膨胀阀式汽车空调蒸气压缩制冷系统

图 2-106　CO_2 空调系统的零部件

图 2-108　电动压缩机

图 4-15　鼓风机

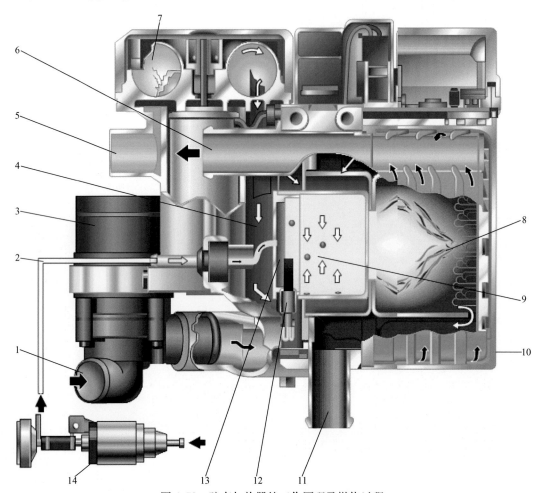

图 4-78　驻车加热器的工作原理及燃烧过程

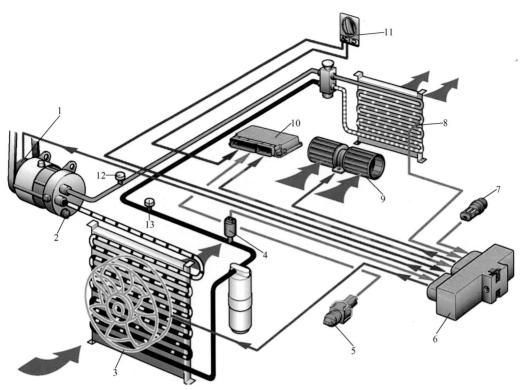

图 6-1　汽车空调控制系统示意图

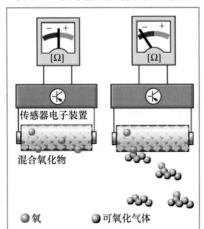

传感器电子装置

混合氧化物

● 氧　　　● 可氧化气体

图 6-45　测量可氧化气体中的污染物（阻抗降低）

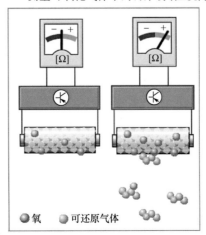

● 氧　　　● 可还原气体

图 6-46　测量可还原气体中的污染物（阻抗升高）

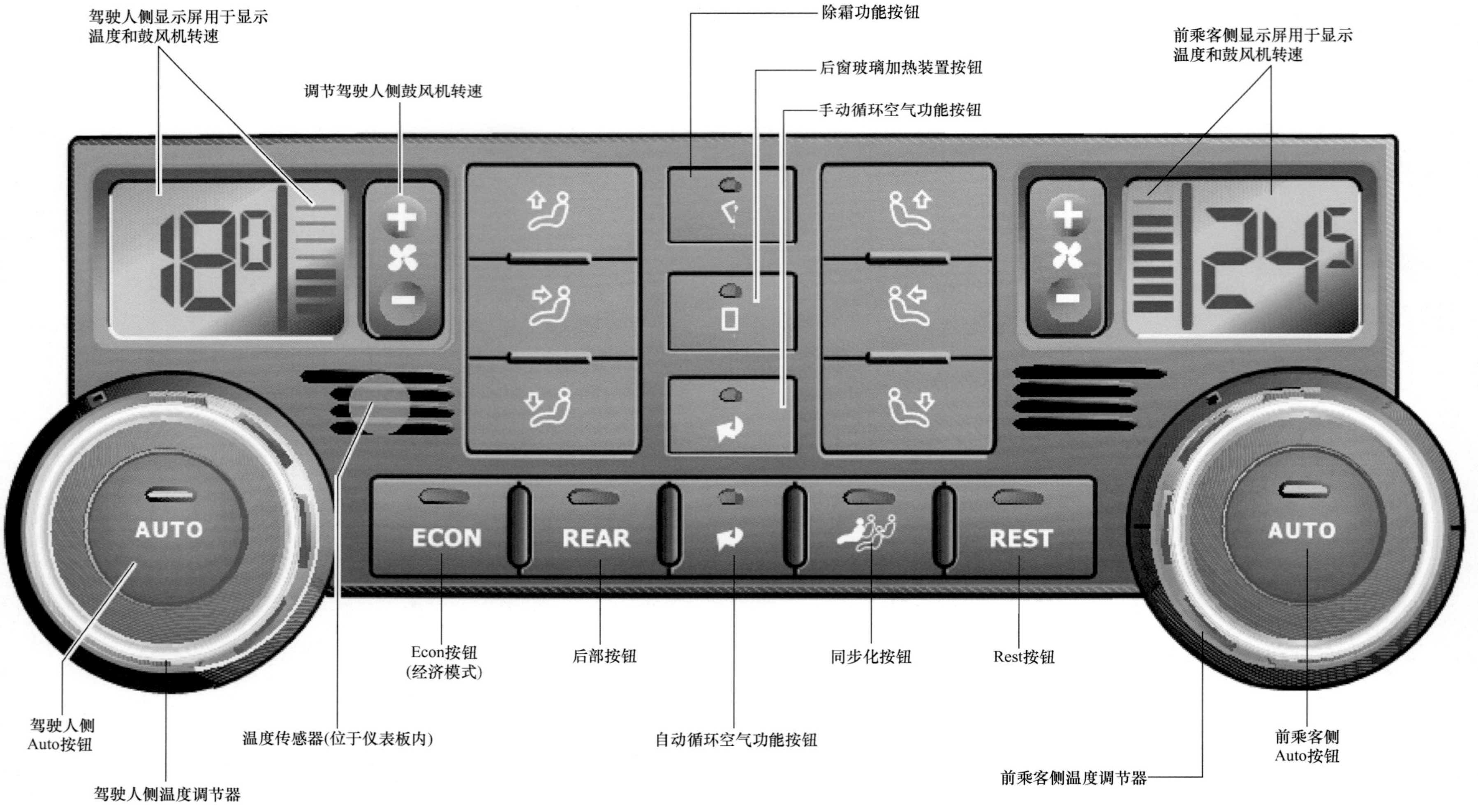

前乘客侧显示屏用于显示温度和鼓风机转速

前乘客侧 Auto按钮

Rest按钮

前乘客侧温度调节器

同步化按钮

自动循环空气功能按钮

后部按钮

Econ按钮（经济模式）

除霜功能按钮

后窗玻璃加热装置按钮

手动循环空气功能按钮

温度传感器（位于仪表板内）

调节驾驶人侧鼓风机转速

驾驶人侧显示屏用于显示温度和鼓风机转速

驾驶人侧 Auto按钮

驾驶人侧温度调节器

图 6-53　四温区自动空调系统前部操作和显示单元的操作面板

图 8-12b　歧管压力表

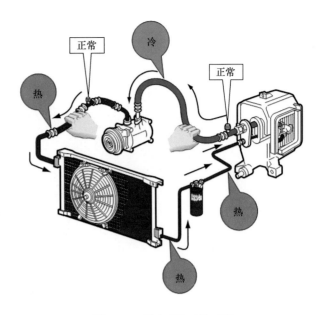

图 8-84　制冷系统工作正常

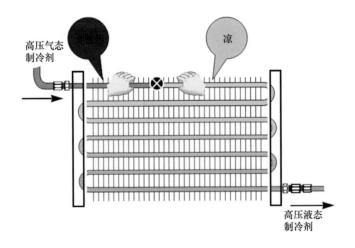

图 8-92　冷凝器管路堵塞(管片式或管带式冷凝器)

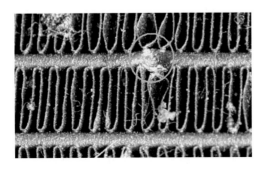

图 8-94　冷凝器被石子击伤而出现破损（图中绿圈处）

将高压传感器(红色)接在制冷系统的高压维修阀上

将TK2传感器夹子(黄色)夹持在冷
凝器出口金属管路上(确保接触可靠)

将TK1传感器夹子(红色)夹持在冷
凝器入口金属管路上(确保接触可靠)

图 8-104　将高压传感器及温度传感器（TK1 和 TK2）连接到制冷系统管路上

将低压传感器(蓝色)接在制冷系统的低压维修阀上

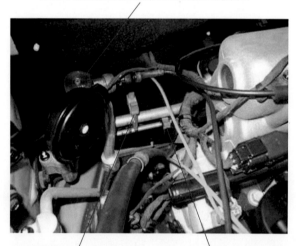

将TK4传感器夹子(蓝色)夹持在蒸
发器出口金属管路上(确保接触可靠)

将TK3传感器夹子(黑色)夹持在蒸
发器入口金属管路上(确保接触可靠)

图 8-105　将低压传感器及温度传感器（TK3 和 TK4）连接到制冷系统管路上

应用型本科汽车类专业系列教材

汽车空调技术

第 2 版

凌永成　主编

刘国贵　崔永刚　参编

机械工业出版社

本书是根据应用型本科汽车类专业的教学目标、培养方案及教学大纲的要求编写的。

本书共分8章，在简要介绍热工学基础知识和汽车空调系统的组成与分类之后，重点阐述和讲授乘用车空调制冷系统的结构原理、温度控制、采暖与通风配气系统、自动控制系统，以及汽车空调系统的使用、维护与检修知识，对商用车（大型客车、载货汽车、冷藏汽车）空调系统也作了充分的介绍，是一本内容较为宽泛、简明扼要地反映现代汽车空调技术新知识的教材。

本书为应用型本科汽车类专业教材，也可作为高等工程专科学校、高等职业技术学院以及职业培训学校的汽车运用、汽车服务、汽车维修类专业教材，还可作为广大汽车工程技术人员的参考读物。

图书在版编目（CIP）数据

汽车空调技术/凌永成主编. —2版. —北京：机械工业出版社，2020.6（2024.1重印）

应用型本科汽车类专业系列教材

ISBN 978-7-111-64925-0

Ⅰ.①汽… Ⅱ.①凌… Ⅲ.①汽车空调 – 高等学校 – 教材 Ⅳ.①U463.85

中国版本图书馆 CIP 数据核字（2020）第 035447 号

机械工业出版社（北京市百万庄大街22号　邮政编码100037）

策划编辑：赵海青　责任编辑：赵海青

责任校对：潘　蕊　封面设计：陈　沛

责任印制：邓　博

北京盛通数码印刷有限公司印刷

2024 年 1 月第 2 版第 3 次印刷

184mm×260mm·17.5 印张·3 插页·443 千字

标准书号：ISBN 978 - 7 - 111 -64925 - 0

定价：49.00 元

电话服务　　　　　　　　　　网络服务

客服电话：010 - 88361066　机　工　官　网：www.cmpbook.com

　　　　　010 - 88379833　机　工　官　博：weibo.com/cmp1952

　　　　　010 - 68326294　金　书　网：www.golden - book.com

封底无防伪标均为盗版　机工教育服务网：www.cmpedu.com

车辆工程方向教材编审委员会

汽车服务工程方向教材编审委员会

丛 书 序

进入 21 世纪，我国高等教育得到了迅猛发展，已经进入了大众化的发展阶段，全国高等教育的毛入学率已达到 20%，上海、北京等高等教育发达地区的毛入学率已经超过 50%，率先进入了高等教育大众化的发展阶段。

在高等教育大众化发展阶段，受教育者和社会对高等学校的要求趋向于多元化和复杂化，对人才的认识和评价标准趋向于多样化，它的发展必然要求高等教育理念、办学形式的多元化和高等学校办学层次、类型的多样化。我国传统的"精英式"高等教育理念、"研究型"高等学校办学模式和"学术性"人才培养模式在高等教育大众化阶段受到了严重挑战。也就是说，高等教育大众化在提高适龄青年接受高等教育比例的同时，使教育的对象、目标和教育结构发生了变化，接受高等教育的人具有了不同的类型和不同的特点，这就需要高等教育具有不同层次和不同类型，因此，产生了学校设置的不同类型和不同定位。应用型本科人才的培养正是在这种情况下，越来越得到社会的重视。

为适应社会对应用型人才的需求，对高等学校尤其是新建本科院校来说，应用型本科人才的培养工作重任在肩。应用型本科如何定位、分类和发展，是国内教育界非常关注的问题。定位于职业取向的应用型大学，既有普通本科教育的共性，又有区别于普通本科的自身特点，它更加注重的是实践性、应用性和技术性。有人认为，"后劲足、上手快"，即基础知识比高职高专学生深厚、实践能力比传统本科生强，是本科应用型人才最本质的特征，但是由于类型多而复杂，应用型本科院校之间缺乏横向交流和适用于应用型人才培养的针对性教材一直是制约院校发展的瓶颈。

2011 年 12 月，围绕应用型本科人才培养和教材开发，机械工业出版社牵头在上海建桥学院召开了"汽车类专业应用型本科示范教材"开发研讨会。上海建桥学院、上海电机学院、鲁东大学、九江学院、长安大学、河南科技大学、南昌工程学院、黑龙江工程学院、武汉科技大学、山东交通学院、河南工业大学、长春工业大学、哈尔滨理工大学、沈阳理工大学、浙江师范大学、吉林农业大学、金陵科技学院等来自全国 20 多所设有汽车类专业的应用型本科院校的 30 多位汽车专业系主任、骨干教师参加了此次会议。此次会议组建成立了"全国汽车类专业应用型本科院校联盟"，审议并通过了"全国汽车类专业应用型本科院校联盟"章程和联盟理事会工作细则，确定了教材联编共同的思路。

在此次会议上，与会代表对汽车类专业应用型本科的培养方案、专业建设、教材建设等问题进行了深入而广泛的探讨，并成立了教材编审专家委员会，对教材编例、内容组织、教材体系等多方面问题进行了探讨。

本套教材具有如下特点：

● 强调以知识为基础，以能力为重点，知识、能力、素质协调发展。具体培养目标强调学生综合素质和专业核心能力的培养。

● 内容组织和体现形式符合学生认知和技能养成规律，体现以应用为主线。

● 体现行业需求、职业要求和岗位规范，尤其是要注意紧跟技术更新。

● 注重学生分析能力、判断能力、创新能力和沟通能力的综合能力培养。

● 配套开发课程设计指导、实训教学指导书，配备多媒体教学课件，打造立体化教材。

本套教材附赠多媒体课件、练习题答案等教学资料供任课老师采用，可在机械工业出版社教育服务网（www. cmpedu. com）免费下载或拨打编辑热线获取（010 - 88379353）。

虽然本套教材的各参编院校在应用型本科人才培养和教学改革方面进行了有益的探索，但限于认识水平和工作经历，教材中难免仍有许多不足之处，恳请各位专家、同行和广大使用本套教材的师生给予批评指正。

应用型本科汽车类专业教材编委会

前　言

教材是教学之本，是教学质量稳步提高的基本保障。教材内容必须与时俱进，紧跟技术发展的步伐，反映工程技术领域的新结构、新工艺、新特点和新趋势。

随着近年来国内外汽车空调技术的迅猛发展，本书第 1 版的部分内容已略显陈旧，需要删减和更新；同时，许多汽车空调新技术需要补充和加强。为此，我们组织力量对本书第 1 版进行了全面的修订。

本书紧跟近年来汽车空调技术的推广使用和发展趋势，结合应用型本科院校汽车类专业人才培养模式和社会需求，以"理论知识够用为度，重在实践技能培养"为编写原则。

本书共分 8 章，在简要介绍热工学基础知识和汽车空调系统的组成与分类之后，重点阐述和讲授乘用车空调制冷系统的结构原理、温度控制、采暖与通风配气系统、自动控制系统以及汽车空调系统的使用、维护与检修知识，对商用车（大型客车、载货汽车、冷藏汽车）空调系统也作了充分的介绍，是一本内容宽泛、简明扼要地反映现代汽车空调技术新知识的教材。

本书为应用型本科汽车类专业教材，也可作为高等工程专科学校、高等职业技术学院以及职业培训学校的汽车运用、汽车服务、汽车维修类专业教材，还可作为广大汽车工程技术人员的参考读物。

本书是按照教学时数约为 60 学时编写的，理论教学和实验教学的学时安排建议按照下表进行。各学校在选用本书作为教材时，可根据自己的教学大纲适当增、减学时。

汽车空调技术课程学时分配表（建议）

序号	课程内容	理论学时	实验学时	总学时
1	汽车空调概论	2	—	2
2	汽车空调制冷系统	10	4	14
3	制冷系统的温度控制	6	—	6
4	汽车空调通风、采暖与配气系统	4	—	4
5	汽车空调的控制与保护	6	2	8
6	汽车空调自动控制系统	6	2	8
7	汽车空调系统的布置	4	—	4
8	汽车空调系统检修	6	6	12
9	结课考核	2	—	2
学时合计		46	14	60

为进一步强化实践教学，切实培养和提高学生的汽车空调系统检修技能，本书还配

有汽车空调系统检测诊断实训指导书和作业单。建议将汽车空调系统检测诊断实训安排在课程结束之后集中进行，实训时间为 1 周。

本书条理清晰，层次分明，语言简练，图文并茂，内容全面、重点突出，详略得当，删除了冗长的理论分析，强化了汽车空调检测、诊断、维修等实用技术的介绍，教材内容的取舍以充分满足汽车空调工程师知识结构的要求为出发点，特别注重理论与实践的紧密结合，内容具有极强的针对性和实用性，旨在开阔学生的专业知识视野，切实培养和提高学生的技术应用能力，是一本具有鲜明特色的实用规划教材。

本书第 1、2 章由辽宁曙光汽车集团黄海汽车有限责任公司刘国贵编写，第 3、4 章由沈阳工学院崔永刚编写，第 5~8 章及附录部分由沈阳大学凌永成编写，全书由凌永成统稿。

华晨宝马汽车有限公司刘义、广汽本田汽车有限公司卢洪雨、吉利汽车集团董宁、北京汽车集团有限公司袁志博、沈阳汇中宝汽车销售服务有限公司凌永胜、沈阳冠鑫汽车维修有限公司陈泉、辽宁快飞特（沈阳）汽车维修有限公司李宝峰等同志，分别从整车制造企业和汽车技术服务企业对应用型人才专业技能需求的角度出发，参与了写作大纲的讨论和草拟工作，使本书在教材内容、编写体例、实践能力的培养等方面与用人单位的实际需求紧密结合，进一步提升和突出了本书的实用性和实战性。

在本书写作大纲的审定会议上，曾得到清华大学汽车工程系夏群生教授和中国汽车工程学会常务理事、中国机械工业教育协会车辆工程学科组副主任林逸教授的热情支持和悉心指导。同时，在书稿写作过程中，作者还参考、借鉴了许多国内外公开出版和发表的文献，在此一并致谢！

上海工程技术大学汽车工程学院王岩松教授作为主审，对全书进行了认真的审阅，并提出了许多宝贵意见，对书稿质量的提升贡献颇多，在此深表感谢！

由于编者水平有限，书中难免存在不足或疏漏之处，恳请广大读者批评指正，以便再版时修订。

为方便选用本书作为教材的任课教师授课，我们还制作了与本书配套的电子课件。有需要的教师可登录机械工业出版社教育服务网（www.cmpedu.com）注册后免费下载或致信凌永成邮箱 523494082@qq.com 索取。

凌永成

2020 年 1 月

目　录

第1章 Chapter 1

汽车空调概论

学习目标

· 了解汽车空调系统的功能；

· 熟悉汽车空调系统的组成与分类；

· 熟悉汽车空调技术的发展历程；

· 能够对汽车空调技术的发展趋势进行分析。

1.1 热力学基础知识

1.1.1 温度与湿度

1. 温度

温度（temperature）是用来衡量物体冷热程度的物理量，测量温度的标尺称为温标。工程上常用的温标有摄氏温标、华氏温标和热力学温标三种。常用的温度测量仪器是温度计（图 1-1）。

摄氏温标用符号 t 表示，单位为℃。它将标准大气压下冰的融点定为 0℃，水的沸点定为 100℃，两者之间均分为 100 分度，每单位分度为摄氏 1 度，表示为 1℃。

华氏温标用符号 F 表示，单位为℉。它将标准大气压下冰的融点定为 32 ℉，水的沸点定为 212 ℉，两者之间均分为 180 分度，每单位分度为华氏 1 度，表示为 1 ℉。

热力学温标又称为绝对温标或开氏温标，用符号 T 表示，单位为 K。这个温标所定义的热力学温度以绝对零度（absolute zero，数值为 – 273.15℃）为基准。

三种温标的比较换算见表 1-1。

图 1-1 温度计

表 1-1 三种温标的比较换算

温标名称	代号	单位	换算方法
摄氏温标	t	℃	$t = \dfrac{5(F-32)}{9}$
华氏温标	F	℉	$F = \dfrac{9}{5}t + 32$
热力学温标	T	K	$T = t + 273$

（1）干球温度和湿球温度　干球温度（dry-bulb temperature）是指用干球温度计测量空气温度时，干球温度计所指示的温度，就是我们通常使用的温度计所测量的空气温度。

湿球温度（wet-bulb temperature）是指在稳定条件下，湿球温度计所指示的温度。

如图1-2所示，在感温球上包上纱布，并把纱布的一端放在水槽中，靠毛细管现象把水吸上去，使感温球保持湿润状态。

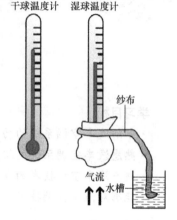

由于湿纱布上的水分蒸发需要吸收相应的汽化潜热，所以湿球温度计上的读数要比干球温度计上的读数低一些，此时湿球温度计所指示的温度称为湿球温度。

标准湿球温度应在感温球周围有3～5m/s的风速。空气的干球温度和湿球温度可以用干湿球温度计（图1-3）测量。

（2）干湿球温差　用干、湿球温度计测量未饱和空气时，干、湿球温度计所显示的温度不同，湿球温度低于干球温度，两者形成的温差称为干湿球温差，这个温差越大，表明空气越干燥，反之，空气越潮湿。

图1-2　湿球温度的测定

（3）露点温度　将某一空间内的空气冷却后，空气的湿度便降低，当湿度达到100%时，即干球温度和湿球温度相同时，空气中所含有的水蒸气便成为饱和状态，再进一步冷却，水蒸气便不能以其原来的状态存在下去，其中一部分凝结成露水。于是，将湿度为100%的温度称为水蒸气凝结成露水的温度——露点温度（dew-point temperature）。

（4）冷凝温度　冷凝温度（condensing temperature）是指物质状态由气态转变为液态的临界温度。不同的物质，其冷凝温度也不同。对同一种物质来说，外界压力的变化也会导致冷凝温度的变化。一般来说，外界气压增加，冷凝温度会升高，反之则会降低。

在汽车空调系统中，在冷凝器中制冷剂在一定高压下由气态变为液态时的温度称为冷凝温度。

（5）蒸发温度　蒸发温度（evaporating temperature）是指物质状态由液态转变为气态的临界温度。不同的物质，蒸发温度也不同。对同一种物质来说，外界压力的变化也会导致蒸发温度的变化。一般来说，外界气压增加，蒸发温度会升高，反之则会降低。

在汽车空调系统中，在蒸发器中制冷剂低压汽化时的温度称为蒸发温度。

2. 湿度

图1-3　干湿球温度计

湿度（humidity）用来表示空气的含湿程度，1m³湿空气中所含水蒸气的质量，称为空气的绝对湿度（absolute humidity）。因为湿空气是空气和水蒸气的均匀混合物，所以绝对湿度在数值上等于水蒸气的含量，用r_w表示。

绝对湿度只能说明湿空气在某一温度下实际所含水蒸气的质量，但不能说明湿空气的吸湿能力。因此，采用湿空气的相对湿度来说明空气的潮湿程度，或说明空气接近饱和的程度。

相对湿度（relative humidity，RH）定义为湿空气中实际所含的水蒸气量与同温度下饱

和湿空气所含的水蒸气量的比值，用 φ 表示，即

$$\varphi = \frac{r_w}{r_s} = \frac{p_w}{p_s} \times 100\% \tag{1-1}$$

式中　r_w——空气的绝对湿度；

　　　r_s——饱和湿空气的密度；

　　　p_w——空气中水蒸气的分压力；

　　　p_s——饱和湿空气中的水蒸气分压力（简称饱和水蒸气压力）。

　　φ 值越小，表示湿空气离饱和状态越远，空气较干燥，还能吸收更多的水分；反之，若 φ 值越大，则表示空气越潮湿，吸收水分的能力越差。当 $\varphi = 0$ 时，则为干空气；当 $\varphi = 100\%$ 时，则为饱和空气，再也不能吸收水分了。

　　湿空气在状态变化过程中，由于水分蒸发，水蒸气凝结，其体积和质量会发生变化。即使湿空气中的水蒸气含量不变，由于温度变化，其体积也跟着变化，故绝对湿度也将发生变化。

　　空气的相对湿度可用湿度计（图1-4）进行测量。一般来说，当空气温度在 15~26℃、相对湿度在 40%~70% 时，人会感觉比较舒适。

图1-4　相对湿度计

1.1.2　压力与真空度

　　压力（pressure）就是固体、液体或气体垂直作用于物体表面上的力。在实际应用中是以物体单位表面积上所受压力——压强来表示的，一般是用 p 表示，其单位为帕斯卡，简称帕（Pa）。

　　地球表面包围着一层很厚的空气层，称为大气层，大气的质量对地球表面物体单位面积上所产生的压力称为大气压力（atmospheric pressure），简称大气压。工程上把在地球纬度 45°、温度为 0℃ 时，大气对海平面的压力称为标准大气压，它相当于 101.325kPa。

　　常用的压力表示方式有绝对压力、表压力和真空度三种。

1. 绝对压力

　　绝对压力（absolute pressure）表示实际的压力值，是把完全真空状态作为零值。

2. 表压力

　　通过压力表指示读出的压力值，称为表压力值，简称表压力（gauge pressure）。表压力是将标准大气压作为零值，在此基础上进行压力计量的结果，故又称为相对压力。表压力一般用 $p_表$ 或 p_G 表示。

3. 真空度

　　低于大气压力的数值称为真空度（vacuum degree）。

　　上述三种压力在制冷技术领域中经常应用，绝对压力在设计及查阅制冷剂特性表时使用，表压力则是在观察系统运行状况时使用，真空度则是在维修系统抽真空时使用。它们之间的关系如图1-5所

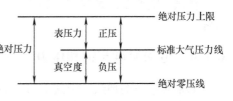

图1-5　绝对压力和表压力与真空度的关系

示，用公式表示如下：

$$表压力 = 绝对压力 - 大气压力 \qquad (1\text{-}2)$$
$$真空度 = 大气压力 - 绝对压力 \qquad (1\text{-}3)$$

1.1.3 汽化与冷凝

1. 物态变化

物质的存在状态称为物态。对于同一种物质，当其状态参数（温度、压力等）发生变化时，物质的存在状态就可能发生变化，即发生物态变化。大部分物质存在三种状态，即固态、液态和气态。

如图 1-6 所示，在压力一定的条件下，物质由液态转变为气态时，要吸收热量；物质由气态转变为液态时，要散发热量。

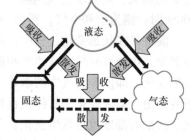

图 1-6　物态变化与热量转移

2. 汽化

物质由液态变为气态的过程称为汽化（vaporization）。1kg 物质由液态转变为气态需要的热量（单位为 J 或 kJ 时），称为该物质的汽化热。汽化过程有两种形式，即蒸发和沸腾。

蒸发（evaporation）是指在任何温度下液体表面上所发生的汽化过程，蒸发过程一般为吸热过程。

沸腾是一种在液体表面和内部同时进行的汽化现象。任何一种液体只有在一定的温度下才能沸腾，沸腾时的温度称为沸点。在一定压力下，蒸发可以在任何温度下进行，而沸腾只能在一定温度下发生。制冷剂在蒸发器内吸收了热量后，由液态汽化为蒸气，这个过程就是沸腾（boiling）。

在制冷技术中，对蒸发一词通常是理解为液体的沸腾过程。

在汽车空调制冷系统中，主要是利用制冷剂在蒸发器内的低压下，不断吸收周围空气的热量进行汽化的过程来实现制冷的。

这种过程通常是在蒸发器中以沸腾的方式进行的，但习惯上仍称其为蒸发过程，并把沸腾时的温度称为蒸发温度，沸腾时所保持的压力称为蒸发压力。

3. 冷凝

冷凝（condensation）是指气态物质经过冷却（通过空气或水等热交换方式）使其转变为液态的过程。

冷凝过程一般为放热过程。在制冷技术中，指制冷剂在冷凝器中由气态凝结为液态的过程，同时放出热量，放出的热量由冷却空气带走。

在汽车空调制冷系统中，制冷剂在冷凝器中由气态变成液态的变化过程就是一个冷凝过程。

1.1.4 饱和温度与饱和压力

如果对制冷剂加热，则其中的一部分液体就会变成蒸气；反之，如果制冷剂放出热量，则其中的一部分蒸气又会变成液体（温度不变）。在这种制冷剂液体和蒸气处于共存的状态时，液体和蒸气是可以互相转换的。处于这种状态的制冷剂蒸气称为饱和蒸气，这种状态下的制冷剂液体称为饱和液体。

汽化过程中，由饱和液体和饱和蒸气组成的混合物称为湿饱和蒸气，简称湿蒸气。干饱和蒸气指在容器中的液体全部蒸发成蒸气的状态。

液体和蒸气处于动态平衡状态（饱和状态）时所具有的温度称为饱和温度（saturation temperature），所具有的压力称为饱和压力（saturation pressure）。

处于饱和状态时，液体和蒸气的温度相等。饱和温度一定时，饱和压力也一定；反之，饱和压力一定时，饱和温度也一定。温度升高时，会在新的温度下形成新的动态平衡状态，即物质的饱和温度和饱和压力是一一对应的。

通常所说的沸点是指液体在标准大气压下的饱和温度。对于不同的液体，在同一压力下，其饱和温度也是不同的，见表1-2。

表1-2　几种液体在一个标准大气压下的沸点

液 体 名 称	沸点/℃	液 体 名 称	沸点/℃
水	100	R22	−40.8
酒精	78	R134a	−26.15
R12	−29.8	R142b	−9.25
氨	−33.4	R405a	−27.3

1.1.5　过冷与过热

1. 过冷

在制冷技术中，"过冷"是对制冷剂液体而言的。将冷凝后的液体制冷剂在压力不变的情况下继续冷却，其温度就会比冷凝时的饱和温度更低。当压力不变时，使液体制冷剂的温度低于该压力对应的饱和温度的热力过程称为过冷（super-cooling）。

处于过冷状态的液体称为过冷液体，其温度称为过冷温度。饱和温度与过冷温度之差称为过冷度（degree of super-cooling）。

例如，在表压力为643.32kPa状态下，制冷剂R12的饱和温度为30℃，若在此压力下对制冷剂继续进行冷却，直至降温到25℃，则此时液体制冷剂的过冷温度为25℃，过冷度为5℃。

2. 过热

在制冷技术中，"过热"是对制冷剂气体而言的。使蒸发器中的干饱和蒸气继续定压吸热的热力过程称为过热（super-heating）。

处于过热状态的干饱和蒸气称为过热蒸气。过热蒸气的温度称为过热温度，它比干饱和蒸气的饱和温度更高，两者之间的温度差值称为过热度（degree of super-heating）。

如果保持蒸气的温度不变，对干饱和蒸气进行降压，也可以使干饱和蒸气转变为过热蒸气。

在蒸气压缩制冷系统中，压缩机吸入和排出的制冷剂蒸气都是过热蒸气。

1.1.6　热量与热容

1. 热量

由于存在温差而导致的能量转化过程中所转移的能量称为热量（heat）。热量的单位为

焦耳（J）。

一般来说，有热量出入，温度就会有变化，温度变化的大小和出入的热量成一定的比例关系。

温度不同的物体彼此接触时，热量会从温度较高的物体传到温度较低的物体，或从同一物体内温度较高的部分传到温度较低的部分，直到温度趋于一致为止。热的传递有传导、对流和辐射三种形式。

（1）传导 在物体（固体）两点之间有温差时，热量将通过物体内部从高温点向低温点移动，这种现象就是热的传导（conduction）。一般说来，金属是热的良导体；而一些非金属，如木头、石棉等导热能力极差，称为绝热材料。

（2）对流 气体和液体依其本身的流动使热量转移，这种热的传递方式称为热的对流（convection）。冷凝器就是利用空气对流进行冷却的。

（3）辐射 辐射（radiation）是指发热源直接向其周围的空间散发热量，通过辐射波将热量传递给其他物体的过程。热辐射和电磁波的传播很类似，其特点是热量由热源表面以光（电磁波）的形式连续发射，以光速传播，可以不依靠其他物质。

2. 热容

把单位质量的物质的温度升高 1K 所需要的热量称为热容（heat capacity）。热容大的物质有不易热和不易冷的性质。热容的单位为 J/K。

1.1.7 显热与潜热

物质受热，其温度就会上升，当温度上升到一定程度时，物质的存在状态就会发生变化。如图 1-7 所示，将冰加热后，冰会融化成水（固态→液态）；将水加热，其温度上升到 100℃时，水即开始沸腾汽化（液态→气态）。这时，即使继续对沸腾的水进行加热，其温度也不会再升高。

a) 冰(固态)　　b) 冰在吸收热量后变成水(液态)　　c) 水在吸收热量后变成水蒸气(气态)

图 1-7　水的物态变化

在水未达到 100℃ 之前，所加的热量能使其温度上升，这种热量可以使水的温度升高，并能用温度计显示出来，称为显热（sensible heat）。在温度达到 100℃ 以后，继续吸收的热量，用于使水产生由液态转变为气态的物态变化，这种热量无法用温度计显示出来，称为潜热（latent heat）。

物态变化与显热及潜热的关系如图 1-8 所示。

潜热按物态变化不同，可分为以下几种：

液化潜热：物质从气态变成液态时放出的热称

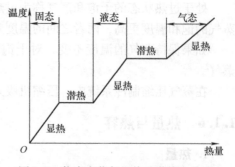

图 1-8　物态变化与显热及潜热的关系

为液化潜热。

凝固潜热：物质从液态变成固态时放出的热称为凝固潜热。

熔解潜热：物质从固态变成液态时吸收的热称为熔解潜热。

蒸发潜热：物质从液态变成气态时吸收的热称为蒸发潜热。

升华潜热：物质从固态变成气态时吸收的热称为升华潜热。

1.1.8 节流膨胀

节流膨胀（throttling expansion）是较高压力下的流体（气体或液体）经多孔塞（或节流阀）后向较低压力方向进行的绝热膨胀过程。

在流体通路中，通道突然缩小，液体压力便下降，如果此时产生气体，则总体积还要增大。这种变化只是状态的变化，与外界没有热和功的交换，因此流体的热量不变，这种状态变化称为节流膨胀，如图1-9所示。

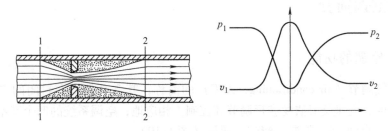

图1-9 节流膨胀示意图

1—节流前的流体截面 2—节流后的流体截面 p_1—节流前的流体压力

v_1—节流前的流体流速 p_2—节流后的流体压力 v_2—节流后的流体流速

在汽车空调制冷系统中，制冷剂在膨胀阀中的状态变化就是节流膨胀过程。制冷剂被膨胀阀节流后，如果压力下降得比饱和压力还低，部分液体将变成饱和蒸气，体积急剧增大，这时的蒸发热是由液体本身供给的，因此液体温度下降较大。

1.1.9 制冷能力与制冷负荷

1. 制冷能力

制冷机就是把热量不断地从低温物体转移给高温物体的装置。制冷能力的大小是以单位时间内所能转移的热量来表示的，单位为 J/h。

2. 制冷负荷

为了把汽车内部的空气热湿参数（温度和湿度）保持在一定的范围内，必须将来自车外太阳的辐射热和车室内人体散发出的热量排到大气中去。这两种热量的总和就称为制冷负荷（cooling load）。

由于汽车制冷负荷受到车身形状及外界大气温度、湿度、车速等客观条件和乘员数量的影响，汽车空调系统的制冷负荷较大。

1.1.10 热力学基本定律

1. 热力学第一定律

外界传递给系统的热量等于系统内能的增量和系统对外所做功的总和。

2. 热力学第二定律

热量不能自动地由低温物体（或物体的低温部分）传向高温物体（或物体的高温部分）。但是，热量可以有条件地由低温物体（或物体的低温部分）传向高温物体（或物体的高温部分），这个条件就是要消耗外功。其关系表达式为

$$Q_H = Q_c + W \tag{1-4}$$

式中　Q_H——从高温热源放出的热量；

　　　Q_c——从低温热源吸收的热量；

　　　W——制冷压缩机所消耗的功。

汽车空调制冷系统就是在消耗一定外界功（发动机或电动机驱动空调制冷压缩机做功）的条件下，利用制冷剂的物态变化，将热量由低温物体（车内空气）传向高温物体（车外空气）的。

1.2 汽车空调简介

1.2.1 汽车空调的功能

空调是空气调节（air conditioning，A/C）的简称，其含义是指在封闭的空间内，对空气的温度、湿度、流速及清洁度进行调节和控制。相应地，空调系统的四个基本功能就是对封闭空间进行制冷/采暖、除湿、清洁、通风（图1-10）。

a) 制冷/采暖　　　　　　　　　　　b) 除湿

c) 清洁　　　　　　　　　　　d) 通风

图1-10　空调系统的四个基本功能

空调是汽车现代化的标志之一，汽车空调的基本功能是在任何气候和行驶条件下，改善驾驶人的工作条件和提高乘员的舒适性。由于汽车空调的调节对象是车内的人，故偏重于人

的舒适性的要求。

舒适性是由人对车内的温度、湿度、空气流速、含氧量、有害气体含量、噪声、振动、气味、灰尘、细菌等参数指标的感觉和反映决定的。

汽车空调就是将车内空间的环境调节到人体最舒适的状态，创造良好的劳动条件和工作环境，以提高驾驶人的劳动生产率并确保行车安全。

衡量汽车空调质量的指标主要有四个，即温度、湿度、空气流速和空气清洁度。

1. 温度

在夏季人感到最舒适的温度是 22～28℃，在冬季则是 16～18℃。

温度低于 14℃，人就会感觉冷。温度越低，越觉得手脚动作僵硬，不能灵活操作机件。温度超过 28℃，人就会觉得燥热。温度越高，越觉得头昏脑涨，精神集中不起来，反应迟钝，容易造成交通事故。温度超过 40℃，则称为有害温度，对身体的健康会造成损害。

另外，人体面部所需求的温度比足部略低，即要求"头凉足暖"，温差大约为 2℃。

有关研究表明，一般乘用车在环境温度为 30℃的条件下行车 1h 后，会有大量的阳光辐射热和发动机辐射热进入乘员舱，使车内温度显著上升，甚至进入对人体有害的温度范围。装备汽车空调之后，则可以将温度维持在人体舒适带范围之内。在同样的运行条件下，装备汽车空调与未装备汽车空调时，车内的温度对比见表 1-3。

表 1-3　车内的温度对比（装备汽车空调与未装备汽车空调）

区域	装备汽车空调	未装备汽车空调
头部	23℃	42℃
胸部	24℃	40℃
脚部	28℃	35℃

2. 湿度

人觉得最舒适的相对湿度夏季是 50%～60%，冬季则是 40%～50%。在这种湿度环境中，人会觉得心情舒畅，皮肤光滑、湿润。

湿度过低，人会觉得干燥；湿度过高，人会觉得发闷，呼吸不畅。

3. 空气流速

人在流动的空气中比在静止的空气中要舒服，这是流动的空气能促进人体向外散热的缘故。因此，空气流速是汽车空气调节的重要内容之一。通常，空气流速以低速流动为宜，在 0.2m/s 以下为好。

4. 空气清洁度

由于车内空间小，乘员密度大，全封闭空间的空气极易产生缺氧和二氧化碳浓度过高；汽车发动机尾气中的一氧化碳和道路上的灰尘、野外有刺激性的花粉都容易进入车内，造成车内空气污浊，严重时会影响乘员的身体健康。

舒适性环境参数见表 1-4，图 1-11 能更为清楚地展现环境参数对舒适性的影响。

表1-4 舒适性环境参数

项目	温度/℃		相对湿度(%)	换气量(%)	风速/(m/s)	CO₂(%)	CO(%)	加速度/(m/s²)	振动/mm	噪声/dB
范围	冬	夏								
舒适带	16 ~ 18	22 ~ 28	50 ~ 70	20 ~ 30	0.075 ~ 0.2	<0.03	<0.01	<3	<0.2	<45
不舒适带	0 ~ 14	30 ~ 35	15 ~ 30 90 ~ 95	5 ~ 10	<0.075 >0.3	>0.03	>0.015	>3	>2	>65
有害带	<0	>43	<15 >95	<5	>0.4	>10	>0.03	>4	>15	>120

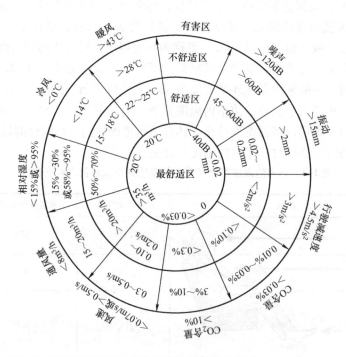

图1-11 舒适性环境参数（环境参数对舒适性的影响）

1.2.2 汽车空调的工作特点

在空调技术层面上，汽车空调与房间空调并无本质区别，但汽车空调一般是以消耗汽车发动机动力来调节控制汽车内部环境的，处理的环境空间是移动的，属于"移动的房间空调"。汽车空调的主要特点如下：

1）因汽车空调安装在运动中的车辆上，要承受剧烈和频繁的振动和冲击，所以汽车空调的零部件及连接管路应有足够的强度和抗振能力，接头牢固并防漏。

汽车空调制冷系统极容易发生制冷剂的泄漏，破坏整个空调系统的工作条件，统计表明，汽车空调因制冷剂泄漏而引起的空调故障占全部故障的80%左右，而且泄漏频率很高。因此，与房间空调相比，汽车空调系统对密封性的要求更高。

2）乘用车、轻型汽车、中小型客车及工程机械一般采用非独立式空调系统，其空调系统所需的动力和驱动汽车的动力都来自同一发动机。由于存在空调系统与汽车驱动系统"争食（争夺动力）"问题，采用非独立式空调系统必然会影响汽车的动力性能，但比采用独立式空调系统在设备成本和运行成本上都经济。

汽车安装了非独立式空调后，燃油消耗量平均增加 10%~20%（具体数值与行车速度有关），发动机的输出功率减少 10%~17%（具体数值与制冷系统的热湿负荷有关）。

3）热湿负荷变化大，故要求汽车的制冷、制热能力强，其原因有以下几个：

① 车内乘员密度大、产生热量多、热负荷大，而冬天人体所需的热量也多。

② 汽车为了减轻自重，隔热层薄；汽车的门窗多、散热面积大，故汽车隔热性能差，热量流失严重。

③ 汽车在路上行驶，属于户外作业，直接承受太阳的辐射热、霜雪的冷却、风雨的潮湿等侵蚀，工作环境恶劣且千变万化。为使车内空气能迅速降温，在最短的时间内达到舒适性要求，就要求汽车空调的制冷能力特别强。

对于非独立式汽车空调系统，由于汽车发动机的工况变化频繁，制冷系统的制冷剂流量变化也比较大。

4）汽车空调结构紧凑、质轻。由于汽车本身的特点，要求汽车空调结构紧凑，能在有限的空间进行安装，而且安装了空调后，不致使汽车增重太多，影响其他性能。

5）汽车空调的采暖方式与房间空调完全不同。对于非独立式汽车空调采暖，一般利用发动机的冷却液余热；而独立式空调系统则通常采用燃油采暖装置。

1.2.3 汽车空调技术的发展

1. 汽车空调技术的发展历程

汽车空调的功能是随着人们对汽车舒适性的要求不断提高，而从低级到高级、由功能简单向功能齐全方向发展的，其过程可以概括为以下五个阶段。

第一阶段：单一供暖。1925 年首先在美国出现利用汽车冷却液通过加热器的方式取暖。到 1927 年发展到具有加热器、鼓风机和空气滤清器等比较完善的采暖系统。

目前，在北欧、亚洲北部等寒带地区，由于气候特点，汽车空调仍然使用单一供暖系统。

第二阶段：单一制冷。1939 年，美国通用汽车公司开始采用机械制冷降温的空调器，成为汽车空调的先驱。目前，在菲律宾、马来西亚等热带、亚热带地区，由于气候特点，汽车空调仍然使用单一制冷系统。

第三阶段：冷暖一体化。1954 年美国通用汽车公司首先采用冷暖一体化的汽车空调系统。由此，汽车空调基本上具备了调节控制车内温度、湿度的功能。

随着汽车空调技术的发展，目前的冷暖一体化空调都具有降温、除湿、通风、过滤、除霜等功能。冷暖一体化汽车空调是目前使用量最大的一种形式。

第四阶段：自动控制的汽车空调。冷暖一体化汽车空调需要人工操纵，这显然增加了驾驶人的工作量，影响行车安全，同时控制质量也不尽如人意。

1964 年，美国通用汽车公司开始在凯迪拉克汽车上安装自动控制的汽车空调。这种自动空调装置使用了电子控制方法，只要预先设定好温度，空调系统就能自动地在设定的温度范围内工作，达到调节车内空气参数的目的。

第五阶段：微处理器控制的汽车空调。1973 年美国通用汽车公司和日本五十铃汽车公司联合研究、开发微处理器控制的汽车空调系统，1977 年开始安装在各自生产的汽车上。

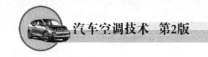

随着微电子技术、计算机技术的快速发展，微处理器控制的汽车空调系统功能不断丰富和完善，实现了控制显示数字化，制冷、采暖、通风三位一体化以及故障诊断的智能化。

目前，全自动汽车空调已经与车身计算机系统组成局域网络，计算机根据车内外的环境条件，自动控制空调系统的工作，实现了空调运行与汽车运行的协调、统一，极大地提高了调节效果，节约了燃料，从而提高了汽车的整体性能和乘坐舒适性。

2. 汽车空调技术的发展趋势

纵观国际汽车空调市场的变化和汽车空调系统的研发动态，汽车空调技术呈现出以下发展趋势。

1）汽车空调系统的控制方法向自动微调智能化方向发展。

2）汽车空调系统的调控要求向个性化方向发展。可以根据乘员对环境空气质量的不同要求，在汽车内部的驾驶人侧、前排乘客侧和后排乘客空间范围内，营造个性化的气候条件。

3）变排量压缩机将得到进一步的推广使用，电动机驱动（直接驱动）将成为未来汽车空调压缩机的主要驱动方式。

4）鉴于 CO_2 制冷剂在环境保护方面的显著优势和相关技术的逐步成熟，采用跨临界 CO_2 制冷技术将成为未来汽车空调制冷系统的主流。

5）采用热泵技术的双向空调将在汽车空调领域逐步推广。与家用房间空调的工作原理相同，采用热泵技术的双向汽车空调系统在冬季正向工作（采暖），在夏季则逆向工作（制冷）。

但由于热泵系统冬季供暖效率较低，往往需要增设一个水暖加热器，并由控制系统自动控制热泵系统的工作。当冷却液温度较高时，发动机冷却液进入水暖加热器进行供暖；当冷却液温度较低时，控制系统起动压缩机工作，制冷工质逆向流动，蒸发器起散热器的作用。

1.3 汽车空调系统的组成与分类

1.3.1 汽车空调系统的组成

现代汽车全功能空调系统（图1-12）由制冷系统、采暖系统、通风系统、空气净化装置及控制系统等组成。

图1-12 现代汽车全功能空调系统

1. 通风系统

通风系统用于将车外的新鲜空气引进车内，达到通风、换气的目的。

2. 采暖系统

采暖系统用于对车内空气或车外进入车内的新鲜空气进行加热、除湿，使车内达到温暖舒适。

3. 制冷系统

制冷系统用于对车内空气或车外进入车内的新鲜空气进行降温、除湿，使车内达到凉爽舒适。

4. 空气净化装置

空气净化装置用于去除车内空气中的尘埃、异味，使车内空气变得清洁，目前多用在高级乘用车上。

5. 控制系统

控制系统将制冷、采暖、通风、空气净化功能进行有机组合，形成冷暖适宜的气流，并能对车内环境进行全季节、全方位、多功能的最佳控制和调节。

将上述系统（或装置）全部或部分组合在一起，按照一定的布置形式安装在汽车上，便组成了汽车空调系统。在一般的客车、货车上，通常只安装制冷系统和采暖系统，在一些高级乘用车和高级大、中型客车上，还安装加湿装置、空气净化装置以及强制通风装置。

1.3.2　汽车空调系统的分类

1. 按功能划分

按照功能不同，汽车空调可分为单一功能型、冷暖一体型两类。

（1）单一功能型空调　单一功能型空调的制冷系统、采暖系统、通风系统各自安装，单独操作，互不干涉，多用在大型客车、载货汽车和加装冷风装置的乘用车上。

（2）冷暖一体型空调　冷暖一体型空调（图1-13）的制冷、采暖和通风共用一台风机及一个风道，冷风、暖风和通风在同一控制板上进行控制。工作时又可分为冷、暖风分别工作的组合式，冷暖风可同时工作的混合调湿式两种。混合调湿式结构紧凑，温度调节容易，操作方便，多用于乘用车。

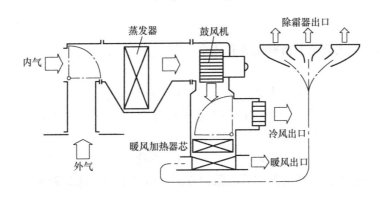

图 1-13　冷暖一体型空调示意图

13

2. 按驱动方式划分

按照驱动方式不同，汽车空调可分独立式空调、非独立式空调和电动式空调三类。

（1）独立式空调　独立式空调用一台专用空调发动机来驱动制冷压缩机，制冷量大，工作稳定，但成本高，体积及质量大，为此多用于大、中型客车。

（2）非独立式空调　非独立式空调由汽车发动机直接驱动制冷压缩机，制冷性能受汽车发动机工作状况的影响，工作稳定性较差，低速时制冷量不足，高速时制冷量过量，影响汽车整车的动力性，为此多用于小型客车和乘用车。

（3）电动式空调　电动式空调与家用房间空调类似，采用专用的电动机直接驱动制冷压缩机，压缩机可以采用全封闭结构，有效地降低了制冷剂泄漏的概率，提高了工作可靠性，结构紧凑、安装位置灵活，压缩机排量可以动态调节，制冷性能不受汽车发动机运行条件的影响。有鉴于上述优点，采用电动式空调是未来汽车空调的发展趋势。

但电动式空调对驱动电源的功率要求较高，一般小型乘用车的车载电源无法满足其要求。此外，电动机的绝缘、润滑、控制等技术问题还有待进一步解决、完善。因此，目前电动式空调还处于试验、研究阶段。

随着混合动力汽车和纯电动汽车技术的逐步成熟，在解决了驱动电源这一瓶颈问题之后，电动式空调必将得到大力推广和广泛应用。

3. 按控制方式划分

按照控制方式不同，汽车空调可分为手动控制和电控自动控制两类。

（1）手动控制空调　手动控制空调系统的鼓风机转速、出风温度及送风方式等功能均由驾驶人操纵和调节，车内的通风和温度由仪表板上的空气控制杆、温度控制杆、进气杆和风扇开关等操纵通风管道上的各种风门进行调节。

（2）电控自动控制空调　电控自动控制空调系统利用传感器随时检测车内温度和车外温度的变化，并将检测到的信号送给空调电子控制单元（Electronic Control Unit，ECU）。

空调ECU按预先编制的程序对信号进行处理，并通过执行元件及时对鼓风机转速、出风温度、送风方式及压缩机工作状态等进行调节，从而使车内温度、空气湿度及流动状况始终保持在驾驶人设定的水平。

思考与实训

1. 选择题

1）衡量汽车空调质量的指标主要有四个，即_____、_____、_____和空气清洁度。

    A. 温度　　　　　　B. 湿度　　　　　　C. 空气流速　　　　D. 振动

2）汽车空调制冷系统用于对车内空气或车外进入车内的新鲜空气进行降温、_____，使车内达到凉爽舒适。

    A. 通风　　　　　　B. 除湿　　　　　　C. 净化　　　　　　D. 增氧

3）基于相关技术的逐步成熟和环境保护方面的迫切要求，采用跨临界_____制冷技术将成为未来汽车空调制冷系统的主流。

    A. H_2O　　　　　B. R12　　　　　　C. CO_2　　　　　D. R134a

2. 问答题

1）简述汽车空调技术的发展历程。

2）简述空调装置在汽车上的应用情况。

3）简述汽车空调系统的基本组成。

3. 实操题

1）结合教学车辆（或实训台架），指出德国车系全功能汽车空调系统的布置情况。

2）结合教学车辆（或实训台架），指出美国车系全功能汽车空调系统的布置情况。

3）结合教学车辆（或实训台架），指出日本车系全功能汽车空调系统的布置情况。

汽车空调制冷系统

学习目标
- 了解汽车空调制冷剂与冷冻机油的分类及适用范围;
- 熟悉汽车空调制冷系统的工作原理;
- 熟悉汽车空调制冷系统主要零部件的结构组成;
- 了解 CO_2 汽车空调系统的工作原理。

2.1 制冷系统的工作原理

2.1.1 制冷系统的基本组成

汽车空调是利用蒸气压缩制冷装置来制冷的,是借助制冷剂的物态变化,由制冷剂循环流动实现制冷的。

长期以来,汽车空调系统大多采用 R12 作为制冷剂。由于 R12 会破坏臭氧层、危害人类的健康和生存环境,根据蒙特利尔议定书,从 1996 年起,汽车空调的制冷剂开始使用 R134a,到 2000 年已经全部使用 R134a。

汽车空调制冷系统主要由压缩机、冷凝器、节流膨胀装置(节流膨胀阀或节流孔管)、蒸发器、储液干燥器或集液器、高低压管路、鼓风机和控制电路等组成。

按照采用的节流膨胀装置不同,汽车空调制冷系统可分为节流膨胀阀式和节流孔管式两大类。

1. 节流膨胀阀式汽车空调制冷系统

节流膨胀阀式汽车空调制冷系统如图 2-1 所示。压缩机是制冷系统的核心部件,连接蒸发器和冷凝器;节流膨胀阀(简称膨胀阀)装在蒸发器入口处,储液干燥器安装在冷凝器出口和膨胀阀入口之间的高压管路上。

2. 节流孔管式汽车空调制冷系统

节流孔管式汽车空调制冷系统如图 2-2 所示。该系统的特点是取消了节流膨胀阀,代之以节流孔管。同时,取消了储液干燥器,以集液器取而代之,并把集液器安装在蒸发器出口和压缩机入口之间的低压管路上。

2.1.2 蒸气压缩制冷系统的工作原理

下面以节流膨胀阀式汽车空调制冷系统(图 2-3)为例,说明其制冷工作原理。

汽车空调蒸气压缩制冷系统工作时,制冷剂以不同的状态(物态)在密闭系统内循环流动,每一循环包括四个基本过程。

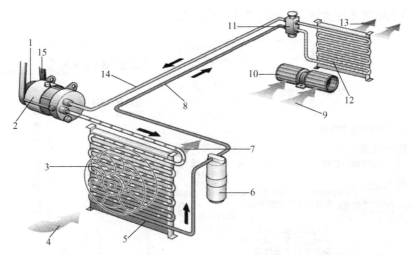

图2-1　节流膨胀阀式汽车空调蒸气压缩制冷系统（见彩图）

1—带轮及电磁离合器　2—压缩机　3—轴流式冷却风机　4—车外冷空气　5—冷凝器　6—储液干燥器　7—热空气
（吹向发动机）　8—高压管路　9—车内热空气　10—离心式冷却风机　11—节流膨胀阀　12—蒸发器
13—冷空气（吹入车内）　14—低压管路　15—压缩机传动带

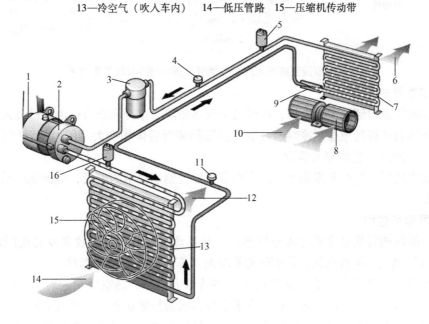

图2-2　节流孔管式汽车空调蒸气压缩制冷系统

1—带轮及电磁离合器　2—压缩机　3—集液器　4—低压侧充注阀　5—低压力保护开关　6—冷空气（吹入车内）
7—蒸发器　8—离心式冷却风机　9—节流孔管　10—车内热空气　11—高压侧充注阀　12—热空气（吹向发动机）
13—冷凝器　14—车外冷空气　15—轴流式冷却风机　16—高压压力保护开关

1. 蒸气压缩过程

当发动机带动压缩机运转时，压缩机吸入蒸发器出口处低温（约0℃）、低压（约0.147MPa）的气态制冷剂，将其压缩成高温（70～80℃）、高压（约1.471MPa）的气态制冷剂排出压缩机。

2. 冷凝放热过程

高温、高压的过热制冷剂蒸气进入冷凝器，压力和温度降低。当制冷剂的温度降至40～

50℃时，制冷剂由气态变为液态，同时放出大量的热。

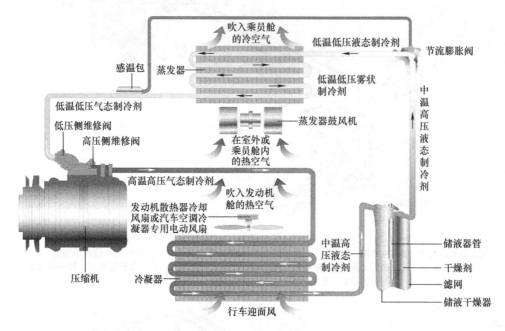

图 2-3　节流膨胀阀式汽车空调蒸气压缩制冷系统工作原理

3. 节流膨胀过程

液态制冷剂流到储液干燥器后，在储液干燥器中除去水分和杂质，由管道流入节流膨胀阀。温度和压力较高的液态制冷剂通过节流膨胀阀装置后体积变大，压力和温度急剧下降，以雾状（细小液滴）排出膨胀装置。

节流膨胀阀阀口的横截面积可作动态调节，以控制制冷剂的流量，确保制冷剂在蒸发器内完全蒸发。

4. 蒸发吸热过程

低温、低压的雾状制冷剂进入蒸发器后，通过蒸发器的壁面吸收蒸发器周围环境（车厢）中空气的热量而沸腾汽化，从而降低乘员舱（车厢）内空气的温度。

在冷却风机（又称鼓风机）的作用下，乘员舱内的冷、热空气加速对流，提高了空调制冷效果。在蒸发器内吸热汽化后的制冷剂蒸气再次被压缩机吸入，然后重复上述过程。

由此可知，汽车空调制冷系统实际上是一个传热系统，通过制冷剂的物态变化和循环流动把乘员舱内的热量传送到车外，使车内温度降低。

2.2　制冷剂与冷冻机油

制冷剂（Refrigerant）是制冷装置完成制冷循环的媒介，又称为制冷工质，还有冷媒、雪种等俗称。汽车空调是在制冷循环中通过制冷剂的状态变化，进行能量转换，实现制冷的。

制冷循环的性能指标除了与工作温度、压力有关外，还与制冷剂的性质密切相关。因此，了解制冷剂的性质对车用空调制冷系统的设计、使用和维修十分重要。

2.2.1 对制冷剂的性能要求

1. 热力性能要求

1）要求制冷剂的临界温度要高。这样有利于使用一般的冷却液和空气进行冷凝，同时可以使节流损失小，制冷系数高。

2）要求制冷剂的单位容积制冷量要大。制冷剂单位容积制冷量大可以使相同产冷量时所需的压缩机尺寸较小。但对离心式制冷机或某些小型制冷机，单位容积制冷量小些会使压缩机制造更容易。

3）要求制冷剂的蒸发压力和冷凝压力适中。制冷剂冷凝压力不要太高，而蒸发压力不要太低，尤其不应低于大气压力。

4）要求制冷剂的绝热指数要小。这样有利于降低压缩机的排气温度，提高压缩机的效率。

2. 物理化学性能要求

对车用空调制冷剂物理化学性质的要求如下：

1）黏度、密度小，以减少制冷剂在制冷系统中的流动阻力损失。

2）热导率高，以提高热交换设备的传热系数，减少换热面积，降低材料消耗。

3）使用安全。车用空调制冷剂应无毒、不燃烧、不爆炸。

4）具有较好的化学稳定性和热稳定性。车用空调制冷剂与润滑油无亲和作用，对金属材料不腐蚀，在高温下不分解，可与冷冻机油以任意比例相溶。

5）易于改变吸热与散热的状态，有很强的重复改变状态能力。

3. 环保性能要求

以前广泛使用的汽车空调制冷剂氟利昂（如 R11、R12）对大气中的臭氧有破坏作用，因此其生产和使用受到限制，已被禁止使用。目前，汽车空调均使用对大气臭氧无破坏、温室效应小的制冷剂。

（1）制冷剂对臭氧层的破坏作用 大气中的臭氧层是同温层的一部分，其距离海平面高度为 20～50km。臭氧层可以吸收太阳光中的大部分紫外线（ultraviolet，UV），从而保护地球表面的生物，使之不受过于强烈的紫外线辐射。

紫外线可将臭氧（O_3）分解成氧分子（O_2）和氧原子（O）。而在复杂的大气物理化学反应中，氧原子和氧分子又会合成、还原为臭氧。臭氧的分解与还原过程在臭氧层中进行，并借此实现臭氧层对大部分紫外线的吸收。

传统制冷剂（如 R12）的组成成分中有氯（Cl）。在操作不当时，R12 分子就会进入到臭氧层，紫外线辐射会使得 R12 分子释放出一个氯原子。

如图 2-4 所示，在 R12 分子中游离出来的氯原子会与臭氧发生反应。于是，臭氧被分解，生成氧分子（O_2）和一氧化氯（ClO），随后 ClO 又与氧发生反应而释放出氯原子。再次游离出来的氯原子又继续与臭氧发生反应，如此周而复始（这个循环过程可能重复100000 次），不断地消耗大气中的臭氧，使得臭氧层日益稀薄，甚至形成空洞。

氟利昂（如 R11、R12）对大气中臭氧的破坏作用可用相对臭氧破坏能力作用系数（Relative Ozone Depletion Potential）表征，简称 RODP 或 ODP，并规定 R11 的 ODP 为 1.0，从而用 ODP 表示相对 R11 对大气臭氧破坏能力的大小。

（2）制冷剂的温室效应 温室效应（Greenhouse Effect），又称花房效应，是大气保温效应的俗称。大气能使太阳光的短波辐射到达地面，但地表向外放出的长波热辐射线却能被大气吸收。这样，就使得地表与低层大气温度增高。因其作用类似于栽培农作物的温室，故名温室效应。

自工业革命以来，人类向大气中排放的二氧化碳等吸热性强的气体逐年增加，大气的温室效应也随之增强，已引发全球气候变暖等一系列严重问题，引起了全世界的广泛关注。

温室效应的形成机理及人类社会活动对温室效应的影响如图2-5所示。

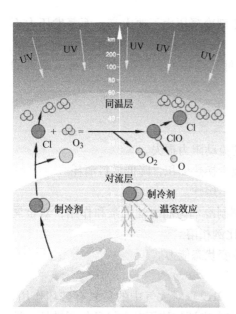

图2-4 传统制冷剂R12与臭氧的反应

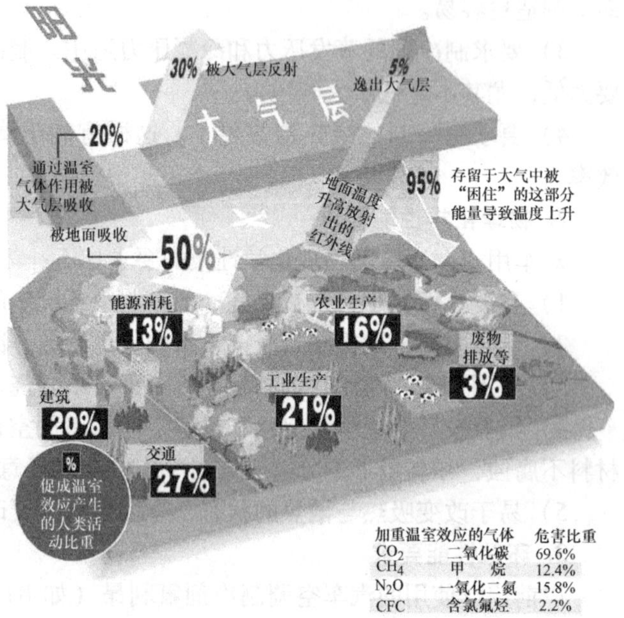

图2-5 温室效应的形成机理及人类社会活动对温室效应的影响

温室效应主要是由于现代工业社会过多燃烧煤炭、石油和天然气，这些燃料燃烧后放出大量的二氧化碳气体进入大气层造成的。二氧化碳气体具有吸热和隔热的功能，它在大气中增多的结果是形成一种无形的"玻璃罩"，使太阳光辐射到地球上的热量无法向外层空间散发，其结果是地球表面变得越来越热。因此，二氧化碳也被称为温室气体。

氟利昂类含氯氟烃产生的温室效应用温室效应能力系数（Global Warming Potential）表征，简称GWP值，并规定R11的GWP值为1.0，用GWP表示相对于R11对温室效应的作用。

由于二氧化碳（CO_2）是造成全球温室效应的主要因素之一，因此也常以CO_2作为比较基础。

2.2.2 制冷剂的分类和性能特征

1. 制冷剂的命名

制冷剂是用R后跟一组编号的方法来命名的，其中R是制冷剂（Refrigerant）的第一个字母。如R12、R134a、R22等。R后的数字或字母是根据制冷剂分子的原子构成按一定规则书写的。

也常采用 CFC、HCFC 或 HFC 来代替 R 以表示制冷剂分子的原子组成。CFC 表示制冷剂由氯原子、氟原子和碳原子组成。HCFC 表示制冷剂由氢原子、氯原子、氟原子和碳原子组成。HFC 表示制冷剂由氢原子、氟原子和碳原子组成。

2. 制冷剂的分类

空调制冷剂的种类较多，可从不同角度进行分类。按组成成分不同，制冷剂可分为三类。

（1）无机化合物制冷剂　属于无机化合物制冷剂的有 R717（NH_3）、R744（CO_2）、R764（SO_2）等。

（2）氟利昂　R11（$CFCl_3$）、R12（CF_2Cl_2）、R22（CHF_2Cl）、R134a 等均属于氟利昂制冷剂。氟利昂（Freon）是饱和碳氢化合物的氟、氯和溴的衍生物的总称，是 20 世纪 30 年代发现的制冷剂，氟利昂类制冷剂种类多，相互间热力学性质差别大，可适用于不同的场合。

氟利昂（Freon）类制冷剂的商品名以 Freon 的第一个字母 F 开头，例如，R12 的商品名为 F12，即 R12 和 F12 是同一种制冷剂。

（3）混合工质制冷剂　混合工质制冷剂是由两种或两种以上单一工质混合而成的。混合工质有共沸混合工质和非共沸混合工质之分。

1）共沸混合工质。共沸混合工质是由两种或两种以上的单纯工质在常温下按一定比例混合而成的，具有与单一工质相同的性质，即气液相组分相同，在恒定压力下有恒定的蒸发温度，如 R502（由 R22 和 R115 以质量分数 48.8:51.2 混合）等。

2）非共沸混合工质。非共沸混合工质是由两种或两种以上不形成共沸溶液的单一工质混合而成的。由于非共沸混合工质不存在共同沸点，因此在定压下冷凝或蒸发时，其组分温度不同，气液相成分也不同。

按沸点温度 t_s 不同，制冷剂可分为高温低压制冷剂、中温中压制冷剂和低温高压制冷剂三类，见表 2-1。

表 2-1　制冷剂按沸点温度 t_s 分类

类　别	沸点温度 t_s/℃	制冷剂举例	应用举例
高温低压制冷剂	>0	R11、R113、R114 等	空调热泵
中温中压制冷剂	−60~0	R717、R12、R134a 等	空调热泵
低温高压制冷剂	<−60	R13、R14 等	复叠机的低温级

早期在汽车空调上广泛使用的制冷剂 R12 和目前广泛使用的制冷剂 R134a 均属于中温（中压）制冷剂范畴。

3. 制冷剂的性能特征

汽车空调制冷剂最早广泛使用的是 R12（CF_2Cl_2），即二氟二氯甲烷，后来出现了 R12 的替代产品 R134a（HFC134a），即四氟乙烷。当前，R744（CO_2）和 R1234yf（四氟丙烯）又成为热门的制冷剂。R12、R134a、R744 及 R1234yf 制冷剂的物理化学特性见表 2-2。

表2-2 R12、R134a、R744 及 R1234yf 制冷剂的物理化学特性

项 目	R12	R134a	R744	R1234yf
学名	二氟二氯甲烷	四氟乙烷	二氧化碳	四氟丙烯
分子式	CF_2Cl_2	CH_2FCF_3	CO_2	$CF_3CF=CH_2$
相对分子质量	120.91	102.3	44	100
沸点（1个大气压）/℃	−29.79	−26.19	−78.52	−29
凝固点/℃	−157.8	−101	—	—
临界温度/℃	111.80	101.14	31.1	95
临界压力/MPa	4.125	4.065	7.38	0.673
临界密度/(kg/m³)	558	1207	—	1094
0℃蒸发潜热/(kJ/kg)	151.4	197.5	—	—
水中溶解度（1个大气压，质量分数）（%）	0.28	0.15	—	—
燃烧性	不燃烧	不燃烧	不燃烧	弱可燃性
臭氧破坏能力系数（ODP）	1.0	0	0	0
温室效应能力系数（GWP）	3.05	1300	0	4

（1）汽车空调制冷剂 R12 汽车空调制冷剂 R12（图2-6）是一种中温制冷剂，无色，具有轻微芳香味，毒性小，只在400℃时才会分解出有毒的光气。R12 不燃烧、不爆炸，是一种安全的制冷剂，只有在体积分数达80%时才会使人窒息。

另外，R12 还具有制冷能力强、压力适中、化学性质稳定、与冷冻机油相容性好和安全性好等优点。

但是，R12 的组成元素中含有氯，会破坏臭氧层，导致太阳光紫外线大量辐射到地面，使得人患皮肤癌、白内障和呼吸道疾病的概率大大增加，对人类和生物的生存环境带来很大危害。R12 的臭氧破坏能力作用系数 ODP 为1，温室效应能力系数 GWP 为3.05。

因此，国际社会于1987年9月在加拿大缔结了《关于消耗臭氧层物质的蒙特利尔议定书》，明确规定禁用 R12 的期限为2000年。我国于1992年也制定了《中国逐步淘汰消耗臭氧层物质的国家方案》，该方案规定，国内各汽车制造商从1996年起在汽车空调中逐步用新制冷剂 R134a 替代 R12，2000年以后生产的新车不得再使用 R12 作为汽车空调制冷剂。

（2）汽车空调制冷剂 R134a 为了适应环境保护的需要，特别是为了适应保护臭氧层的需要，有必要采用不破坏臭氧层的制冷剂来替代 R12。目前，被广泛认可和使用的 R12 替代制冷剂是 R134a（图2-7）。

图2-6 罐装汽车空调制冷剂 R12

图2-7 罐装汽车空调制冷剂 R134a

R134a 具有与 R12 相近的热力性质，因此制冷系统的改型比较容易。R134a 具有较好的制冷性能，与金属和非金属相容，化学和热稳定性好，具有良好的安全性能（不易燃、不爆炸、无毒、无刺激性和无腐蚀性）。

同时，R134a 中不含氯原子，对大气层中臭氧破坏能力作用系数（ODP）低，同时温室效应能力系数（GWP）也较低。但在蒸发温度低于 -21℃时，将产生高的压缩比，制冷量受到限制，其使用将受到影响。

此外，R134a 制冷系统的能效、工作可靠性等与 R12 相比还有一定的差距。

（3）碳氢化合物制冷剂　碳氢化合物制冷剂具有以下优点：

1）与日常使用的 R12、R134a 制冷剂润滑油具有兼容性，替代原汽车上使用的氟利昂制冷剂无需更换空调设备及附件，操作简单，灌装方便。

2）比普通制冷剂节能 10%~20%，用量仅是 R12、R134a 的 1/3，对酷热气候具有独到的适应性，制冷效果优良，是解决汽车用空调氟利昂排放导致大气污染的理想替代品之一。

（4）CO_2 制冷剂　制冷剂的种类很多，理论上只要能进行气液两相转换的物质，均可作为蒸发制冷系统的制冷剂。但寻找制冷效率高，且对环境没有污染的制冷剂却很困难，目前广泛使用的 R134a 只是 R12 的替代品，其排放物产生的温室效应仍然对环境有较大的危害。

在此背景下，在食品冷冻和房间空调领域已有 100 多年应用历史的 CO_2 制冷剂又重新得到重视，极有可能成为汽车空调系统下一代绿色环保制冷剂。

CO_2 制冷剂（代号 R744）具有无毒、无味、不可燃、不爆炸、臭氧破坏能力作用系数 ODP 为 0、温室效应能力系数 GWP 约为 0、成本低廉、无须回收、制冷能力强、制冷部件结构尺寸紧凑等一系列优点。

CO_2 本身是有温室效应的，但作为制冷剂，CO_2 可以从工业废气中提取获得。与大量的工业废气产生的温室效应相比较，CO_2 作为制冷剂产生的温室效应是微乎其微的。因而，可以认为 CO_2 制冷剂的温室效应能力系数 GWP 约为 0。

但是，CO_2 制冷剂也存在临界温度低、临界压力高、制冷循环热力损失大、容易引起窒息等缺点。因而，采用 CO_2 作为制冷剂时，制冷系统无法实现通常的压缩→冷凝→蒸发这样的蒸气压缩式制冷循环。在常温下，无法实现冷凝，CO_2 制冷系统实质上是超临界循环制冷系统。

由于临界温度太低，使制冷系数过低，尤其是在环境温度较高时，制冷循环的单位质量制冷量明显减小，制冷能力显著下降，而功耗显著增大。

（5）R1234yf 制冷剂　由于分子中不含氯原子，R1234yf 的 ODP 值为 0，GWP 值为 4，在大气中的寿命只有 11 天，且大气分解产物与 R134a 相同。因此，R1234yf 对气候环境的影响几乎可以忽略，远小于 R134a。

根据欧盟的 F-gas 法规，自 2011 年 1 月 1 日起，在欧盟境内生产和销售的所有新设计的车型，禁止使用 GWP 大于 150 的制冷剂；自 2017 年 1 月 1 日起，在欧盟境内生产和销售的所有新车，禁止使用 GWP 大于 150 的制冷剂。

不难看出，目前广泛使用的汽车空调制冷剂 R134a（GWP 为 1300）的逐步淘汰将成为必然趋势。美国杜邦（DuPont）公司与霍尼韦尔（Honeywell）公司联合研发的 R1234yf 被认为是替代 R134a 的新一代汽车空调环保制冷剂。

R1234yf 制冷剂的环保性能虽然非常理想，但仍然不尽如人意。R1234yf 制冷剂无闪点，自燃点为405℃，属于具有弱可燃性的制冷剂。尽管在正常行驶条件下，车上的高温部件（如排气管等）可以得到妥善的保护，但一旦发生撞车事故，制冷系统遭到破坏，泄漏出来的R1234yf制冷剂遇到温度超过405℃的高温部件，就有发生R1234yf制冷剂起火燃烧、引燃事故车辆的危险。

正是基于对R1234yf制冷剂安全性的顾虑，一些汽车制造商极力抵制使用R1234yf制冷剂，而以杜邦和霍尼韦尔为代表的制冷剂制造商则在极力推广这一产品。如何在保持其优秀的制冷能力和环保性能的同时，彻底消除其安全隐患，是目前急需解决的问题。对于在汽车空调系统中是否采用R1234yf制冷剂的争论，仍会继续进行下去，短期内很难达成共识。

2.2.3 制冷剂的使用

1. 使用R12时的注意事项

1）制冷剂容器避免阳光直接照射或炉火烘烤，以防意外。

2）避免与人的皮肤直接接触，以防冻伤。尤其要避免误入眼睛，以防造成失明。

3）对制冷系统进行拆卸、充注作业时，最好戴胶皮手套，不要戴线纺手套。

4）尽管R12是无毒或低毒制冷剂，但在与火焰接触时会产生毒气。

5）操作现场应通风良好。

2. 使用R134a时的注意事项

尽管制冷剂种类繁多，但从目前我国汽车空调制冷剂领域来看，常用的制冷剂只有R134a一种，因此这里重点对R134a的使用注意事项加以说明。

一定要防止制冷剂的混用。R12和R134a这两种制冷剂是不能混用的，原因在于它们对空调系统结构的要求不同。首先，对压缩机要求不同；其次，对润滑油要求不同；再次，对储液干燥器和连接软管的要求也不同。

因此，R134a只能在专门与其配套的系统中工作，凡是车用的R134a空调系统，制造商都会在压缩机、冷凝器、蒸发器、橡胶软管和充注设备上注明"只适用于R134a"标志，以防误用。

2.2.4 冷冻机油

1. 冷冻机油的作用

冷冻机油（refrigerant oil）是制冷压缩机的专用润滑油，俗称冷冻油。

冷冻机油用于保证压缩机正常运转、可靠工作和延长使用寿命。在空调制冷系统中，冷冻机油的具体作用如下：

1）润滑作用。压缩机是高速运转的机器，轴承、活塞、活塞环、曲轴、连杆等零件表面需要润滑，以减少阻力和磨损，延长使用寿命，降低功耗，提高制冷系数。

2）密封作用。汽车使用的压缩机传动轴需要油封来密封，防止制冷剂泄漏。有润滑油，油封才能起密封作用。同时，活塞环上的润滑油，不仅起减摩作用，而且起密封压缩机蒸气的作用。

3）冷却作用。运动的摩擦表面会产生高温，需要用冷冻机油来冷却。冷冻机油冷却不足，会引起压缩机过热，排气压力过高，导致制冷系数降低，甚至烧坏压缩机。

4）降低压缩机工作噪声。

2. 对冷冻机油的性能要求

在选择冷冻机油时，必须注意空调压缩机内部冷冻机油所处的状态，如排气温度、排气压力、吸气温度等。

1）不同的制冷剂要求使用不同黏度的润滑油。例如 R12 与润滑油能互溶，使油变稀，因此应选用黏度较大的润滑油。压缩机中润滑油的黏度应适当，黏度过大会使压缩机的摩擦损失功率增大，起动阻力矩增大；黏度过小会使摩擦表面不能建立起所需要的油膜。由于冷冻机油长期在高温和低温的环境中工作，因此要求其性能稳定，并能保持一定的黏度。

2）应与制冷剂、有机材料和金属等在高温和低温条件下接触时不起反应，要求其热力学性能及化学性能十分稳定。

3）在制冷循环的最低温度部位也不应有结晶状的石蜡分离、析出或凝固，从而保持优良的低温流动性能。

4）含水量极少。冷冻机油中的含水量与制冷装置的制冷效果及使用寿命有十分密切的关系。水在制冷系统中会引起"冰堵"现象和"镀铜"现象。为避免上述情况发生，对润滑油的含水量必须按要求严格控制。

5）在压缩机排气门附近高温部位不应产生积炭、氧化现象，应具有较高的热稳定性。

3. 冷冻机油的分类

常用的几种汽车空调冷冻机油如图 2-8 所示。

R12 与 R134a 制冷系统的冷冻机油不能混用。

R12 制冷系统用的冷冻机油属矿物油，矿物油能与 R12 互溶。R12 制冷系统一般用国产的 18 号、25 号冷冻机油或日本产的 SUNISO 3GS、SUNISO 4GS、SUNISO 5GS 冷冻机油。

图 2-8　常用的几种汽车空调冷冻机油

采用 R134a 为制冷工质后，原系统使用的矿物油与新的 R134a 制冷工质不相容，因此需要同时更换冷冻机油。欧美各国绝大多数采用醇类润滑油，而日本等国则主张采用酯类润滑油。

醇类润滑油（polyalkylene glycol，PAG 油，图 2-9）吸水性很强，与 R12 系统中的矿物油不兼容，系统残余的矿物油中的氯化物与醇类润滑油（PAG 油）起反应后，会导致其润滑性能下降。

酯类润滑油（polyol ester，POE 油，图 2-10）与醇类润滑油（PAG 油）相比，吸水性要低一些，对 R12 系统中的矿物油也较不敏感。但酯类润滑油（POE 油）低温下黏度变化较大，低温润滑性能不好，回油也不太好。而醇类润滑油（PAG 油）黏度随温度变化不大，低温下润滑性能良好。

因此，近年来 R134a 制冷系统使用的润滑油逐渐转向了醇类润滑油（PAG 油）。对于已使用过 R12 的空调制冷系统改用 R134a 后，换用酯类润滑油（POE 油）比较合适，而新的 R134a 空调制冷系统则采用醇类润滑油（PAG 油）为宜。

图2-9 醇类润滑油（PAG油）

图2-10 酯类润滑油（POE油）

4. 冷冻机油的使用及性能检查

1）必须严格使用原车空调压缩机所规定的冷冻机油牌号，或换用具有同等性能的冷冻机油，不得使用其他油品来代替，否则会损坏压缩机。

2）冷冻机油吸收潮气的能力极强。因此，在加注或更换冷冻机油时，操作必须迅速，如准备工作尚未做好，不能立刻加油时，则不得打开油罐。在加注完毕后应立即将油罐的盖子封紧储存，不得有渗透现象。

3）不能使用变质的冷冻机油。冷冻机油变质的原因是多方面的，归纳起来有如下几点。

① 混入水分后，冷冻机油在氧的作用下会生成一种絮状的酸性物质，腐蚀金属零部件。

② 高温氧化。当压缩温度过高时，冷冻机油被氧化分解而炭化变黑。

③ 不同牌号的冷冻机油混合使用时，由于冷冻机油所加的氧化剂不同而产生化学反应，引起变质，破坏了各自的性能，从而引起冷冻机油变质。

4）冷冻机油只是起润滑油的作用，本身没有制冷能力。同时，冷冻机油还会降低热交换器的换热效率。因此，只允许加到规定的用量，绝不允许过量使用，以免降低制冷能力。

冷冻机油的加注量随车型不同而异，可参看汽车使用维修手册。冷冻机油在制冷系统各部件中的大致分布情况如图2-11所示。

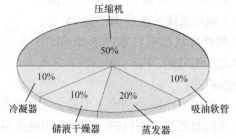

图2-11 冷冻机油在制冷系统各部件中的分布

5）在排放制冷剂时应缓缓进行，以免冷冻机油和制冷剂一起喷出，造成制冷系统内部冷冻机油缺失，无法保证正常润滑。

2.3 压缩机

2.3.1 压缩机的作用与分类

1. 压缩机的作用

作为汽车空调制冷系统的核心部件，压缩机（compressor，俗称空调泵）具有两个重要功能：①压缩机吸气时相当于一个真空泵，使系统内部产生低压，吸入蒸发器中低温、低压的气态制冷剂。②在压缩过程中将气态制冷剂压缩成高温、高压状态并输入冷凝器，维持制冷剂在制冷系统管路中循环流动。

压缩机是蒸气压缩制冷系统中低压和高压、低温和高温的转换装置，其正常工作是实现热交换的必要条件。

2. 对压缩机的性能要求

非独立式汽车空调制冷系统的压缩机与一般家用房间空调制冷压缩机相比，在结构和性能上有下列特殊的要求：

1）制冷能力强，尤其要求有良好的低速性能，以确保汽车在低速行驶和急速时也有足够的制冷能力。

2）能耗低，尤其是汽车在高速行驶时动力消耗不能过大，否则不仅使经济性降低，还会影响汽车的动力性。

3）对于乘用车和轻型汽车来说，压缩机必须在发动机舱有限的空间内安装固定，因此要求压缩机的体积和质量都要尽可能小。

4）汽车在高温急速情况下，发动机舱里的压缩机温度可达120℃；汽车行驶时颠簸振动也很大，要求压缩机在高温和颠簸、振动的情况下能正常工作。

5）要求压缩机本身起动、运转平稳，振动小，噪声低，工作可靠。

3. 压缩机的分类

汽车空调压缩机一般采用开启式、容积式结构，具体种类繁多，结构各异，可以从不同角度进行分类。

（1）按驱动方式分　按照驱动方式不同分类如下：

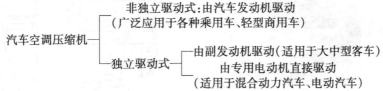

（2）按排量变化分　按照压缩机的排量能否变化分类如下：

汽车空调压缩机 ┬ 定排量压缩机（目前大多数中、低档汽车均采用）
　　　　　　　　└ 可变排量压缩机（在高档乘用车上广泛使用）

（3）按运动形式分　按运动形式和主要零件形状不同，可分为活塞式和旋转式两大类。常用的轴向活塞式压缩机有摇摆斜盘式和回转斜盘式两种。

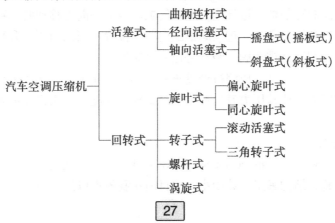

2.3.2 定排量压缩机

1. 曲柄连杆式压缩机

曲柄连杆式压缩机（图2-12）属于传统结构的压缩机，早期曾被广泛使用。由于其结构不紧凑，体积较大，加之工作转速低、惯性冲击力大等缺点，目前已被乘用车制冷系统淘汰，只是在大型客车制冷系统中仍有使用。

曲柄连杆式压缩机主要由曲柄连杆机构、阀门组件、润滑装置和密封装置组成。曲柄连杆机构主要由活塞、活塞销、连杆、曲轴、气缸、气缸盖等组成，其功用是将曲轴的旋转运动转换成活塞的直线往复运动，以便在气缸内产生真空，将气态制冷剂吸入气缸，或对吸入气缸的制冷剂进行压缩。

阀门组件主要由进气阀、排气阀、阀门板等组成，其功用是控制压缩机进、排气道的开闭。润滑装置主要由机油泵、机油盘等组成，其功用是润滑压缩机的运动件，对各部位的润滑可分为飞溅润滑和压力润滑两种方式。

密封装置主要是轴封总成，主要零件包括卡簧、O形圈、密封盘等，该总成安装在曲轴上，与曲轴一起转动，其功用是防止压缩机内的制冷剂和冷冻机油泄漏。

曲柄连杆式压缩机的工作原理（图2-13）与四冲程发动机类似，活塞在气缸内往复运动，改变了气缸的容积，从而在制冷系统中起到压缩和泵送制冷剂的作用。

图 2-12　曲柄连杆式压缩机

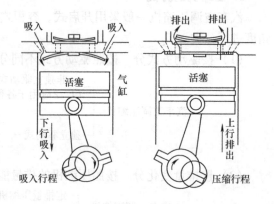

图 2-13　曲柄连杆式压缩机的工作原理

曲柄连杆式压缩机的工作，可分为压缩、排气、膨胀、吸气四个行程。

当活塞向下移动时，气缸内的压力降低，排气阀关闭，当缸内压力下降到一定值时，从蒸发器来的低压气态制冷剂推开进气阀，进入气缸。当活塞向上移动时，吸入气缸内的气态制冷剂被压缩，温度和压力升高，进气阀被压向关闭位置，当缸内压力升高到一定值时，高温、高压的气态制冷剂顶开排气阀，经管路送往冷凝器。

如此周而复始，循环不已，压缩机经过压缩、排气、膨胀、吸气四个行程，将蒸发器内的低压制冷剂气体吸入，使其压力升高后排入冷凝器，因此，压缩机起吸入、压缩和泵送制冷剂的作用。

2. 摇盘式压缩机

摇盘式压缩机（wobble plate compressor，图2-14）又称摆盘式或为摇板式压缩机，其最大的优点是工作平稳，结构紧凑，体积小，故目前在我国得以广泛应用。

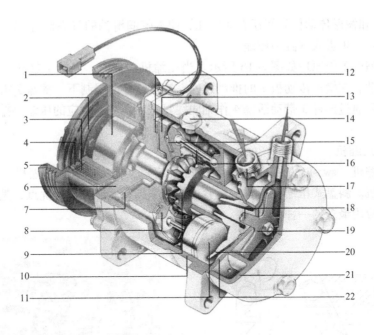

图 2-14 摇盘式压缩机解剖图

1—轴承 2—电磁离合器吸盘 3—电磁线圈 4—电磁离合器 5—多楔带轮 6—前盖 7—密封圈 8—带锥齿轮的行星盘 9—固定锥齿轮 10—缸体 11—活塞 12、15—推力轴承 13—摇盘 14—注油塞 16—连杆 17—制冷剂管路接口 18—排气阀片 19—阀片限位板 20—吸气阀片 21—缸盖 22—阀板

如图 2-15 所示，摇盘式压缩机主要由主轴、摇盘、活塞和缸体等组成。主轴 7 和楔形传动板 12 固定在一起，由滑动轴承 9 和钢球 15 支承。

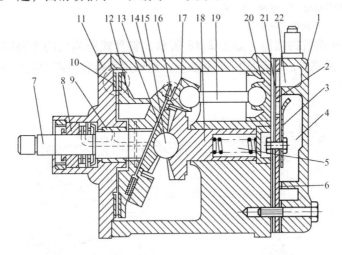

图 2-15 摇盘式压缩机的结构

1—后盖 2—阀板 3—排气阀片 4—排气腔 5—压紧弹簧 6—后盖缸垫 7—主轴 8—轴封总成 9—滑动轴承 10、16—滚柱轴承 11—前缸盖 12—楔形传动板 13、18—锥齿轮 14—缸体 15—钢球 17—摇盘 19—连杆 20—活塞 21—阀板垫 22—吸气腔

同时，摇盘 17 也用钢球 15 支承。缸体 14 上均布着五个轴向气缸，气缸轴线均与主轴平行。活塞 20 通过连杆 19 和摇盘 17 相连。滚柱轴承 10 和 16 分别位于楔形传动板 12 与前缸盖 11 以及摇盘 17 之间，以减小工作时的摩擦和磨损。

吸气腔 22 和楔形传动板腔间还有通气孔，使夹带润滑油的气态制冷剂润滑过所有的运动部件和轴封后，再进入气缸内压缩。

摇盘式压缩机工作原理如图 2-16 所示。当压缩机工作时，主轴 1 旋转，并带动楔形传动板 2 一起转动。在楔形传动板 2 的推动及一对锥齿轮 6 的限制下，摇盘 7 沿主轴轴线方向来回摆动，进而通过连杆 3 带动活塞 4 作轴向往复运动，完成对应的压缩→排气→膨胀→吸气四个行程。

3. 斜盘式压缩机

斜盘式压缩机（swash plate compressor，图 2-17）又称为斜板式压缩机，是一种轴向往复活塞式压缩机。斜盘式压缩机具有结构紧凑、效率高和性能可靠的优点，是目前乘用车空调制冷系统中应用最多的一种机型。

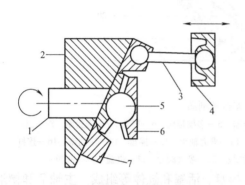

图 2-16　摇盘式压缩机的工作原理　　　　图 2-17　斜盘式压缩机
1—主轴　2—楔形传动板　3—连杆　4—活塞
5—钢球　6—锥齿轮　7—摇盘

（1）斜盘式压缩机的结构　如图 2-18 所示，斜盘式压缩机的主要零件有缸体、前后缸盖、前后阀板、活塞等。斜盘固定在主轴上，钢球用滑靴和活塞的连接架固定。

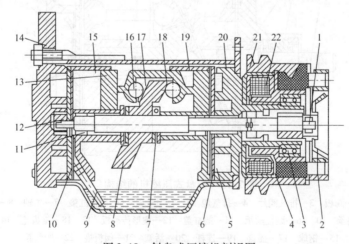

图 2-18　斜盘式压缩机剖视图
1—主轴　2—压板　3—带轮轴承　4—轴封　5—密封圈　6—前阀板　7—回油孔　8—斜盘　9—吸油管
10—后阀板　11—轴承　12—机油泵　13—活塞　14—后缸盖　15—后气缸　16—钢球
17—钢球滑靴　18—前后活塞球套　19—前气缸　20—前缸盖　21—带轮　22—电磁线圈

钢球的作用是使斜盘的旋转运动经钢球转换为活塞的直线运动时,由滑动变为滚动,这样可减少摩擦阻力和磨损,延长斜盘和滑靴的使用寿命。目前滑板都以耐磨质轻的高硅铝合金材料替换了早期使用的铸铁材料,活塞也用硅铝合金,这样既降低了压缩机运动零件的质量,又提高了压缩机的转速。

因为斜盘式压缩机有双向作用,所以在其前后都装有阀板总成,各总成上都装有吸气簧片(吸入阀片)和排气簧片(排出阀片),且前、后缸盖上有各自相通的吸气腔和排气腔,吸、排气缸用阀垫隔开。

(2)斜盘式压缩机的工作原理 斜盘式压缩机的结构和工作原理分别如图2-19和图2-20所示。当主轴带动斜盘转动时,斜盘便驱动活塞作轴向运动,活塞在前后布置的气缸中同时作轴向运动,这相当于两个活塞在作双向运动,即前缸活塞向左移动时,排气阀关闭,余隙容积内的气体首先膨胀。

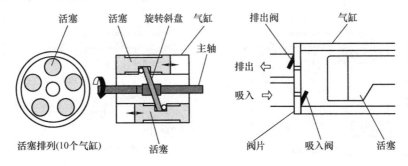

图2-19 斜盘式压缩机的结构简图

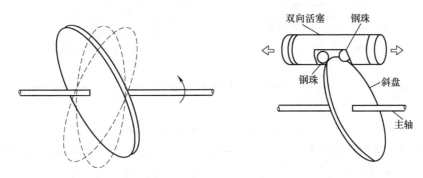

图2-20 斜盘式压缩机的工作原理

当缸内压力略小于吸气腔压力时,吸气阀(吸入阀)打开,低压蒸气进入气缸开始吸气行程,一直到活塞向左移动到终点为止。当后缸活塞向左移动时,开始压缩行程,蒸气被不断压缩,其压力和温度不断上升。当压缩蒸气的压力略大于排气腔压力时,排气阀(排出阀)打开,转到排气行程,一直到活塞移动到左边为止。

这样斜盘每转动一周,前后两个活塞各自完成吸气、压缩、排气、膨胀行程,完成一个工作循环,相当于两个气缸同时工作。这意味着缸体截面均布五个气缸和五个双向活塞时,主轴旋转一周,相当于有十个工作气缸,因此称这种有五个气缸、五个双向活塞的压缩机为斜盘式十缸压缩机。

斜盘式压缩机的工作过程如图2-21所示,读者可自行分析。

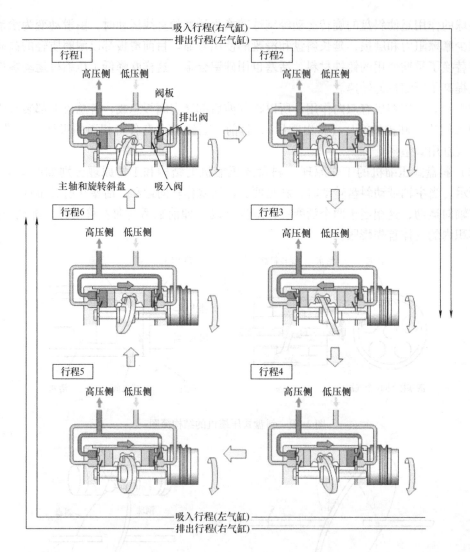

图 2-21　斜盘式压缩机的工作过程

（3）斜盘式压缩机的润滑　斜盘式压缩机的润滑方式有两种，一种是采用机油泵强制润滑，用于高端乘用车和豪华客车等具有较大制冷量的压缩机。另一种没有油池，没有机油泵，而是依靠润滑油和制冷剂一起在制冷系统内循环流动，利用在吸气腔内因压力和温度下降而分离出来的润滑油来润滑压缩机各运动件。

4. 旋叶式压缩机

旋叶式压缩机（rotary vane compressor，图 2-22）主要由转子、叶片和缸体等组成。其叶片数有 3、4、5 等多种，气缸有圆形和椭圆形两种。

旋叶式压缩机又分为贯穿叶片型压缩机和滑片型压缩机两种。由于其结构紧凑、外形尺寸小、容积效率高而得到广泛应用。

图 2-22　旋叶式压缩机

（1）贯穿叶片型压缩机

1）基本结构。如图2-23所示，贯穿叶片型压缩机包括两个贯穿转子的叶片和气缸。当转子转动时，叶片滑过转子中的凹槽使得每一端在叶片转动时都始终能和内缸壁接触。转子和叶片是整体随着轴一起转动并在气缸内创造运行空间。随着这些空间的增大和减小，制冷剂体积先增大后减小，以此进行制冷剂气体的吸入、压缩和排出。该类型压缩机的特点是摩擦损失小，因此单位功率的制冷能力高。

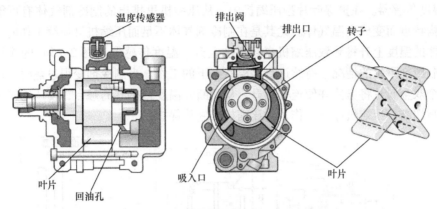

图2-23 贯穿叶片型压缩机的基本结构

2）工作过程。贯穿叶片型压缩机的工作过程如图2-24所示。

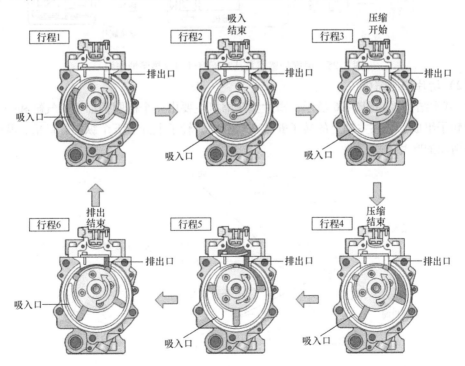

图2-24 贯穿叶片型压缩机的工作过程

① 吸入行程（行程1、2）。当整个叶片和转子一起转动时，被叶片和气缸内壁包围的体积增大，制冷剂气体通过吸入口被吸入。

② 压缩行程（行程3）。随着转子继续转动，叶片包围的空间减小，制冷剂气体被压缩。

③ 排出行程（行程4、5）。当叶片经过排出口时，被压缩的制冷剂气体迫使排出阀打开并排出气体。排出的制冷剂气体被送往油分离器。然后通过高压检修阀被送到冷凝器。

④ 排出完成（行程6）。当两个叶片经过排出口时，叶片包围的空间增大并重复进行吸入、压缩和排出行程。如此周而复始，对制冷剂气体进行压缩和泵送。

3）温度传感器。在贯穿叶片型压缩机中，从压缩机里排出的制冷剂气体有可能因为该气缸的结构特点而变成高温气体。尤其是在制冷剂气体不足而压缩机又连续工作时，排出的制冷剂气体的温度上升将导致压缩机自身温度上升。温度传感器（图2-25）的作用是防止压缩机在制冷剂不足的情况下持续进行高温状态下的工作。当制冷剂变得过热时，温度传感器中的一个双金属片将弯曲并使连杆上升，从而断开温度传感器的触点，使压缩机电磁离合器的电源被切断，压缩机停止工作，对压缩机实施热保护。

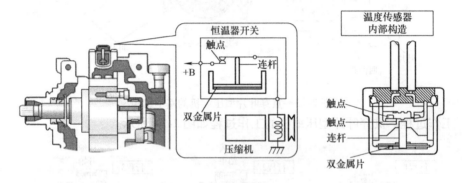

图2-25 温度传感器及其对压缩机的过热保护作用

（2）滑片型压缩机

1）基本结构。如图2-26所示，滑片型压缩机主要由一个椭圆截面型的气缸和一个带有叶片的转子组成。装在主轴上的转子安置在气缸内，转子上开有五个纵向开口槽，其内装有能径向滑动的叶片。

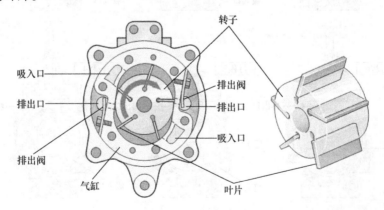

图2-26 滑片型压缩机的基本结构

当转子转动时，叶片被推向气缸内壁。随着转子在气缸内转动，对制冷剂气体进行吸入、压缩和排出。与旋转斜盘型压缩机相比，滑片型压缩机部件数量少，因而体积较小。

整个气缸被转子和气缸的接触线分成吸气和排气两个区域。当主轴旋转时，转子在气缸中转动，吸气侧的叶片在离心力或油压作用下滑出与气缸壁紧贴，与气缸壁及转子形成一个月牙形区域。该区域的容积不断增大，产生吸力，气态制冷剂通过吸气口进入气缸，直至吸气容积达到最大值。之后叶片开始回缩，气态制冷剂被压缩，进而从排气口排出。由于转子和气缸有两个接触线，为此，在结构上配备了两套吸气口和排气口。

2）工作过程。滑片型压缩机的工作过程如图 2-27 所示。

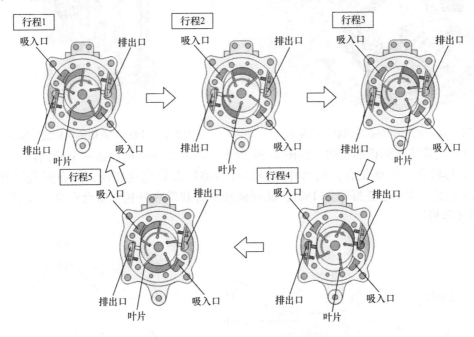

图 2-27　滑片型压缩机的工作过程

① 吸入行程（行程 1）。当转子转动时，叶片和转子一起转动，气缸内叶片包围的空间增大，制冷剂气体通过吸入口吸入。

② 压缩行程（行程 2、3）。吸入完成后，转子继续转动，叶片包围的空间变小，制冷剂气体被压缩。

③ 排出行程（行程 4、5）。当叶片继续转动，制冷剂气体被压缩后，压力迫使排出阀打开使制冷剂气体被排出。在气缸内被叶片包围的五个室内，转子每转动一个周期进行两次吸入、压缩和排出行程。

3）温度传感器。滑片型压缩机的温度传感器结构及其对压缩机的热保护作用与贯穿叶片型压缩机完全一致，在此不再赘述。

5. 涡旋式压缩机

（1）涡旋式压缩机的优点　涡旋式压缩机（scroll compressor，图 2-28 和图 2-29）又称涡杆式压缩机，是由一个固定的渐开线涡杆（又称涡旋盘）和一个呈偏心回旋平动（即无自转，只有公转）的渐开线运动涡杆组成可压缩容积的压缩机。涡旋式压缩机的独特设计，使其成为当今世界最为节能的压缩机。

涡旋式压缩机主要运动件涡杆只有啮合没有磨损，因而寿命更长，被誉为免维修压缩机。涡旋式压缩机运行平稳、振动小、工作安静，又被誉为超静压缩机。涡旋式压缩机结构新颖、精密，具有体积小、噪声低、质量轻、振动小、效率高、能耗低、寿命长、输气连续平稳、运行可靠等突出优点，被认为是最有前途的一种压缩机。

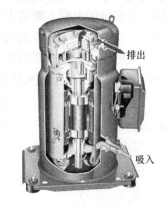

图 2-28　汽车空调系统涡旋式压缩机　　　　图 2-29　制冷工业用的涡旋式压缩机

（2）涡旋式压缩机的结构　如图 2-30 所示，涡旋式压缩机包括一个静涡杆和一个动涡杆，其形状像一个螺旋管。动涡杆和静涡杆的型线参数完全相同，但在安装时存在着180°的相位角，即两者正好错开 180°，从而使动涡杆和静涡杆相互啮合形成一系列的月牙形空间（容积）。

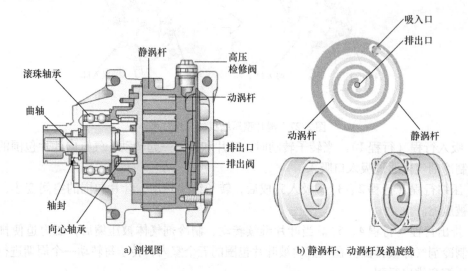

a) 剖视图　　　　　　　　　　b) 静涡杆、动涡杆及涡旋线

图 2-30　涡旋式压缩机的结构

动涡杆由一个偏心距很小的曲轴带动，使之绕静涡杆的轴线转动。此外，在动涡杆背后利用一连接机构，用来保证动涡杆和静涡杆之间的相对平动。在此平动过程中，制冷剂蒸气由涡杆的外边缘吸入月牙形工作空间，工作空间逐渐向中心移动并减小，使制冷剂蒸气被压缩，最后经中心部位的排气口轴向排出，从而完成吸气、压缩和排气的整个循环。

（3）涡旋式压缩机的工作过程　涡旋式压缩机的工作过程如图 2-31 所示。

1）吸入行程（行程 1）。当动涡杆转动时，动涡杆与静涡杆之间的空间增大，吸入口打开。于是，制冷剂气体被吸入。

2）压缩行程（行程 2~5）。当动涡杆继续转动时，吸入口关闭。于是，开始压缩制冷

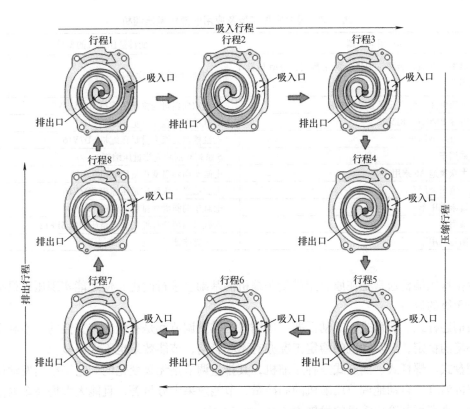

图 2-31　涡旋式压缩机的工作过程

剂气体。

3）排出行程（行程 6～8）。当动涡杆完成 2.5 个循环周期后，制冷剂气体已经被压缩成能够强行打开排出阀的高压，制冷剂气体从排出口排出。

2.3.3　变排量压缩机

1. 变排量压缩机的优点

定排量压缩机的共同特点是压缩机的排量无法随环境和工况的改变而变化，从而导致汽车的油耗增加 7%～10%。在节能意识日益强烈的今天，节能型变排量压缩机应运而生。

变排量压缩机（variable displacement compressor）可以根据发动机转速、车内温度等相关的因素，自动调节压缩机排量，对制冷系统进行动态调节，使汽车空调系统的制冷量与车内热负荷实现完美匹配，从而进一步提高汽车的舒适性和降低汽车的燃油消耗。

与传统的定排量压缩机相比，变排量压缩机有如下优点：

1）排气压力和工作转矩的波动较小，避免了对发动机的冲击。

2）提高了车内温度的稳定性。

3）保持了蒸发器低压的稳定性，而且蒸发器不会结霜。

4）提高了压缩机的使用寿命。

5）减少了功率消耗（最大可减少 25%）。

鉴于变排量压缩机的突出优点，其应用日益广泛。国内常见车型及其装备的变排量压缩机型号见表 2-3。

表 2-3   国内常见车型及应用的变排量压缩机

应 用 车 型	变排量压缩机的型号
别克君威、红旗、金杯、中华、别克赛欧、海南马自达等乘用车	V5 系列无级可变排量压缩机
广州本田雅阁、柳州五菱 LZW6370A	十缸双向斜盘变排量压缩机 10PA17VC
北京吉普 BJ2021、BJ2022	七缸单向斜盘变排量压缩机 7H15
风行、奇瑞乘用车	七缸摇盘无级变排量压缩机 SD7V16
奥拓乘用车	S 系列双刮片变排量压缩机
一汽大众奥迪 A6 乘用车	七缸双向斜盘变排量压缩机 7SB16
捷达、宝来乘用车	七缸摇盘无级变排量压缩机 SD7V16
神龙富康乘用车	七缸单向斜盘变排量压缩机 7H13
波罗乘用车	六缸双向斜盘外控式变排量压缩机 6PE12
日产阳光乘用车	V-6 变排量压缩机

变排量压缩机通常是在原有定排量压缩机的基础上进行改进，使之能实现压缩机排量的有级或无级的调节。

曲柄连杆式、斜盘式、滚动活塞式压缩机的排量调节都是有级、突变性的，不利于车内空调环境的稳定，对发动机的稳定工况亦有不利影响，节能效果也不太明显。

摆盘式、螺杆式、涡旋式三种压缩机，其排量调节是无级变化的。它能根据发动机的转速、车内温度，自动地调节压缩机的制冷量，节能效果十分显著，且能大大提高车内空调的舒适性，是车用制冷压缩机的发展方向。

2. 曲柄连杆式变排量压缩机

曲柄连杆式变排量压缩机的排量调节方法有很多，一般多采用卸载装置的机械控制来停止一个甚至全部气缸的工作，其工作原理如图 2-32 所示。

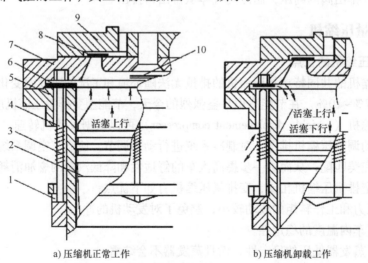

a) 压缩机正常工作   b) 压缩机卸载工作

图 2-32   曲柄连杆式变排量压缩机的工作原理

1—斜环　2—活塞　3—弹簧　4—顶杆　5—气缸套　6—卸载阀片
7—排气阀座　8—排气阀片　9—阀盖　10—吸气阀片

可以看出，它在普通曲柄连杆式压缩机的基础上进行了相应的改进，如在每个气缸的排气阀座 7 和气缸套 5 之间增加了一个卸载阀片 6，在气缸套 5 的旁边增加了一个顶杆 4，在对应的活塞 2 下方也增加了一个可以转动的斜环 1。

该压缩机排量的变化完全取决于卸载阀片 6 的状态。当卸载阀片 6 关闭时，气缸正常工作，此时压缩机的排量最大；当转动斜环 1，顶杆 4 向上顶起，卸载阀片 6 处于开启状态时，活塞虽然仍在气缸内作往复运动，但并不压缩气体，即这个气缸不处于工作状态，此时相应地减少了压缩机的排量。

图 2-33　日本三电变排量摇盘式压缩机

3. 轴向活塞式变排量压缩机

目前，广泛使用的轴向活塞式变排量压缩机主要有摇盘式变排量压缩机（图 2-33）和斜盘式变排量压缩机两大类。

（1）摇盘式变排量压缩机　摇盘式变排量压缩机的结构如图 2-34 所示。

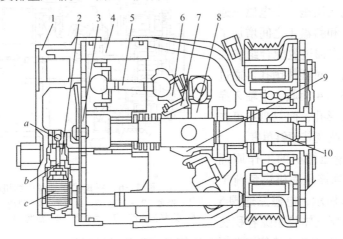

图 2-34　摇盘式变排量压缩机的结构
1—后缸盖　2—控制阀　3—阀板部件　4—缸体　5—活塞连杆组件　6—摇盘　7—斜盘
8—驱动杆　9—轴套　10—主轴　a—球阀　b—锥阀　c—波纹管

摇盘式变排量压缩机是在普通定排量摇盘式压缩机的基础上改进而成的。改进主要体现在两个方面：一是在后缸盖 1 上加装了一个由球阀 a、锥阀 b 和波纹管 c 组成的控制阀；二是在主轴 10 和斜盘 7 之间增加了一个可在主轴上滑动的轴套 9，且在主轴上加装了一个用以实现斜盘倾斜角度改变的驱动杆 8，即控制机构。

其中，斜盘 7 和轴套 9 通过两个同心短销轴相连，且驱动杆 8 上开有腰形槽，因此斜盘与驱动杆又通过长销轴构成活动连接。控制机构如图 2-35 所示。

当车室热负荷增加或车速降低时，摇盘式变排量压缩机的吸气压力升高。当吸气压力高于控制阀 2 的设定值时，控制阀中的波纹管 c 将受压缩短，球阀 a 关闭，锥阀 b 打开，曲轴箱与吸气腔相通，高压气体不能进入曲轴箱，机体内压力即活塞的背压减小，在活塞内、外压差的作用下，通过驱动杆 8 使斜盘 7 在旋转运动的同时轴向摆动，增加斜盘 7 的倾角，同时使摇盘倾角改变，活塞行程增大，从而使压缩机全排量工作。

反之，则压缩机吸气压力降低。当吸气压力低于控制阀2的设定值时，波纹管c伸长，球阀a开启，锥阀b关闭，高压气体进入曲轴箱，机体内压力增大，在活塞内、外压差的作用下，通过驱动杆8使斜盘7在旋转运动的同时轴向摆动，减小斜盘7的倾角，同时使摇盘倾角改变，活塞行程变小，从而减小了压缩机排量。

（2）斜盘式变排量压缩机　斜盘式变排量压缩机是在普通斜盘式压缩机的基础上改进而成的，其结构如图2-36所示。其改进方法类似于摇盘式变排量压缩机：一是在后缸盖7上加装了一个控制阀，该控制阀实质是一个电磁三通阀；二是在主轴2和斜盘4之间增加了一个推盘1，它与主轴过盈配合组装在一起。推盘1上有一对圆柱销孔，通过一对导向销3与斜盘4相联。主轴2穿过斜盘4中心的腰形孔，而斜盘4可在主轴上前后滑动以改变其倾斜角度。

斜盘式变排量压缩机的工作原理如图2-37所示。当该压缩机满负荷工作时，如图2-37a所示，电磁三通阀5接通排气腔2，高压气体将余隙容积变

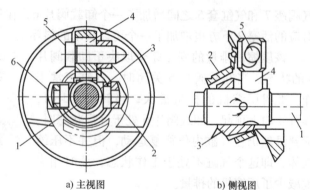

a) 主视图　　b) 侧视图

图2-35　摇盘式变排量压缩机的控制机构
1—主轴　2—斜盘　3—轴套　4—驱动杆
5—长销轴　6—短销轴

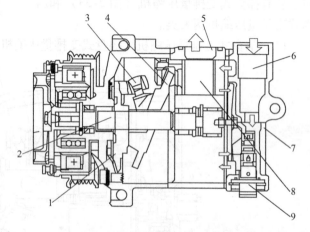

图2-36　斜盘式变排量压缩机的结构
1—推盘　2—主轴　3—导向销　4—斜盘　5—排气消声腔
6—进气消声腔　7—后缸盖　8—活塞　9—余隙容积变化阀

化阀1推向右侧，将阀口4堵住，此时，压缩机按正常排量工作。

当需要降低压缩机的排气量时，如图2-37b所示，电磁三通阀5与回气管6及工作管7相通。吸气时，余隙容积变化阀1首先将原来左端的高压气体通过工作管7、回气管6送入

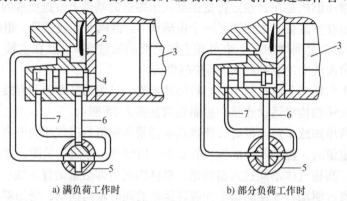

a) 满负荷工作时　　b) 部分负荷工作时

图2-37　斜盘式变排量压缩机的工作原理
1—余隙容积变化阀　2—排气腔　3—活塞　4—阀口　5—电磁三通阀　6—回气管　7—工作管

吸气气缸内。压缩时，气体推动余隙容积变化阀1左移，留下一个空间。

当压缩完毕时，余隙容积变化阀1内的气体残存下来。当活塞右移时，余隙容积变化阀1内的高压气体首先膨胀，这样就减少了气缸排气量，相应地也就减少了功耗。

4. 旋叶式变排量压缩机

旋叶式变排量压缩机的结构如图2-38所示，它在普通旋叶式压缩机的基础上加设了一条吸气槽，使之能根据发动机转速的高低来自动调节压缩机的排量。

当叶片8刮过吸气孔4时，在吸气槽3的作用下，本该结束的吸气行程得以继续，在不影响下一次进气的同时充气效率得以提高。当发动机转速低时，叶片刮过吸气槽的时间延长，气缸充气量自然增多，压缩机排量变大；当发动机转速高时，叶片刮过吸气槽的时间缩短，气缸充气量相对减少，压缩机排量减小。

5. 涡旋式变排量压缩机

涡旋式变排量压缩机结构如图2-39所示。它和普通涡旋式压缩机的区别在于其后缸盖上加装了一个控制阀，并且涡旋定子（即静涡杆）上开有一对旁通孔7。其中控制阀由弹簧2、波纹管3、滑块4和球阀5组成，滑块可以左右滑动，以改变旁通流量调节孔6的大小，进而改变旁通气体流量的大小。

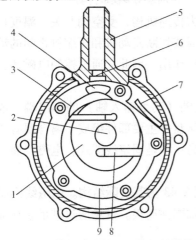

图2-38 旋叶式变排量压缩机的结构
1—转子 2—主轴 3—吸气槽 4—吸气孔
5—进气管 6—进气管内腔 7—排气阀
8—叶片 9—缸体

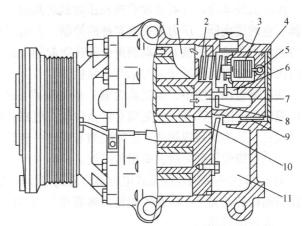

图2-39 涡旋式变排量压缩机的结构
1—吸气腔 2—弹簧 3—波纹管 4—滑块 5—球阀
6—旁通流量调节孔 7—旁通孔 8—舌簧阀
9—小孔 10—排气孔 11—排气腔

当发动机转速低、吸气压力下降到低于设定值时，控制阀中的波纹管3伸长，球阀5打开，排出的气体通过球阀进入滑块4的另一端，于是滑块在弹簧力的作用下右移，旁通流量调节孔6打开，此时，被压缩的一部分气态制冷剂将直接通过旁通孔7、旁通流量调节孔6及弹簧2所在的空腔回到吸气腔1（气态制冷剂的回流路线如图中箭头所示），压缩机的排量相应减小；当发动机转速高、吸气压力上升至高于设定值时，控制阀中的波纹管3缩短，球阀5关闭，滑块4在排气压力的作用下左移，将旁通流量调节孔6关闭，此时，被压缩的气态制冷剂无法旁通，故排量最大。

2.3.4 压缩机的动力输入装置

1. 电磁离合器

在非独立式汽车空调制冷系统中，空调压缩机是由汽车发动机驱动的。发动机曲轴带轮与压缩机带轮之间，既可以采用 V 带传动（图 2-40），也可以采用多楔带传动（图 2-41）。

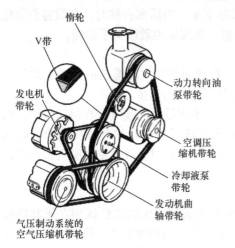

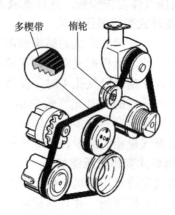

图 2-40　发动机曲轴带轮与压缩机带轮
　　　　之间采用 V 带传动

图 2-41　发动机曲轴带轮与压缩机带轮
　　　　之间采用多楔带传动

压缩机的电磁离合器是发动机和压缩机之间的一个动力传递机构，受空调开关、温度控制器、空调放大器、压力开关等器件的控制，在需要时接通或切断发动机和压缩机之间的动力传递。当压缩机过载时，电磁离合器还能起到一定的保护作用。因此，通过控制电磁离合器的接合与分离，就可接通与断开压缩机。

在汽车空调系统中，电磁离合器一般安装在压缩机主轴（动力输入轴）的伸出端，成为压缩机总成的一部分。电磁离合器由带轮、电磁线圈、压盘等主要部件组成。离合器有两种形式：一种为旋转线圈式，电磁线圈与带轮一起转动；另一种是固定线圈式，电磁线圈不转动，只有带轮转动。后者应用较广泛。

图 2-42 为一种固定线圈式电磁离合器的工作原理，图 2-43 为其实际结构。电磁线圈固定在压缩机的外壳上。压盘连同传力弹簧片与压缩机的主轴刚性连接。带轮通过轴承套在轴上，可以自由转动。

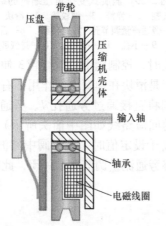

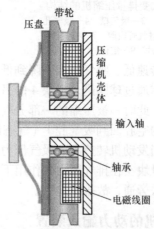

a) 电磁线圈不通电，离合器分离，压缩机不工作　　　b) 电磁线圈通电，离合器接合，压缩机工作

图 2-42　固定线圈式电磁离合器的工作原理

如图 2-43 所示，压缩机的带轮由轴承支承在壳体前端，在电磁线圈没有通电时，压盘与带轮之间保持一定的间隙而分离，即电磁离合器处于分离状态。此时，带轮可以随发动机空转，但输入轴（压缩机主轴）不转，压缩机不工作。

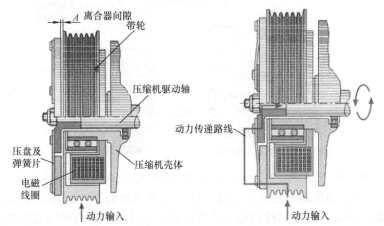

a) 电磁线圈不通电，离合器分离，压缩机不工作　　b) 电磁线圈通电，离合器接合，压缩机工作

图 2-43　固定线圈式电磁离合器结构

当电磁线圈通电时，产生磁场，电磁吸力将压盘吸附在带轮上，即电磁离合器处于接合状态，带轮通过压盘带动输入轴旋转，压缩机工作。

当压缩机运转阻力因故异常增大时，压盘可以通过打滑的方式实现对压缩机的过载保护。

2. 挠性离合器

对于大众速腾（SAGITAR）等乘用车，其空调制冷系统装备了电控调节变排量压缩机（图 2-44）。根据所需温度、车内与车外温度、蒸发器温度以及制冷剂压力的变化，控制单元 J255 通过对电磁阀 N280 的占空比进行控制，从而控制斜盘的倾斜角度，进而实现了压缩机排量和系统制冷量的大范围（2%～100%）无级调节，不再需要利用电磁离合器对压缩机进行起-停-起-停的循环控制。

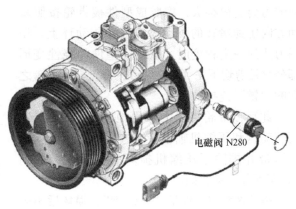

电磁阀 N280

图 2-44　大众速腾（SAGITAR）乘用车
电控外部调节变排量压缩机

因此，有些车型（如大众速腾、奥迪 A4 等乘用车）取消了电磁离合器，代之以挠性离合器传递动力。只要汽车发动机一起动，空调压缩机就处于运转状态（但可以是接近完全卸荷状态，即排量输出近乎为零）。

挠性离合器（图 2-45 和图 2-46）由带轮、挠性橡胶成型件、驱动盘组成。带轮支承在压缩机轴承外圈上，带轮轮毂部铆接有断面呈波浪形的传动环。驱动盘中心部分通过螺栓与压缩机轴刚性连接在一起，而其外侧则铆接有断面呈波浪形的传动环。在带轮的波浪形传动环与驱动盘的波浪形传动环之间，装入挠性橡胶成型件。挠性橡胶成型件充满带轮的波浪形

传动环与驱动盘的波浪形传动环之间的空间，在两者之间传递动力。

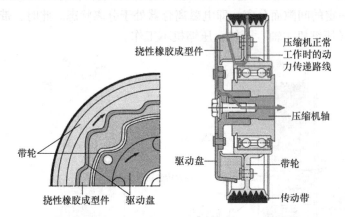

图 2-45　压缩机正常工作时挠性离合器的橡胶件形态及动力传递路线

如图 2-45 所示，当压缩机正常工作时，动力传递路线如下：来自汽车发动机的动力经过传动带→带轮→带轮的波浪形传动环→挠性橡胶成型件→驱动盘的波浪形传动环→驱动盘→压缩机驱动轴。压缩机轴与带轮同步旋转，压缩机正常工作。不难看出，在正常的压缩机载荷范围内，挠性橡胶成型件的作用类似于一个形状不规则的键。

如果压缩机内部发生机械故障（如粘缸、卡死），或出现由于制冷剂泄漏、缺失而造成的冷冻机油不足、润滑不良等问题，会导致压缩机驱动轴不转，即压缩机堵转。严重时会造成传动带驱动机构损坏，进而损坏压缩机。此时，挠性离合器即可发挥其过载保护作用。

当压缩机发生堵转时，传动带与驱动盘之间的力会变得很大，橡胶成型件被带轮按照转动方向压到堵转的驱动盘波浪形传动环上。作用力达到一定程度时，橡胶成型件的挠性变形部分会被剪切下来（图 2-46），带轮与驱动盘之间的"键"连接被切断。

此后，带轮可以无障碍地随传动带空转，而驱动盘和压缩机轴不转。这样，就不会损坏多楔带并排除了压缩机损坏的可能性，达到"舍车保帅"的目的。

挠性橡胶成型件是"一命货"，损坏后不可修复，只能更换新件。挠性橡胶成型件的变形

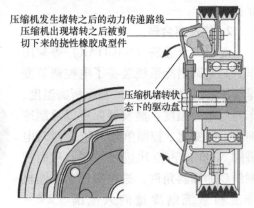

图 2-46　压缩机出现堵转时挠性离合器的橡胶件形态及动力传递路线

量取决于橡胶件温度的高低和弹性的大小，剪切力的临界值与橡胶件的强度有关。

由于挠性离合器省去了传统电磁离合器中的电磁线圈，且可以把带轮设计得更轻，因此，离合器总成质量可以减轻 20%（500～800g）左右，而且节约了大量的铜材。

2.3.5　电动压缩机

随着全球能源形势的日益紧张和环保呼声的日益高涨，开发少污染的混合动力汽车和无污染的纯电动汽车成为未来汽车发展的趋势，并已经取得很大进展。与之相适应，汽车空调压缩机的驱动方式也在发生变化。

摆脱汽车发动机运行条件的制约，采用独立电动机直接驱动的电动空调压缩机（e-driven air conditioning compressor）是未来汽车空调压缩机的发展趋势。

1. 电动空调压缩机的优点

采用独立式电动机驱动的压缩机系统与非独立式传动带驱动的压缩机系统的比较见表2-4。不难看出，采用独立式电动机驱动的压缩机系统具有如下优点。

表2-4 独立式电动机驱动的压缩机系统与非独立式传动带驱动的压缩机系统的比较

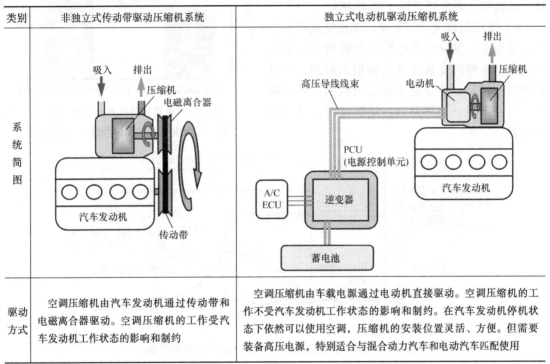

类别	非独立式传动带驱动压缩机系统	独立式电动机驱动压缩机系统
系统简图		
驱动方式	空调压缩机由汽车发动机通过传动带和电磁离合器驱动。空调压缩机的工作受汽车发动机工作状态的影响和制约	空调压缩机由车载电源通过电动机直接驱动。空调压缩机的工作不受汽车发动机工作状态的影响和制约。在汽车发动机停机状态下依然可以使用空调，压缩机的安装位置灵活、方便。但需要装备高压电源，特别适合与混合动力汽车和电动汽车匹配使用

1）减少制冷剂的泄漏。与家用空调压缩机类似，电动压缩机由于采用电动机内置的封闭式结构，无需轴封，可以避免轴封处及其他部位连接处难以密封所造成的制冷剂泄漏。还可以用金属管替代易渗漏的橡胶软管，从而大大减少制冷剂的泄漏。

2）变排量调节性能好。目前汽车空调上采用压缩机变排量调节的方法，大多是气缸卸载法或气体旁通法，与定排量相比，已有很大的进步。但与在家用固定式空调或制冷装置上已经普遍使用的变频调速方法相比，仍然存在着调节效率低的弊端。而且，压缩机上增加了机械调节机构以后，压缩机的可靠性也受到削弱。

电动压缩机由于是由48V以上的电压驱动的、配有小型高效直流无刷电动机（或交流电动机）的高性能全封闭压缩机，便可以采用脉冲宽度调制方法进行调速，具有高效、可靠的变排量性能。

3）可以大幅度减少燃油消耗。得益于电动压缩机良好的变排量调节性能，制冷系统运行平稳，汽车燃油消耗率显著降低。日本电装（DENSO）公司的试验结果表明，在同样的热负荷下，采用独立式电动机驱动的压缩机系统，其燃油消耗率与传统的非独立式传动带驱动的压缩机系统相比可降低19%（图2-47）。

4）无须电磁离合器控制压缩机的运转。这就消除了离合器接合或分离时产生的噪声，也消除了周期性离合对汽车驾驶性能的影响，减少了车辆的动力波动，提高了乘坐舒适性。

5）车室内部的温度波动更小。采用电动压缩机后，彻底摆脱了汽车发动机工作状态的影响和制约，在汽车发动机停机状态下依然可以使用空调，因此，车室内部的温度波动更小，进一步提高了乘坐舒适性（图2-48）。

6）安装位置灵活、方便。非独立式汽车空调，采用由主发动机通过传动带驱动的开启式压缩机，压缩机安装位置受到很大限制，须设计专门的托架，并安装于发动机舱内，且与驱动带轮位于同一个平面内，还要设计张紧力调整装置。

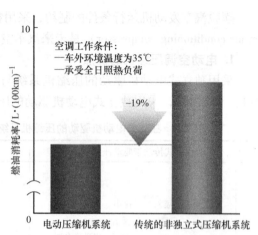

图 2-47　电动压缩机系统与传动带驱动压缩机系统的燃油消耗率的比较

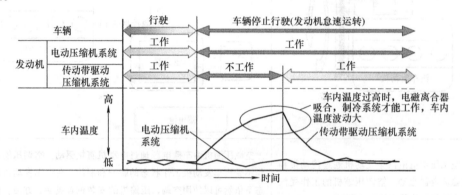

图 2-48　采用电动压缩机后，车室内部的温度波动更小

采用电动压缩机后，安装位置就灵活得多，可根据汽车的总体结构、传入车室的噪声、振动及空调系统的配置等情况合理安装。

2. 对电动压缩机电动机的特殊要求

电动压缩机的电动机由于置于机壳内，其工作性能、结构、质量、尺寸和工作可靠性、耐久性等方面，与压缩机有着密切联系，因而必然会对它提出一些特殊要求。与一般电动机相比，主要区别如下：

1）电动机的周围都有压缩机吸入的制冷剂蒸气流过，电动机"沐浴"在制冷剂蒸气中，电动机工作时产生的热量大部分被制冷剂吸收，使制冷剂的温度升高。

这不仅会使压缩机输气量减少，导致制冷量的下降，还会导致电动机绝缘材料的老化和润滑油的劣化，从而影响压缩机的寿命。因此，对内置电动机的绝缘材料和润滑油，有耐腐蚀和耐高温的要求。

2）耐腐蚀内置电动机和润滑油、制冷剂三者共存于高温、高压或许还有少量水分的环境中，内置电动机的漆包线应具有足够的电气绝缘能力。

3）内置电动机应具有较大的起动转矩和耐振、耐冲击能力，能适应较大范围的压缩机负荷变化。

3. 电动压缩机的型号规格与性能参数

目前，电动压缩机多为涡旋式全封闭电动压缩机（图2-49和图2-50），机壳内装有涡旋压缩机和无刷直流电动机或交流电动机，由脉冲宽度调制器（PWM）和桥式晶体管整流器组成的控制器，控制电动机的转速变化。其型号规格见表2-5和表2-6。

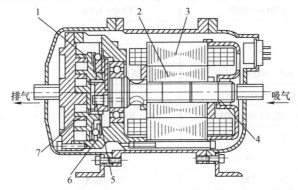

图 2-49　日本三电（Sanden）公司的电动压缩机剖视图

1—动涡旋盘　2—电动机转子　3—电动机定子　4—空心主轴　5—偏心回转机构　6—球形联轴器　7—定涡旋盘

图 2-50　日本电装（DENSO）公司的电动压缩机

表 2-5　三电（Sanden）涡旋式电动压缩机型号规格

型　号	SHS-33A	型　号	SHS-33A
制冷剂	R134，R12	电动机输入电压/V	DC96
排量/（cm³/r）	33.1	外径/mm	125
电动机种类	无刷直流电动机	长度/mm	265
电动机输出功率(6000r/min 时)/W	2205(3HP)	质量/kg	9.8

表 2-6　日本电装（DENSO）公司的涡旋式电动压缩机型号规格

型　号	ES14	ES27	ES34
外观	φ130 185	φ130 196	φ130 227

（续）

型 号	ES14	ES 27	ES34
排量/(cm³/r)	14	27	34
压缩机形式	涡旋式	涡旋式	涡旋式
转速范围/(r/min)	1000~10000	1000~8600	1000~8600
整机质量(无冷冻机油状态)/kg	4.7	5.9	6.7
制冷能力[1]	3.4kW(10000r/min)	6.0kW(8600r/min)	7.4kW(8600r/min)
制冷系数 COP[2]	1.7(10000r/min)	1.8(8600r/min)	1.8(8600r/min)
工作电压(高电压)	140~281V(额定202V)	140~400V(额定288V)	200~420V(额定202V)
工作电压(低电压)	8~16V(额定12V)	8~16V(额定12V)	8~16V(额定12V)
工作温度范围	-10~100℃	-10~100℃	-10~100℃
保存温度范围	-40~100℃	-40~100℃	-40~100℃
通信方式	PWM	PWM	PWM

① 制冷能力的测试条件为——排出压力（A）$P_d = 1.47MPa$，吸入压力（G）$P_s = 0.196MPa$，过冷度 $S_C = 5℃$，过热度 $S_H = 10℃$。A——绝对压力，G——表压力。

② 制冷系数（coefficient of performance，COP）是指单位功耗所能获得的制冷量。

    国外（尤其是日本）的电动压缩机技术发展很快，已经从控制器与压缩机各自独立安装的分体式结构（如 DENSO 的 ES25、ES20、ES18）发展到控制器与压缩机一体化安装的整体式结构（如 DENSO 的 ES14、ES27、ES34）。

    图 2-51 所示为 DENSO ES27 整体式电动压缩机的内部结构，图 2-52 为其接线图，与之对应的端子说明见表 2-7。

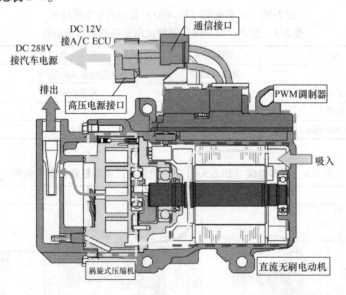

图 2-51　DENSO ES27 整体式电动压缩机内部结构

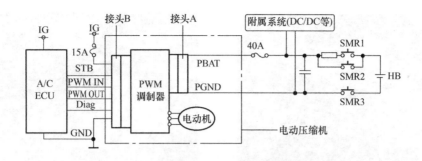

图 2-52　DENSO ES27 整体式电动压缩机接线图

表 2-7　DENSO ES27 整体式电动压缩机接线图端子说明

线束接头	接线端子号	接线端子名称	端子功能
接头 A（高压）	1	PGND	HV 高电压搭铁（接地）
	2	PBAT	HV 高电压电源
接头 B（低压）	1	IG	低压系统（12V）电源
	2	GND	低压系统（12V）搭铁（接地）
	3	STB	驱动许可信号
	4	PWM　IN	PWM 转速指示（A/C ECU→INV）
	5	PWM　OUT	PWM 消耗电功率（INV→A/C ECU）
	6	Diag	系统自诊断模式——正常/异常模式

4. 电动压缩机的控制

下面从整个汽车空调系统的观点出发，对电动压缩机的控制功能进行逐一阐述。

（1）压缩机转速控制　电动压缩机由涡旋压缩机和直流无刷电动机或交流电动机组成。由电源提供稳定的动力，完全消除了发动机转速对压缩机工况的影响。空调控制器（图 2-53）将车厢内外的环境参数与设定值进行比较，经过一系列逻辑运算，使压缩机以一定的转速运转，并可以随着车厢内温度、热湿负荷等参数的变化，相应地调节压缩机转速。由于排除了车速等不可预测因素的影响，车内的舒适度会大大提高。

（2）制冷系统控制

1）电源控制。空调制冷系统要达到一定的制冷量必须向压缩机输入足够的功率，常规的 12V 或 24V 汽车电源无法提供如此高的功率。对于电动压缩机，一般要求汽车提供 100V 以上的电源。

图 2-53　日本电装公司的电动空调控制器

电动压缩机的工作电压一般有 96V、200V、288V 和 320V 等几种。因此，必须将汽车常规的低电压（12V 或 24V）转变为电动压缩机所需要的高电压，这一工作由电压转换器（图 2-54）来完成。而电压转换器的工作则由电源控制器（图 2-55）进行监控。

如果电动压缩机内置的电动机为交流电动机，则电源系统还需要采用逆变器将蓄电池提

图 2-54 日本电装公司的
电压转换器（DC-DC converter）

图 2-55 日本电装公司的
电源控制器（battery-monitoring unit）

供的直流电源逆变为三相交流电（此三相交流电不同于一般的正弦波交流电），以驱动交流电动机。

此外，由于电动压缩机在不同的外部条件下，要求有不同的转速，因此这种转换后的三相交流电的有效值并不是固定的，应能够根据空调控制器发出的指令信号进行相应的变化。电源控制功能在电动压缩机驱动单元内实现。

2）控制过程。电动压缩机的控制原理图如图 2-56 所示。空调控制器、室温传感器、阳

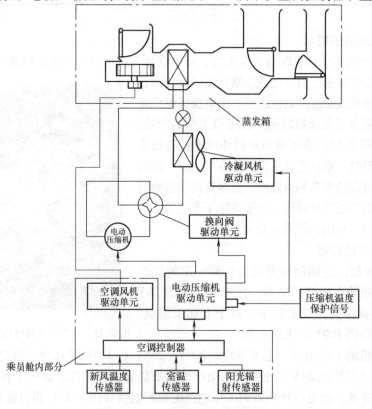

图 2-56 电动压缩机控制原理图

光辐射传感器放置在乘员舱内，新风温度传感器放置在散热格栅进风处。由于电动压缩机驱动单元内有较高电压，为安全起见，和冷凝风机驱动单元、换向阀驱动单元一起放置在乘员舱外（一般放置在发动机舱内）。

控制过程如下：空调控制器收集新风温度传感器、室温传感器、阳光辐射传感器传来的信号，在其内部经过一系列的逻辑计算，生成一系列驱动指令信号，分别传给电动压缩机驱动单元、空调风机驱动单元、换向阀驱动单元和冷凝风机驱动单元。

由此可见，这种控制方法是以空调控制器为中心的，逻辑判断、运算功能均集中在空调控制器内，整个控制思路比较清晰。这种控制方法也是在常规压缩机空调系统中被广泛采用的。

3）压缩机的保护功能

① 热保护功能。与常规涡旋压缩机相同，电动压缩机也在排气口附近设置有热保护器，当压缩机温度高于预定值时，则断开电动机与电源的连接，使压缩机停止工作。

② 转速比较保护。这是电动压缩机特有的保护方式。空调控制器向电动压缩机控制单元发出一定频率的驱动信号，使压缩机在相应的转速下工作。电动压缩机驱动单元检测压缩机的实际转速，再将对应于实际转速的频率信号发回空调控制器（图2-57）。空调控制器比较指定的频率信号与实测的频率信号的差值，若超过预定值，则发出指令停止压缩机工作，以保护压缩机。

③ 故障自诊断功能。空调控制器与电动压缩机及压缩机驱动电源模块之间，以脉宽调制（PWM）方式保持着密切的通信联系（图2-57），可以进行故障自诊断。

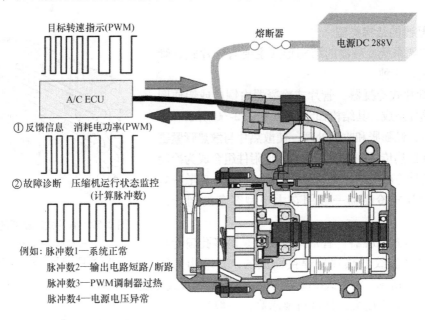

图2-57 DENSO ES27 一体式电动压缩机的转速控制与PWM通信

2.4 冷凝器与蒸发器

汽车空调中的冷凝器和蒸发器统称为换热器，或称热交换器。换热器的性能直接影响汽车空调的制冷性能，而且金属材料消耗大，体积大。换热器的质量要占整个汽车空调装置质量的50%~70%，所占据的空间直接影响汽车的有效容积，布置起来又很困难，因此，使用高效换热器是极为重要的。

2.4.1　冷凝器

1. 冷凝器的作用

汽车空调制冷系统中的冷凝器（condenser）是一种由管子与散热片组合起来的热交换器。其作用是对压缩机排出的高温高压制冷剂蒸气进行冷却，使之凝结成高温高压的液体。制冷剂蒸气放出的热量由周围空气带走，排到大气中。

如图2-58所示，乘用车的冷凝器一般安装在发动机冷却系统散热器之前，利用发动机冷却风扇吹来的新鲜空气和行驶中迎面吹来的空气流进行冷却。对于一些大、中型客车和一些轻型客车，则把冷凝器安装在车厢两侧或车厢后侧和车厢的顶部。

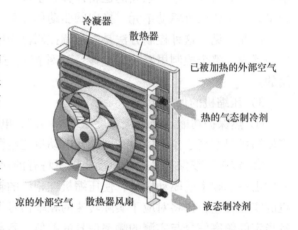

图2-58　乘用车冷凝器与发动机
散热器及冷却风扇的布置

当冷凝器远离发动机散热器时，在冷凝器旁都必须安装辅助冷却风扇进行强制风冷，以加强冷却。

2. 冷凝器的结构类型

汽车空调系统冷凝器的结构形式主要有管片式、管带式和平流式三种。

（1）管片式冷凝器　管片式冷凝器由铜质或铝质圆管套上散热片组成，其结构如图2-59和图2-60所示。片与管组装后，经膨胀和收缩处理，使散热片与散热管紧密接触，以保证热传递的顺畅，并与其他附件组合成为冷凝器总成。这种冷凝器结构比较简单，加工方便，但散热效果较差。管片式冷凝器一般用在大中型客车的制冷系统中。

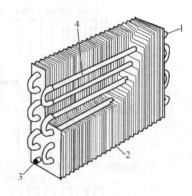

图2-59　管片式冷凝器的结构
1—进口　2—散热片
3—出口　4—制冷剂散热管

（2）管带式冷凝器　管带式冷凝器是由多孔扁管与蛇形散热带（波纹散热片）焊接而成的，其结构如图2-61和图2-62所示。管带式冷凝器的传热效率比管片式冷凝器可提高15%~20%，但它的制造工艺复杂，焊接难度大，且材料要求高，一般用在小型汽车的制冷系统中。

（3）平流式冷凝器　平流式冷凝器亦称平行流式冷凝器（parallel flow condenser），其结构如图2-63所示。平流式冷凝器制冷剂由管接头进入圆柱形集管，然后分流进入铝制内肋扁管，平

图2-60　管片式冷凝器实物照片

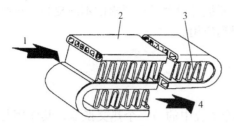

图 2-61　管带式冷凝器的结构
1—气态制冷剂　2—异型扁管
3—波纹散热片　4—液态制冷剂

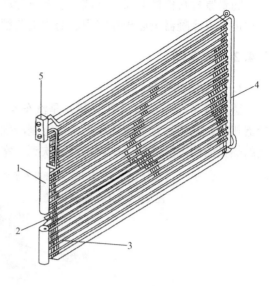

图 2-63　平流式冷凝器的结构
1—圆柱形集管　2—铝制内肋扁管
3—波形散热翅片　4—跨接管　5—管接头

图 2-62　管带式冷凝器实物照片

行地流到对面的集管，最后通过跨接管回到管接头座。扁管之间嵌有散热片。这种冷凝器具有制冷剂冷凝压力低、传热系数高、质量轻、结构紧凑和制冷剂充注量少等特点。平流式冷凝器适合与采用 R134a 为制冷剂的制冷系统配套使用。

随着热交换器技术的不断发展、进步，在平流式冷凝器的基础上，又开发出微通道平流式冷凝器（Micro-channel Parallel Flow Condenser，MFC）和过冷式微通道平流冷凝器（Sub-cooling Micro-channel Parallel Flow Condenserr，SMFC，图 2-64）等新产品。

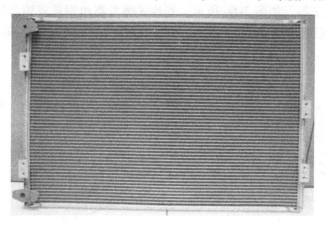

图 2-64　过冷式微通道平流冷凝器

与管带式冷凝器相比，在制冷剂相同的情况下，过冷式微通道平流冷凝器的制冷剂压力降只是管带式的 20%，而换热性能却可提高约 75%。

过冷式微通道平流冷凝器是一种高效、紧凑的热交换器，在汽车行业已使用多年，是管带式换热器的更新换代产品，因其结构紧凑、换热效率高、质量轻、可靠性高等优点，已经成为汽车空调热交换器的主流产品。

随着原材料价格上涨、空调产品能效标准的不断提升以及环保要求的不断提高，过冷式微通道平流冷凝器正逐步在家用、商用空调领域得到应用。

2.4.2 蒸发器

1. 蒸发器的作用

蒸发器（evaporator，图 2-65）是汽车空调制冷系统中的另一个热交换器，其作用与冷凝器相反，是将经过节流降压后的液态制冷剂在蒸发器内沸腾汽化，吸收蒸发器表面周围空气的热量而使之降温，风机再将冷风吹到车室内，达到降温的目的。

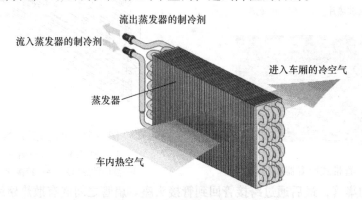

图 2-65　蒸发器的作用

汽车车厢内的空间狭小，对空调器尺寸有很大的限制，为此要求蒸发器具有制冷效率高、尺寸小、质量轻等特点。

2. 蒸发器的结构类型

汽车空调蒸发器有管片式、管带式、层叠式三种结构类型。

（1）管片式蒸发器　如图 2-66 所示，管片式蒸发器由铜质或铝质圆管套上铝翅片组成，经胀管工艺使铝翅片与圆管紧密接触。管片式蒸发器的结构比较简单、加工也方便，但其换热效率较低。

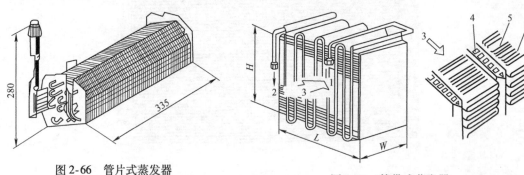

图 2-66　管片式蒸发器

图 2-67　管带式蒸发器
1—进口　2—出口　3—空气　4—管子　5—翅片
6—散热口　L—长度　W—宽度　H—高度

（2）管带式蒸发器　如图 2-67 所示，管带式蒸发器由多孔扁管与蛇形散热铝带焊接而成，制造工艺比管片式复杂，需采用双面复合铝材（表面覆一层厚度为 0.02～0.09mm 的焊药）及多孔扁管材料。这种蒸发器换热效率可比管片式提高 10% 左右。

（3）层叠式蒸发器　如图 2-68 所示，层叠式蒸发器由两片冲压成复杂形状的铝板叠在一起组成制冷剂通道，每两片通道之间夹有蛇形散热铝带。这种蒸发器也需要双面复合铝材，且焊接要求高，因此，加工难度最大，但其换热效率也最高，结构也最紧凑。

a) 超薄型层叠式蒸发器　　　　　　　b) "革命性的"超薄型层叠式蒸发器

图 2-68　层叠式蒸发器

随着热交换器技术的不断发展、进步，在超薄型层叠式蒸发器（Multitank Super-slim type evaporator，MS evaporator）的基础上，又开发出翅片更密、管壁更薄、翅片间距更小、传热性能更好的"革命性的"超薄型蒸发器（Revolutionary Super-Slim type evaporator，RS evaporator）。目前，高档汽车空调系统多采用超薄型层叠式蒸发器。

2.5　节流装置

2.5.1　节流装置的作用与分类

1. 节流装置的作用

对目前汽车空调广泛采用的蒸气压缩制冷系统而言，压缩机、冷凝器、节流装置、蒸发器是实现制冷循环的四个基本组成部分，亦称汽车空调蒸气压缩制冷系统不可或缺的"四大件"。

作为汽车空调制冷装置的主要部件之一，节流装置（膨胀阀和孔管）安装在蒸发器入口处（图 2-1、图 2-2 和图 2-69），是汽车空调制冷系统的高压与低压的分界点。

其功用是，把来自储液干燥器的高压液态制冷剂节流减压，调节和控制进入蒸发器中的液态制冷剂量，使之适应制冷负荷的变化，同时可防止压缩机发生液击现象（即未蒸发的液态制冷剂进入压缩机后被压缩，极易引起压缩机阀片的损坏）和蒸发器出口蒸气异常过热。

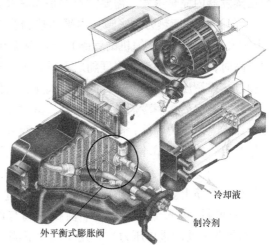

冷却液

制冷剂

外平衡式膨胀阀

图 2-69　普通桑塔纳外平衡式膨胀阀的安装位置

在空调运行时，要求进入蒸发器的低温、低压液态制冷剂的流量不能过大或过小，进入蒸发器的液态制冷剂沸腾汽化后，只要足以吸收车厢内的热量，使车厢内的温度降低到调定温度即可。

若进入蒸发器中的制冷剂流量过大，则不仅易使液态制冷剂不能完全汽化而进到压缩机气缸内，产生液击现象损坏压缩机，而且还会导致蒸发器过度冷却，造成蒸发器表面结霜、挂冰，阻止空气通过蒸发器，使整个制冷系统的制冷能力下降；若进入蒸发器的制冷剂流量过小，则液态制冷剂在蒸发器管内流动途中就已蒸发成气体，而在这之后的蒸发器中就没有液态制冷剂可供蒸发，从而使车厢内得不到足够的冷却。节流装置可自动地控制进入蒸发器的制冷剂流量，保证制冷系统的正常工作。

2. 节流装置的分类

汽车空调蒸气压缩制冷系统常用的节流装置有膨胀阀和孔管两种。按照调节机构的促动力不同，膨胀阀又可分为热力膨胀阀和电子膨胀阀两大类。

热力膨胀阀的使用历史悠久，种类繁多，其具体分类见表2-8。随着电子控制技术的发展，电子膨胀阀的使用日益广泛，并有逐步取代传统的热力膨胀阀的趋势。

表 2-8　热力膨胀阀的分类

按平衡方式分类	外平衡式、内平衡式
按感温包安装位置分类	外置式、内置式
按充注的感温介质分类	流体充注式、气体充注式、吸附充注式、混合充注式、同工质充注式
按内部通道形状分类	F形、C形、H形

2.5.2　膨胀阀

1. 热力膨胀阀

膨胀阀（expansion valve）又称热力膨胀阀（thermal expansion valve），安装在蒸发器入口管路上，是一种感压和感温自动阀，用于调整和控制进入蒸发器的制冷剂流量，保证制冷剂在蒸发器内完全蒸发。需要注意的是膨胀阀并不控制蒸发器的温度。

（1）内平衡热力膨胀阀　内平衡热力膨胀阀的结构如图2-70所示。固定在回气管路（由蒸发器出来，去压缩机的管路）上的感温包内装有惰性液体或制冷剂，当蒸发器出口温度较高时，感温包内液体温度随之上升，内压升高，作用在膜片上的压力大于蒸发器进口压力和过热弹簧压力总和时，针阀离开阀座，阀门开启，制冷剂流入蒸发器。

针阀开启后，制冷剂进入蒸发器，蒸发器内压力随之上升，回气温度降低，膜片下侧压力增加，上侧压力降低，阀门关闭。由于膜片上、下侧压力经常处于不平衡状态，阀门不断地作开启、关闭的循环。

（2）外平衡热力膨胀阀　外平衡热力膨胀阀的结构如图2-71所示。感温包固定在蒸发器的出口管路上。感温包感应尾管温度，通过毛细管传递压力，驱动膨胀阀膜片动作，适量的制冷剂得以进入蒸发器。外平衡膨胀阀与内平衡膨胀阀的区别在于，蒸发器出口压力（而不是蒸发器的进口压力）作用于膜片下侧。一般蒸发器内制冷剂的压力降较大时，宜选用外平衡热力膨胀阀，能充分而有效地利用蒸发器的所有表面积，以求提高换热效率。

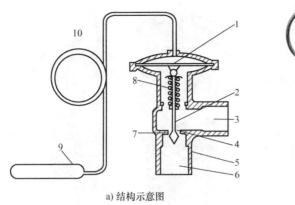

a) 结构示意图　　　　　　　b) 实物照片

图 2-70　内平衡热力膨胀阀

1—膜片　2—针阀　3—蒸发器进口　4—内平衡口　5—阀体　6—通储液干燥器进口
7—阀座　8—弹簧　9—感温包　10—毛细管

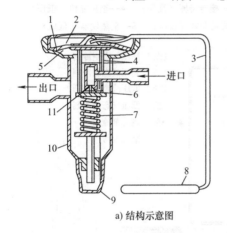

a) 结构示意图　　　　　　　b) 实物照片

图 2-71　外平衡热力膨胀阀

1—膜片　2—感温包压力作用于此　3—毛细管　4—推杆　5—蒸发器出口压力作用于此　6—阀座
7—过热调整弹簧　8—感温包　9—护套　10—阀体　11—针阀

（3）H 形膨胀阀　H 形膨胀阀（图 2-72）外观为长方体，其内部通路为 H 形。蒸发器进口管和尾管装在同一件右侧板上，而液体管路和回气管路装在同一件左侧板上。温度传感器装在制冷剂从蒸发器至压缩机的气流中。随着制冷剂温度的变化，传感器膨胀或收缩，直接推动阀门（钢球和过热弹簧）。H 形膨胀阀的结构保证了低压侧压力直接作用于膜片下侧。

H 形膨胀阀从外观上容易识别，普通膨胀阀只有两条主管路，而 H 形膨胀阀却有四条主管路。H 形膨胀阀在制冷系统中的安装位置如图 2-73 所示。

H 形膨胀阀结构紧凑、性能可靠，非常适合汽车空调的需要。H 形膨胀阀常用于循环离合器系统，采用恒温器和 H 形膨胀阀共同完成制冷系统的循环通断运行。

H 形膨胀阀制冷系统目前已为许多著名的汽车厂家采用，如北京切诺基吉普车、奔驰230E 型汽车、克莱斯勒汽车等。

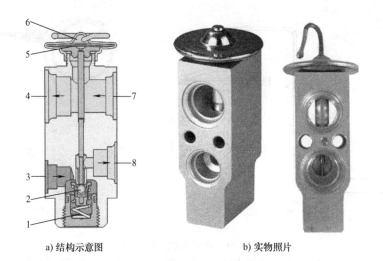

a) 结构示意图　　　　　　　　b) 实物照片

图 2-72　H 形膨胀阀

1—调节（过热）弹簧　2—钢球　3—接冷凝器（高压）　4—至压缩机（低压）
5—膜片　6—膜片室上腔　7—从蒸发器来（低压）　8—至蒸发器（低压）

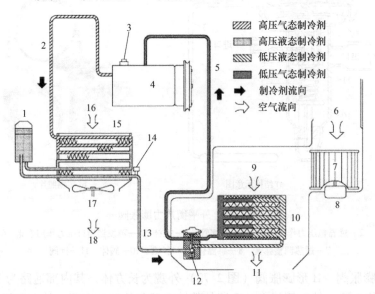

图 2-73　H 形膨胀阀在制冷系统中的安装位置

1—储液干燥器　2、5、13—制冷剂管路　3—卸压阀　4—压缩机　6—乘员舱内的热空气
7—蒸发器鼓风机　8—鼓风机电动机　9—经鼓风机加压后吹向蒸发器的乘员舱内的热空气
10—蒸发器　11—吹向乘员舱的冷空气　12—H 形膨胀阀　14—制冷剂压力传感器
15—冷凝器　16—车外行车迎面风　17—冷凝器鼓风机（冷凝器风扇）
18—吹向发动机的热空气

2. 电子膨胀阀

（1）电子膨胀阀的特点　电子膨胀阀（electronic expansion valve，图 2-74）采用蒸发器出口的温度或压力信号，由电子控制单元输出控制信号，通过电动方式实现制冷剂流量的控制和调节。电子膨胀阀的调节范围大，蒸发器出口过热度偏差小，控制精度高，且能适应系

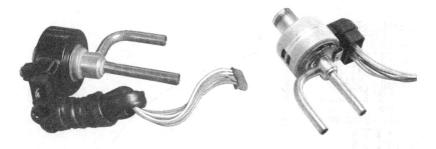

图 2-74　电子膨胀阀

统负荷的大范围波动。同时，还可以通过指定的调节程序，扩展电子膨胀阀的其他控制功能。

电子膨胀阀具有以下特点：

1）电子膨胀阀响应速度快，流量调节范围宽，可以按预设的各种调节规律动作。

2）电子膨胀阀能获得很好的过热度调节品质，使制冷装置的启动特性和变负荷动态特性大为改善。

3）电子膨胀阀能保证蒸发器的使用效率提高，运行稳定，能耗低，温度控制精度高。

电子膨胀阀目前已广泛应用于变频空调器等变频制冷机组，并开始向汽车空调制冷系统渗透。

汽车空调系统采用电子膨胀阀后，可以通过蒸发器出口的温度和压力等参数，由电子控制单元控制制冷系统的工作，使汽车空调系统高效运行。

电子膨胀阀在汽车空调制冷系统中的应用如图 2-75 所示。微处理器的输入信号有蒸发器出口温度和出口压力及压缩机的排气压力。蒸发器出口温度、压力决定了蒸发器的过热度，该过热度信号送入控制器中，与设定值相比较，经 PID 调节后输出信号使电子膨胀阀电动机正转或反转，以改变阀芯的开度，从而实现对制冷系统中制冷剂流量的精确控制。排气压力信号用于控制电子膨胀阀开度以防止高压超过规定范围，并能保持机组连续运转。

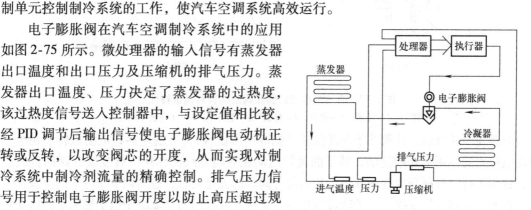

图 2-75　电子膨胀阀在汽车空调系统中的应用

（2）电子膨胀阀的结构与类型　电子膨胀阀由检测、控制和执行机构三部分构成。按驱动方式分，有电磁式和电动式两类，而电动式又分为直动型和减速型两种。

1）电磁式膨胀阀。电磁式膨胀阀的结构和流量特性如图 2-76 所示。电磁线圈通电前，针阀处于全开位置（制冷剂流量最大）；通电后，由于电磁吸力的作用，由磁性材料制成的柱塞被吸引上升，与柱塞制成一体的针阀开度变小。针阀的位置取决于施加在电磁线圈上的控制电压（控制电压决定作用于电磁线圈上的平均电流）。因此，可以通过改变控制电压的大小来调节膨胀阀的阀口开度，进而调节制冷剂的流量。

2）直动型电动式膨胀阀。膨胀阀由电动机驱动，电动机直接带动针阀作上下移动的称为直动型电动式膨胀阀，其结构和流量特性如图 2-77 所示。

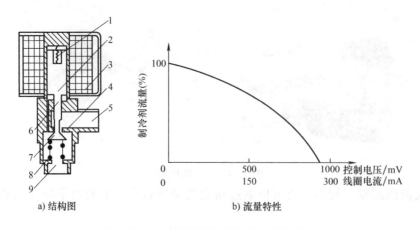

图 2-76 电磁式膨胀阀的结构和流量特性

1—柱塞弹簧 2—柱塞 3—线圈 4—阀座 5—制冷剂入口 6—阀杆 7—针阀 8—弹簧 9—制冷剂出口

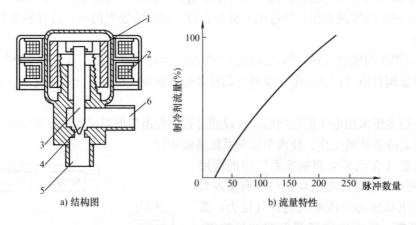

图 2-77 直动型电动式膨胀阀的结构和流量特性

1—转子 2—线圈 3—阀杆 4—针阀 5—制冷剂入口 6—制冷剂出口

电磁线圈通电前，针阀处于全开位置（制冷剂流量最大）；通电后，电动机转子在电磁线圈电磁力的作用下开始转动，转子的旋转运动在导向螺纹的作用下转变成针阀的直线运动，针阀下行，针阀开度逐渐减小，从而改变阀口的流通面积，进而调节制冷剂的流量。

针阀的具体位置取决于转子转过的角度，而转子转过的角度取决于电子控制单元施加在电磁线圈上的脉冲数量。

3）减速型电动式膨胀阀。为进一步减小工作电流，扩大适用范围，在直动型膨胀阀的基础上，又发展出减速型电动式膨胀阀。减速型电动式膨胀阀的结构和流量特性如图 2-78 所示。

减速型电动式膨胀阀的工作原理与直动型电动式膨胀阀基本相同，其区别在于电动机通电后，高速旋转的转子通过减速齿轮降低转速、增大转矩之后，再带动针阀作直线运动。由于齿轮的减速作用大大增加了输出转矩，使得以较小的电磁力就可以获得足够大的输出转矩。因此，减速型电动式膨胀阀的工作电流较小。

此外，减速型电动式膨胀阀的电动机部分与阀体部分采用分体式结构，只要装备不同口径的阀体，就可以改变膨胀阀的容量，进一步扩大了膨胀阀的适用范围。

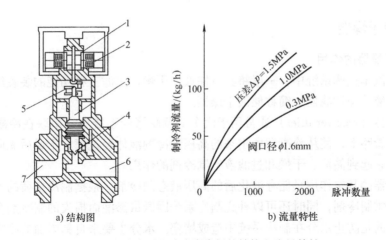

a) 结构图　　　　　　　　　b) 流量特性

图 2-78　减速型电动式膨胀阀的结构和流量特性
1—转子　2—线圈　3—阀杆　4—针阀　5—减速齿轮　6—制冷剂入口　7—制冷剂出口

2.5.3　孔管

孔管（orifice tube）又称节流孔管、膨胀管、固定孔管，是一根装在塑料套内的小铜管，它与膨胀阀一样，也是一种节流降压装置，其结构如图 2-79 所示。

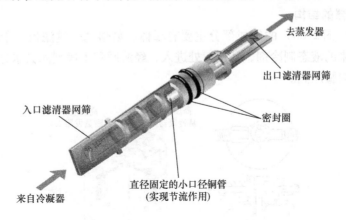

图 2-79　孔管

只有循环离合器孔管系统（Cycling Clutch Orifice Tube，CCOT）才装有孔管。孔管与膨胀阀的差别在于，孔管没有运动零件，也不可调整，如发生故障（多因堵塞所致）很难清理，一般做更换处理。

安装孔管的空调系统，高压侧没有储液干燥器，但低压侧装有集液器。

2.6　其他辅助部件

为确保汽车空调制冷系统正常工作，除了具备压缩机、冷凝器、节流装置、蒸发器这四个基本组成部分之外，还需要装备储液干燥器（或集液器）、鼓风机、连接管路等其他辅助部件。

2.6.1 储液干燥器

1. 储液干燥器的作用

在中小型汽车空调系统中，一般将具备储液、干燥、过滤三种功能的装置组成一体，这个容器称为储液干燥过滤器，简称储液干燥器。

储液干燥器（receiver drier）通常用于汽车空调膨胀阀系统中，串联在冷凝器与膨胀阀之间的制冷剂管路上，使从冷凝器中出来的高压制冷剂液体经过滤、干燥后流向膨胀阀。在制冷系统中，它起到储液、干燥和过滤液态制冷剂的作用。

储液干燥器的基本作用是储存液化后的高压液态制冷剂。根据制冷负荷的大小需要，随时向蒸发器提供制冷剂，同时还可以补充制冷系统因微量渗漏而损失的制冷剂存量。

干燥的目的是防止水分在制冷系统中造成堵塞。水分主要来自新添加的冷冻机油和在充注制冷剂过程中不慎混入的空气。当这些水分与制冷剂混合物通过膨胀阀时，由于压力和温度下降，水分便容易析出凝结成冰，造成膨胀阀堵塞，形成"冰堵"现象。

制冷系统在制造、装配过程中，由于没有处理干净会带入一些杂物，另外制冷剂和水混合后，对金属的强烈腐蚀作用也会产生一些杂质。上述杂质与制冷剂混在一起，在制冷系统中循环，很容易将制冷系统中的小孔（膨胀阀阀口）堵塞，影响制冷系统正常工作。与此同时，亦增加了压缩机的磨损，缩短其使用寿命，所以制冷系统中一定要设置储液干燥器。

2. 储液干燥器的结构

储液干燥器（图2-80）的组成部分主要有罐体、易熔塞、过滤器、干燥剂、玻璃视液镜等。从冷凝器来的液态制冷剂，从进口处进入，经滤网和干燥剂除去水分和杂质后进入引出管，从出口流向膨胀阀。

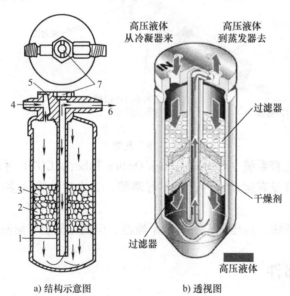

a) 结构示意图　　　　　b) 透视图

图 2-80　储液干燥器

1—引出管　2—干燥剂　3—过滤器　4—进口

5—易熔塞　6—出口　7—玻璃视液镜（观察窗口）

干燥剂是一种能从气体、液体或固体中除掉水分的固体物质。一般常用的干燥剂是硅胶和分子筛。硅胶（图2-81）在干燥时呈蓝绿色，吸水后呈粉红色。用过的硅胶，可在烘箱内作脱水再生处理，但不能用明火烤。再生硅胶的颜色一般不能复原。

分子筛（图2-82）是一种白色球状或条状的吸附剂，它对含水量低、流速大的液体或气体均有极高的干燥能力。它不但使用寿命长，还可经再生处理后重新使用，缺点是价格较贵。

图 2-81　硅胶

图 2-82　分子筛

易熔塞（图2-83）是一种安全保护装置，一般装在储液干燥器的顶部，用螺塞拧入。螺塞中间是一种低熔点的铅锡合金，其熔点一般为 95～105℃。

当冷凝器因散热不良而冷却不够时，冷凝器和储液干燥器内的制冷剂温度和压力将会异常升高。当压力达到3MPa 左右时，制冷剂的温度会超过易熔材料的熔点。此时，易熔塞中心孔内的易熔材料便会熔化，使制冷剂通过易熔塞的中心孔逸出，排放到大气中去，从而避免系统的其他部件因压力过高而被胀坏（舍车保帅）。

在储液干燥器上部出口端装有一个玻璃视液镜，用于观察制冷剂在工作时的流动状态，由此可判断制冷剂存量是否合适，以及制冷系统的基本工作情况。当系统正常运行时，通过玻璃视液镜可以看到制冷剂无气泡地稳定流动。若出现气泡和泡沫，则说明系统工作不正常或制冷剂存量不足。

储液干燥器一般均安装在冷凝器旁或其他通风良好的地方，这是为了便于连接和安装，且易从顶部玻璃视液镜观察制冷剂的流动情况。

对直立式储液干燥器而言，安装时，一定要垂直，倾斜度不得超过15°。在安装新的储液干燥器之前，不得过早将其进、出管口的包装打开，以免湿空气侵入储液干燥器和制冷系统内部，使之失去干燥、除湿作用。

安装前一定要先搞清楚储液干燥器的进、出口端，否则容易装错。在储液干燥器的进、出口端一般都打有记号，如进口端用英文字母 IN，出口端用 OUT 表示，或直接打上箭头以标注进、出口端。

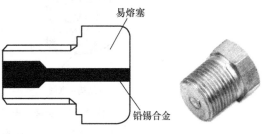

如图 2-84 所示，有些储液干燥器上还安装有高、低压压力开关和制冷剂充注阀。

图 2-83　易熔塞

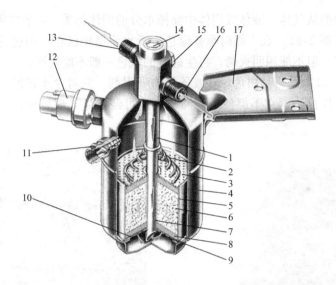

图 2-84　集成有高、低压压力开关和制冷剂充注阀的储液干燥器

1—输液管　2—弹簧　3—多孔盖板　4—罐体　5—杯壳（底部多孔）　6—干燥剂　7—连接管
8—过滤布　9—胶垫　10—滤网　11—制冷剂充注阀　12—高、低压压力开关　13—出口
14—玻璃视液镜　15—易熔塞　16—进口　17—支架

2.6.2　集液器

1. 集液器的作用

集液器（accumulator，也称积累器、气液分离器）用于汽车空调节流孔管系统中，其作用与储液干燥器类似，但安装在制冷系统的低压侧。

集液器的主要功能是防止液态制冷剂进入压缩机，也用于储存过多的液态制冷剂。集液器内含干燥剂，也起干燥器的作用。

2. 集液器的结构

集液器的结构如图 2-85 和图 2-86 所示。制冷剂从集液器上部进入，液态制冷剂落入容

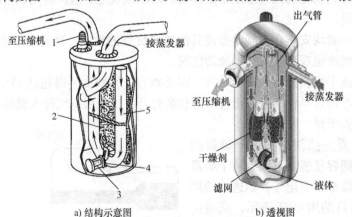

a) 结构示意图　　　　　　　　　b) 透视图

图 2-85　集成有制冷剂充注阀的集液器

1—制冷剂充注阀（兼作测试孔口）　2—干燥剂
3—滤网　4—泄油孔　5—出气管

器底部，气态制冷剂积存在上部，并经上部出气管进入压缩机。在容器底部出气管拐弯处装有带小孔的滤网（过滤器），允许少量积存在拐弯处的机油返回压缩机。但液体制冷剂不能通过，因而要用特殊过滤材料。

集液器不能维修，如发现故障或损坏，只能整体更换。

2.6.3　风机

汽车空调制冷系统采用的风机（blower）也称通风机、鼓风机。按工作原理不同，风机可分为叶轮式和容积式两类。叶轮式风机按气体流向与风机主轴的相互关系，又可分为离心式风机和轴流式风机两种。

1. 离心式风机

离心式风机的空气流向与风机主轴成直角，其特点是风压高、风量小、噪声也小。蒸发器适宜采

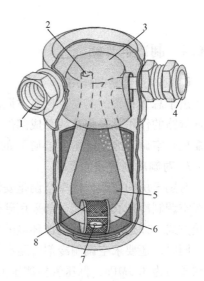

图 2-86　集液器的结构
1—来自蒸发器　2—气态制冷剂吸入口
3—塑料盖　4—至压缩机　5—干燥器
6—U 形管　7—冷冻机油油孔　8—滤网

用这种风机，因为风压高可将冷空气吹到车室内每个乘员身上，使乘员有冷风感。噪声小是设计空调的一项重要指标，车室内噪声小，乘员不致感到不适而过早疲劳。

离心式风机主要由电动机、风机轴（与电动机同轴）、风机叶片、风机壳体等组成，如图 2-87 所示。风机叶片有直叶片、前弯片、后弯片等形状，随叶轮叶片形状不同，所产生的风量和风压也不同。

2. 轴流式风机

轴流式风机的空气流向与风机主轴平行，其特点是风量大、风压低、耗电少、噪声大。冷凝器适宜采用这种风机，因为风量大可将冷凝器四周的热空气全部吹走。轴流式风机能满足耗电少的要求。其缺点是风压低、噪声大，但这对冷凝器来说不是大问题，因为风机只要将冷凝器周围的热空气吹走即可，所以风压低并不影响冷凝器的正常工作。

另外，冷凝器安装在车室外面，风机噪声大也影响不到车内。

轴流式风机主要由电动机、风机轴、风机叶片、键等组成，如图 2-88 所示。叶片固定在骨架上，常制成 3、4、5、7 片不等，叶片骨架穿在电动机轴上，由键带动旋转。

图 2-87　离心式风机

图 2-88　轴流式风机

2.6.4 制冷剂管路

1. 制冷剂管路的作用

出于总体布置的需要，汽车空调的各总成部件一般是分散安装在汽车的各个部位的，制冷剂管路的作用就是将这些总成部件连接起来，组成一套完整的汽车空调制冷系统。如果说压缩机是空调制冷系统的"心脏"的话，那么制冷剂管路就是空调制冷系统的"血管"。

2. 对制冷剂管路的要求

有别于房间空调，汽车空调是安装在汽车上的。车辆行驶中难免有颠簸和振动，因此，汽车空调制冷剂管路不能全部采用硬管（铝管），而要采用硬管和软管（橡胶管）相结合的连接方式，以适应特殊的工作环境的要求。

同时，还要求空调制冷剂管路有较高的耐压能力，其爆破压力不能低于12MPa，高压管检测压力为3.5MPa，低压管检测压力为2.5MPa。

此外，还要确保密封可靠、制冷剂不泄漏，且管路不能与车上其他部件发生摩擦和运动干涉。

3. 制冷剂管路的组成

如图2-89所示，汽车空调制冷剂管路一般由铝管、橡胶管、管路接头、维修阀等组成。

（1）铝管 目前常用的铝管有 $\phi 8.2 \times 1.5$、$\phi 9 \times 1.5$、$\phi 11 \times 1.8$、$\phi 12 \times 1.8$、$\phi 16 \times 1.8$ 等多种规格，$\phi 8.2 \times 1.5$ 和 $\phi 9 \times 1.5$ 铝管主要用于液态管中（冷凝器—膨胀阀—蒸发器连接管），$\phi 11 \times 1.8$ 和 $\phi 12 \times 1.8$ 铝管主要用于气态高压管中（压缩机—冷凝器连接管），$\phi 16 \times 1.8$ 主要用于气态低压管中（蒸发器—压缩机连接管）。

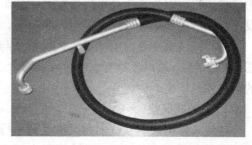

图2-89 汽车空调制冷剂管路

铝管材料多为 3003-H12 和 6063-T4 两种。在设计管路时，在空间允许的条件下，铝管布置应力求简单，尽可能少减少折弯。铝管的加工制造可参照 GB/T 4437.1—2015《铝及铝合金热挤压管 第1部分:无缝圆管》进行。

（2）橡胶管 橡胶管属于软管，有很好的挠性，以适应振动环境。常用的橡胶软管结构如图2-90所示。

空调橡胶管管路的设计应符合 QC/T 664—2000《汽车空调（HFC134a）用软管及软管组合件》的规定。

（3）管路接头及密封元件 常见的汽车空调制冷剂管路接头有螺纹连接式、压板连接式及铝套连接式三种。

螺纹连接式管路接头（图2-91）采用螺母和外牙螺纹将铝管与铝管或其他部件连接起来。按照螺纹规格不同，又可分为米制螺纹和英制螺纹两类。米制螺纹规格有 M16×1.5、M20×1.5、M22×1.5、M24×1.5 多种，英制螺纹规格有 5/8-18UNF、3/4-16UNF、7/8-14UNF 多种。

压板连接式管路接头（图2-92）采用压板将铝管与铝管或其他部件连接起来，结构简单，连接可靠。

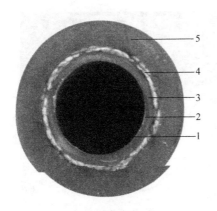

图 2-91　螺纹连接式管路接头

图 2-90　橡胶软管的结构

1—内胶层（氯丁橡胶）　2—尼龙层

3—中胶层（丁腈橡胶）　4—编织层

（聚对苯二甲酸乙二醇酯）

5—外胶层（三元乙丙胶）

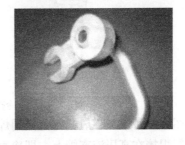

图 2-92　压板连接式管路接头

　　对于螺纹连接式管路接头，如果用于连接铝管与胶管，则在紧固螺纹时，胶管很可能被扭转，这种存在扭转剪切应力的胶管会过早疲劳损坏，同时扭转剪切应力会使接头有松脱的趋势。因此现在汽车空调制冷剂管路接头更倾向于采用压板连接式结构。

　　铝套连接式管路接头（图 2-93）采用铝套将铝管和橡胶管连接起来。将铝管和橡胶管插入铝套，然后用扣压机扣压铝套，以达到连接并密封铝管与橡胶管的目的。

　　汽车空调制冷剂管路接头广泛采用 O 形密封圈（图 2-94）作为密封元件，以确保管路接头的可靠密封。要求 O 形密封圈有良好的耐 R134a 和冷冻机油能力，故多采用 HNBR（氢化丁腈橡胶）材料。为了区别于 R12 系统，防止装配错误，一般把采用 HNBR 制造的 O 形密封圈染成绿色，而将适用于 R12 制冷剂的 O 形密封圈染成黑色，以示区别。

　　需要注意的是，在制冷系统维修时，可以用绿色的 O 形密封圈替代黑色的 O 形密封圈，但不允许用黑色的 O 形密封圈替代绿色的 O 形密封圈（图 2-95）。

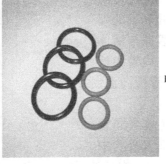

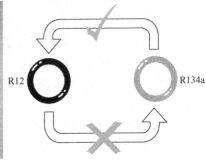

图 2-93　铝套连接式管路接头　　　图 2-94　O 形密封圈　　　图 2-95　O 形密封圈的替代

（4）制冷剂充注阀 制冷剂充注阀亦称制冷剂充注口、检测阀、维修阀，分为低压充注阀和高压充注阀两种，分别由阀座、阀芯和充注阀防尘盖组成（图2-96），用于给空调系统充注制冷剂。

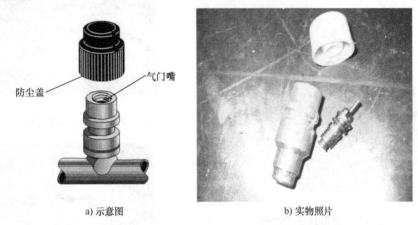

防尘盖 气门嘴

a) 示意图   b) 实物照片

图2-96 制冷剂充注阀（又称检测阀、维修阀）

如图2-2所示，一般低压充注阀焊接在低压气态管上，即蒸发器-压缩机连接管上；高压充注阀焊接在高压液态管上，即冷凝器—蒸发器连接管上。也有部分车型将制冷剂充注阀集成在储液干燥器或集液器上。

制冷剂充注阀平时用塑料防尘盖盖住，其上印有 L（低压）或 H（高压）标志，以示区别。

（5）同轴管换热器 除上述常见的管路连接方式之外，某些汽车（如奥迪 A4L）空调制冷系统的制冷剂管路还设有同轴管换热器。

如图2-97所示，为提高制冷效率，蒸发器后的气体管路（吸气管路）需要过热处理，冷凝器后的液体管路需要过冷处理。同轴管换热器便是利用其热量供需关系而设计的一种热交换器，以达到余热利用、节约能源的目的。

同轴管换热器又称同轴管路（图2-98和图2-99），就是将蒸发器后的气体管路与冷凝器后的液体管路在空间布置上彼此靠近的部分制成一体式的结构，即将气体管路与液体管路合二为一，制成一根双层管，内管为低温、低压的气态制冷剂管路，外管为高温、高压的液态制冷剂管路。

内管和外管居于同一轴线（故名同轴管），但彼此分开，并不互通。内管和外管中

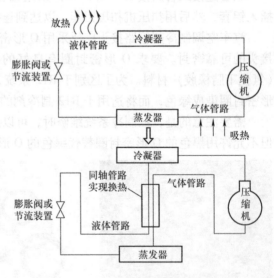

图2-97 同轴管换热器示意图

的制冷剂流通方向相反，两者相遇时，内管的低温、低压气态制冷剂因得到热量（吸热）而实现了过热；外管的高温、高压液态制冷剂因散失热量（放热）而实现了过冷。

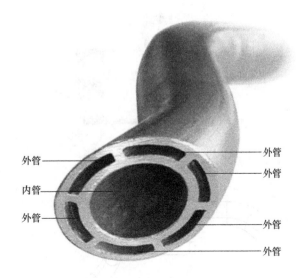

外管

外管

内管

外管

外管

外管

图 2-98 同轴管路外观形貌（奥迪 A4L）　　　　图 2-99 同轴管路的内部结构（奥迪 A4L）

　　同轴管路之间的连接采用快速接头（图2-100），使得管路的连接与拆卸变得十分方便。

　　如图 2-101 所示，组装同轴管路系统时，需先用冷冻机油稍稍润湿两根同轴管路，对正方向后，施力将同轴管路插入快速接头。管子卡入到位后，能听到"咔"的一声脆响。

　　需要注意的是，装配同轴管路时，只能将管路沿着箭头方向（图2-101）推，不能转动管路。

管路快速接头

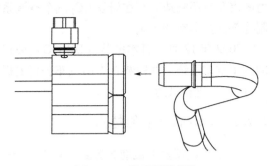

图 2-100 快速接头（奥迪 A4L）　　　　　　图 2-101 装配同轴管路

　　如图 2-102 所示，拆卸同轴管路时，应先将同轴管路向内压到底，并将分离套管向内推。分离套管（图 2-103）推到底后，即可将同轴管路和分离套管一起从壳体中拉出。

　　需要注意的是，拆卸同轴管路时，只能将管路沿着箭头方向（图2-102）拉，不能转动管路。

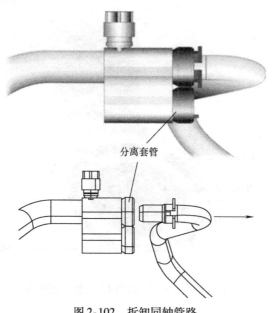

图 2-102　拆卸同轴管路　　　　　　　　图 2-103　分离套管

2.7　CO_2汽车空调系统

鉴于近年来温室效应的持续增长，为了保护臭氧层，通过国际立法（如《保护臭氧层维也纳公约》、《蒙特利尔议定书》及其修正案等）的形式，许多国家的汽车空调制冷剂已由 R12 转变为 R134a。然而，R134a 的温室效应能力系数（GWP）依然很高，汽车空调系统需要采用对环境更加友好的制冷剂，以抑制全球变暖的趋势。

由于 CO_2（carbon dioxide）制冷剂具有极低的温室效应能力系数，有利于环境保护。业界普遍认为，在未来，CO_2 将是最有希望取代 R134a 的制冷剂。因此，目前国际上许多有实力的汽车空调制造商都在研发 CO_2 汽车空调系统，以期全面取代目前广泛使用的以 R134a 为制冷剂的汽车空调系统。

2002 年 12 月，日本电装（DENSO）公司开发了世界上第一个实用的、以 CO_2 为制冷剂的汽车空调系统，并安装在丰田汽车公司的燃料电池混合动力汽车（fuel cell hybrid vehicle，FCHV）上进行试运行。

2.7.1　CO_2制冷剂的特点

1. 极低的温室效应能力系数（GWP）值

CO_2制冷剂的 GWP 值极低，只相当于 R134a GWP 值的 1/1300。因此，即使 CO_2 由空调系统中泄漏出来，其对环境的影响也是微不足道的。

2. 优秀的制冷、制热能力

CO_2具有优秀的制冷、制热能力（单位容积制冷量可达 22600kJ/m^3，该值是 R12 的 8.25 倍，是 R134a 的 7.90 倍），特别适合在没有足够热源的电动汽车或混合动力汽车上使用（采暖方便）。

3. 工作压力高

CO_2的工作压力比 R134a 的工作压力高 7～10 倍。因此，CO_2汽车空调系统的零部件要有承受高压的能力。以目前的技术水平而言，已经可以制造符合这一要求的、耐高压的零部件。

2.7.2 CO_2汽车空调系统的组成

CO_2汽车空调制冷系统的基本组成如图2-104和图2-105所示。与常规的以R134a为制冷剂的汽车空调制冷系统相比较，其区别表现在如下几个方面。

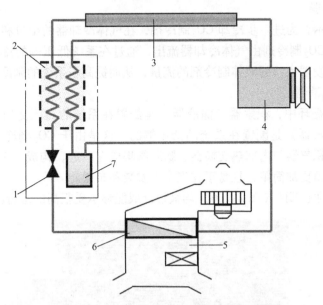

图2-104 CO_2汽车空调系统的基本组成示意图

1—膨胀阀 2—内部热交换器 3—气体冷却器 4—压缩机 5—空调器总成 6—蒸发器 7—积累器

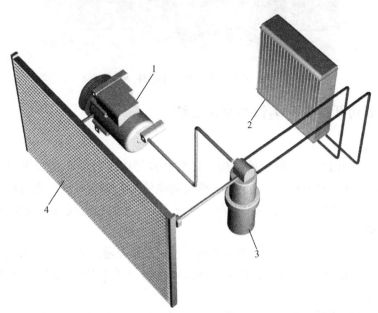

图2-105 CO_2空调系统

1—压缩机（效率高、泄漏少） 2—蒸发器（热交换性能优异）

3—积累器（与内部热交换器、膨胀阀集成在一起） 4—气体冷却器（热交换性能优异）

1. 气体冷却器

气体冷却器的作用相当于传统制冷循环中的冷凝器，用于冷却来自压缩机的 CO_2 制冷剂。由于 CO_2 制冷剂在高压侧工作在超临界点，属于跨临界循环（Trans-Critical Cycle），CO_2 并不是通过气体冷却器进行冷凝的，而是通过膨胀阀冷凝的。作为绝热膨胀的结果，CO_2 制冷剂被部分冷凝。

2. 内部热交换器

如图 2-104 所示，为进一步冷却 CO_2 制冷剂，在气体冷却器的出口和蒸发器入口之间装有内部热交换器。CO_2 制冷剂由气体冷却器流出，通过在系统低压侧的流动实现换热。内部热交换器提高了蒸发器入口的液体制冷剂的流量，从而提高了系统的制冷系数（COP）。

3. 积累器（储液器）

在 R134a 制冷循环中，积累器（储液器）是配置在系统的高压侧的。而在 CO_2 制冷循环中，积累器（储液器）是配置在系统的低压侧的，这是由于 CO_2 制冷剂不能以液态存在于系统的高压侧。积累器与内部热交换器、膨胀阀集成在一起，构成一个总成，因此，CO_2 空调系统的结构变得更加简单，且易于在汽车上安装和布置。

CO_2 空调系统的零部件（图 2-106）均被设计成能够承受很高的运行压力。

图 2-106　CO_2 空调系统的零部件（见彩图）

2.7.3　电装公司开发的 CO_2 汽车空调系统

1. 系统组成

基于图 2-104 和图 2-105 所示的结构，日本电装（DENSO）公司为丰田汽车公司的燃料电池混合动力汽车（FCHV）开发了具有热泵功能的 CO_2 空调系统。通过打开或关闭 1 号和 2 号旁通阀（图 2-107），该系统可以在制热模式与制冷模式之间进行切换（转换）。

2. 工作原理

当系统在制冷模式下工作时，1 号旁通阀打开，2 号旁通阀关闭，内部气体冷却器的混风门完全关闭。因此，CO_2 制冷剂在系统中的循环状态与图 2-104 和图 2-105 所示的 CO_2 空调系统是相同的。

当系统在制热模式下工作时，1 号旁通阀关闭，2 号旁通阀打开。同时，内部气体冷却器的混风门也打开，高温、高压的 CO_2 制冷剂由压缩机流出，当流入内部气体冷却器时，与空气交换热量，进而加热空气。根据需要，该系统还可以通过关闭 2 号旁通阀和控制 2 号膨

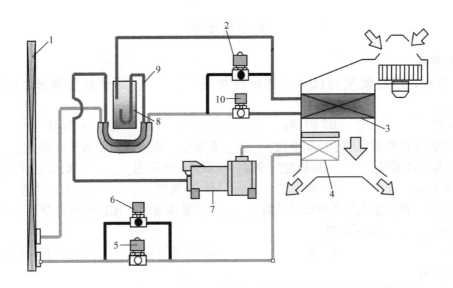

图 2-107 丰田燃料电池混合动力汽车（FCHV）的 CO_2 空调系统

1—外部气体冷却器 2—2 号旁通阀 3—蒸发器 4—内部气体冷却器

5—1 号膨胀阀 6—1 号旁通阀 7—压缩机 8—内部热交换器 9—积累器罐 10—2 号膨胀阀

胀阀的开度，以实现除湿功能。

另外，该系统的压缩机由电动机直接驱动，而且压缩机与电动机密封、集成在一起（图 2-108），密封性好，结构简单，易于在汽车上进行安装和布置。

图 2-108 电动压缩机（见彩图）

2.7.4 CO_2 汽车空调系统存在的问题及展望

在 CO_2 汽车空调系统进入市场之前，还有如下问题有待解决：降低成本；减轻质量；提高可靠性；提供安全可靠的维修设备；明确和标准化 CO_2 生产工艺等。

可以确信，随着上述问题的逐步解决，CO_2 空调系统必将占据全球市场，彻底淘汰以 R134a 为制冷剂的制冷系统。

思考与实训

1. 选择题

1）目前，广泛使用的汽车空调制冷剂是_____，而最具发展潜力的制冷剂是_____。

A. R12　　　　　　B. R134a　　　　　　C. CO_2　　　　　D. H_2O

2）储液干燥器通常用于汽车空调_____系统中，集液器用于汽车空调_____系统中。蒸发器适合采用_____风机进行冷却，冷凝器适合采用_____风机进行冷却。

A. 离心式　　　　　B. 轴流式　　　　　C. 膨胀阀　　　　　D. 节流孔管

3）目前，汽车空调制冷系统多采用_____排量压缩机并配以挠性离合器，而最具发展潜力的是_____的压缩机。

A. 变　　　　　　　B. 定　　　　　　　C. 传动带驱动　　　D. 电动机驱动

2. 问答题

1）汽车空调系统的冷冻机油主要有哪几类？

2）简述汽车空调蒸气压缩制冷系统的工作原理。

3）简述 CO_2 汽车空调系统的基本组成和工作原理。

3. 实操题

1）结合教学车辆（或实训台架），指出德国车系汽车空调制冷系统主要零部件的布置情况。

2）结合教学车辆（或实训台架），指出美国车系汽车空调制冷系统主要零部件的布置情况。

3）结合教学车辆（或实训台架），指出日本车系汽车空调制冷系统主要零部件的布置情况。

4）对汽车空调制冷系统主要零部件进行拆装作业，熟悉其结构组成和工作原理。

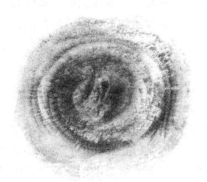（注：此图在正文右下角，见下方图注）

第3章 Chapter 3

制冷系统的温度控制

学习目标

- 了解压缩机"液击"的危害及其预防措施；
- 熟悉汽车空调制冷系统的温度控制原理；
- 能够对各种制冷系统的温度控制方法及其适用范围进行分析和点评。

3.1 压缩机液击及其预防

3.1.1 蒸发器结冰与压缩机液击

1. 蒸发器结冰

对于非独立式汽车空调制冷系统，当发动机高速运转时，压缩机也高速运转，相应地，制冷系统的制冷剂流量最大，经过在蒸发器内进行蒸发吸热，蒸发器周围空气中的相对湿度随蒸发器温度的降低而增加。制冷系统长时间保持该工况时，蒸发器翅片周围空气的相对湿度可达100%，蒸发器翅片表面会大量结露，即蒸发器翅片表面会出现大量露水。

这时，若蒸发器翅片的表面温度降至0℃以下，则翅片表面的大量露水将发生冻结（结冰），且随着时间的延长，翅片上冻结的冰层会越来越厚，直至堵塞蒸发器翅片之间的空气通路。严重时蒸发器表面可能被冰层完全覆盖。

2. 压缩机液击

冰层布满蒸发器表面后，将使蒸发器内部的制冷剂因无法吸收蒸发器周围空气的热量而得不到充分蒸发，这种未能充分蒸发的液态制冷剂被送至压缩机时，由于液体是不能被压缩的，将使压缩机的活塞、阀片等构件发生严重损坏，俗称"液击"。

除了未能充分蒸发的液态制冷剂之外，制冷剂或润滑油过多、互不相溶的冷冻机油混入制冷系统、膨胀阀的调节度（开启度）过大、蒸发器的热负荷（传热）不稳定、大型开启式压缩机的进气阀开启过快或卸载过快、制冷系统设计安装不合理等因素，都有可能引发液击现象。

液击（图3-1）最容易损坏压缩机的进、排气阀片，轻微、短时液击可能问题不大，但频繁、长时间和较重的液击，会使压缩机的进、排气阀片变形、破裂，甚至阀片破碎而直接损坏压缩机。因此，必须采取有效措施，防止压缩机液击现象的发生。

图3-1 液击瞬间的制冷剂形态

3.1.2 压缩机液击的预防

除了正确合理地设计制冷系统零部件，合理使用冷冻机油并确保制冷剂总量合适之外，防止蒸发器表面结冰，是预防压缩机出现液击现象的根本措施，而预防蒸发器表面结冰的关键是控制蒸发器的温度。也就是说，汽车空调制冷系统的温度控制，其核心问题就是蒸发器温度的控制。

目前，主要的控制措施有控制蒸发器表面温度和控制制冷剂蒸发压力两种方法。这两种方法均是通过节流装置和蒸发器控制阀、恒温器来实现对蒸发器温度的控制的。相应地，汽车空调制冷系统的温度控制分为离合器循环控制系统和蒸发器压力控制系统两大类，并在这两类控制系统的基础上衍生出其他控制系统。

3.2 恒温器—电磁离合器循环制冷系统

在恒温器—电磁离合器循环制冷系统中，驾驶人利用恒温器将车室（乘员舱）内的温度设定在预定的（亦即驾驶人期望的）温度范围内，当车室内的温度（亦即蒸发器周围空气的温度）超过阈值时，恒温器接通或切断电磁离合器线圈的得电回路，使压缩机的电磁离合器周期性地接合或断开，进而使空调压缩机处于周期性地投入工作或停止工作的循环状态，从而确保车室内的温度（亦即蒸发器周围空气的温度）始终处于预定的温度范围内。

恒温器—电磁离合器循环制冷系统多用于经济型乘用车和载货汽车空调。根据其采用的节流装置的不同，又可分为恒温器—电磁离合器热力膨胀阀循环制冷系统（Thermostat- Cycling Clutch Thermal Expansion Valve）和恒温器—电磁离合器孔管循环制冷系统（Thermostat- Cycling Clutch Orifice Tube）两大类，具体的结构形式多种多样，各具特色。

下面介绍几种常见的恒温器—电磁离合器循环制冷系统。

3.2.1 恒温器—内平衡膨胀阀循环制冷系统

1. 恒温器—内平衡膨胀阀循环制冷系统的工作原理

恒温器—内平衡膨胀阀循环制冷系统如图3-2所示。压缩机将制冷剂压缩成高压蒸气，然后将其输送到冷凝器中进行冷却。在该过程中，制冷剂将热量传递出去后液化，在储液干燥器内经过滤、干燥后再送至内平衡膨胀阀。由内平衡膨胀阀节流降压后送到蒸发器蒸发、吸热。蒸发后的制冷剂低压蒸气被压缩机吸入后再度压缩，进入下一个工作循环。

当蒸发器的温度较恒温器的设定温度值高时，内平衡膨胀阀的节流孔开度相应增大，可输送较多制冷剂到蒸发器进行蒸发制冷，系统的制冷量相应增大；当蒸发器的温度较恒温器的设定温度值低时，内平衡膨胀阀的节流孔开度相应减小，内平衡膨胀阀输送的制冷剂便减少，系统的制冷量就减小（扬汤止沸）。

当蒸发器的温度下降到0℃以下，吹出的冷风在0～4℃时，恒温器便会自动切断离合器电磁线圈回路中的电流，压缩机就停止工作，这样便可防止蒸发器表面结冰（釜底抽薪）。

压缩机停止工作后，蒸发器表面温度会逐渐回升。当温度升高到恒温器设定的温度值时，恒温器便会自动接通离合器电磁线圈的得电回路。离合器电磁线圈通电后，电磁离合器再次接合，压缩机又开始投入工作，蒸发器恢复制冷。

恒温器—内平衡膨胀阀循环制冷系统如此往复循环，将蒸发器的温度控制在恒温器设定的温度范围之内。

需要指出的是，在制冷系统不工作时，内平衡膨胀阀的阀口是保持关闭状态的，这样有利于保护压缩机在重新投入工作时不会发生液击现象。

恒温器—内平衡膨胀阀循环制冷系统的应用曾经最为广泛，尤其是在普通乘用车和轻型货车空调系统中的应用量最大，且结构简单、成本价廉、维修方便。但这种制冷系统的制冷量都比较小，在热湿负荷比较大的车辆（尤其是大型客车）上，其制冷能力就显得捉襟见肘了。

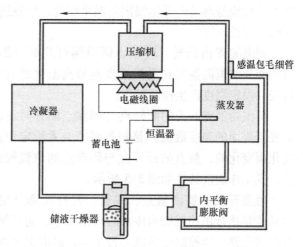

图 3-2　内平衡膨胀阀循环制冷系统

2. 恒温器的结构与工作原理

恒温器（thermostat，又称温度控制器或温度开关）是一种温度检测、控制装置，能以自动断路或闭路的方式使受控部件的温度保持在设定范围之内，且其动作温度可人为或自动调整。

恒温器的结构形式多种多样，下面介绍两种汽车空调系统中常用的恒温器。

（1）机械式恒温器　机械式恒温器（图3-3和图3-4）是应用最早的温度调节装置，主要由感温系统、调温装置和触点开关三部分组成。

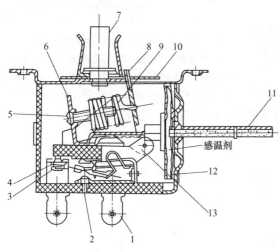

图 3-3　机械式恒温器结构简图

图 3-4　机械式恒温器实物照片

1—接线柱　2—温差调节螺钉　3—动触点　4—静触点
5—调温螺钉　6—固定架　7—调温轴　8—控温板
9—主弹簧　10—调温凸轮　11—毛细管
12—波纹管　13—杠杆

感温系统由毛细管和波纹管（亦称波纹膜盒或波纹膜片）两部分构成，里面充注感温剂（即汽车空调制冷剂）。

感温毛细管的一端用钢丝固定在蒸发器尾端翅片之间，以感受其通道表面的空气温度。

其主要功能是通过内部感温剂的温度变化，导致感温系统内的制冷剂压力发生变化，从而使波纹管伸长或缩短。

调温装置由凸轮、转轴、调温螺钉几部分组成，其功能是使恒温器能在最低温度至最高温度的范围内对任一设定温度产生控制动作。

恒温器触点开关的断开点（即触点断开时对应的蒸发器表面的温度数值）是根据调节装置给定位置的变化而变化的，触点的断开点与闭合点的位置彼此平行，其工作温度特性如图3-5所示。

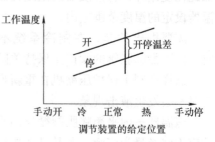

图3-5 恒温器触点的工作温度特性

触点开关主要由触点、弹簧、杠杆几部分组成，其功能是执行由控制机构传来的动作信号，通过触点的闭合、断开来接通或断开离合器电磁线圈的电路，以控制压缩机是否工作，进而实现恒温控制。

机械式恒温器的工作原理如图3-6所示。图中触点处于断开位置，压缩机停止运行。这时蒸发器表面温度会逐渐升高。与此同时，毛细管内感温剂的温度也随之升高，管内压力逐步增大。波纹管受压伸长，带动了杠杆向左运动，触点随之向上运动。

当蒸发器表面温度达到闭合点时，触点开关正好闭合，压缩机电磁离合器线圈得电，离合器接合（吸合），压缩机投入工作。

压缩机投入工作后，蒸发器表面温度即开始下降，毛细管内的感温剂温度亦随之下降，波纹管收缩，带动杠杆向右运动。

当蒸发器表面温度达到断开点时，触点开关断开，压缩机离合器电磁线圈失电，离合器断开，压缩机停止工作。

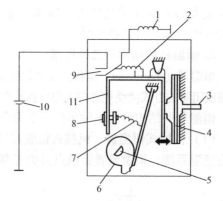

图3-6 机械式恒温器工作原理

1—电磁离合器线圈 2—偏心弹簧 3—毛细管
4—波纹管 5—调节轴 6—调节凸轮 7—调节弹簧
8—调节螺钉 9—触点 10—蓄电池 11—杠杆

控制温度的高低，可以通过调节凸轮的位置和调节弹簧的作用力来实现。

机械式恒温器结构简单，价格低廉，工作可靠，而且对振动不敏感，在早期的汽车空调制冷系统中曾广泛使用。但其温度调节系统存在较大的机械惯性，响应性较差，调节精度较低。因此，近年来，机械式恒温器已经被热敏电阻式恒温器取而代之。

（2）热敏电阻式恒温器 热敏电阻式恒温器所用的感温元件是一支圆片状的热敏电阻，安装在蒸发器的出风口处。由热敏电阻把蒸发器温度的变化转换为电信号，传送到放大器进行放大之后，通过继电器控制电磁离合器线圈

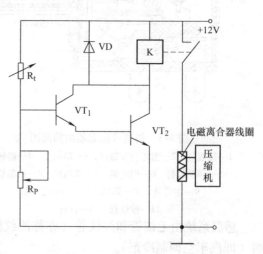

图3-7 热敏电阻式恒温器工作原理图

得电回路的通断，进而实现恒温控制。

热敏电阻式恒温器的工作原理如图3-7所示。负温度系数热敏电阻 R_t 安装在最能反映蒸发器表面温度的位置。当蒸发温度较高时，热敏电阻值减小，复合晶体管 VT_1 和 VT_2 导通，继电器K触点闭合，接通电磁离合器线圈的得电回路，压缩机投入工作。

反之，当蒸发器温度降到0℃时，复合晶体管 VT_1 和 VT_2 截止，继电器K触点断开，电磁离合器线圈失电，压缩机停止工作，从而保证蒸发器表面不结冰。

热敏电阻 R_t 作为感温元件，用于检测蒸发器出风口的温度。

可变电阻器 R_P 用于调节热敏电阻式恒温器对温度变化的起控点。旋转可变电阻器 R_P 的转轴，即可改变车室内的温度。

3.2.2 恒温器—H形膨胀阀循环制冷系统

恒温器—内平衡膨胀阀循环制冷系统采用毛细管检测蒸发器出口的温度，而且毛细管内的感温剂与蒸发器出口的温度属于间接接触，检测精度较低。特别是毛细管比较长时，恒温器—内平衡膨胀阀循环制冷系统的温度控制精度会更低。采用H形膨胀阀的恒温器—H形膨胀阀循环制冷系统则很好地解决了这一问题。

1. 恒温器—H形膨胀阀循环制冷系统的工作原理

恒温器—H形膨胀阀循环制冷系统采用恒温器和H形膨胀阀共同完成制冷系统的循环通断运行，其工作原理如图3-8所示。

压缩机首先将制冷剂压缩后输送到冷凝器冷却液化，经过储液干燥器后再进入H形膨胀阀，先进行节流减压，然后进入蒸发器蒸发吸热。制冷剂蒸发成气体后再次进入H形膨胀阀，从阀中出来后回到压缩机进行再次循环。

当蒸发器的温度低于设定值时，恒温器切断离合器电磁线圈的电路，压缩机停止工作。当蒸发器的温度高于设定值时，恒温器又自动接通离合器电磁线圈的电路，压缩机又开始投入工作。

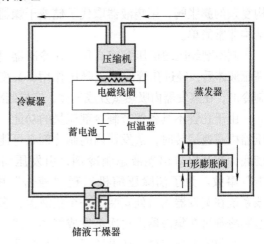

图3-8 H形膨胀阀制冷系统

由此可见，恒温器—H形膨胀阀循环制冷系统在对蒸发器温度的控制原理上，与恒温器—内平衡膨胀阀循环制冷系统是完全相同的。但恒温器—H形膨胀阀循环制冷系统却具有很多优点。

2. 恒温器—H形膨胀阀循环制冷系统的优点

1）控制精度高，响应性好。

2）结构简单、紧凑，安装方便。

3）耐振动，运行事故少，可靠性高。H形膨胀阀直接安装在蒸发器上，接头少，发生制冷剂泄漏的概率低。

4）能够在工作时调节蒸发器的过热度，维修调试方便。

鉴于以上优势，恒温器—H形膨胀阀循环制冷系统在德国奔驰车系、美国克莱斯勒车系

的汽车空调系统中得到了广泛的应用。

需要指出的是，在恒温器—电磁离合器热力膨胀阀循环制冷系统中，由于热力膨胀阀具有一定的流量调节作用，因此，对蒸发器表面温度的控制主要是由热力膨胀阀来完成的。只有在单靠热力膨胀阀的调节作用已经无法避免蒸发器表面结冰时，才进行电磁离合器的循环控制，借此扩大系统的控制能力。

故恒温器—电磁离合器热力膨胀阀循环制冷系统适用于热湿负荷和运行工况的变化都比较大的汽车空调系统，且空调系统的工作对汽车动力（车速）的影响较小。

3.2.3　恒温器—电磁离合器孔管循环制冷系统

恒温器—电磁离合器孔管循环制冷系统（thermostat-cycling clutch orifice tube，CCOT）是美国通用汽车公司于1974年首先采用的。恒温器—电磁离合器孔管循环制冷系统以孔管（orifice tube）来代替恒温器—电磁离合器热力膨胀阀循环制冷系统中较复杂的膨胀阀，使得CCOT的系统结构更为简单。

1. 恒温器—电磁离合器孔管循环制冷系统的工作原理

恒温器—电磁离合器孔管循环制冷系统（图3-9）用恒温器来控制离合器电路，用孔管取代了结构复杂的膨胀阀，用集液器取代了储液干燥器，系统结构非常简单。

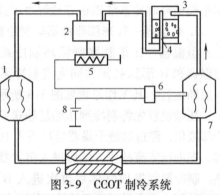

图3-9　CCOT制冷系统
1—冷凝器　2—压缩机　3—集液器　4—溢油孔
5—电磁离合器线圈　6—恒温器　7—蒸发器
8—蓄电池　9—孔管

制冷剂经压缩机压缩成高压，在冷凝器里液化成高压液体后，经过孔管的节流降压作用，又变为低压制冷剂，在蒸发器内吸热蒸发成气体，完成制冷循环。

由于孔管不具备调节制冷剂流量的功能，所以当压缩机高速运转时，蒸发器内的制冷剂有可能蒸发不彻底，在其出口出现液态制冷剂，引发压缩机"液击"事故。为了消除压缩机出现"液击"的隐患，该系统在蒸发器出口处安装了一个集液器，多余的液态制冷剂可在集液器内再次蒸发成气体，然后送到压缩机进行压缩。

在集液器出口处，还设置了一个溢油孔，其作用是把从制冷剂中分离出来的冷冻机油由溢油孔借助溢油管（图中未示出）送回压缩机。

在蒸发器的温度控制原理上，该系统与恒温器—电磁离合器热力膨胀阀循环制冷系统完全相同，读者可自行分析。

2. 恒温器—电磁离合器孔管循环制冷系统的优点

1）压缩机起动转矩小，系统的运行经济性好。CCOT制冷系统设置了集液器，可以确保吸入压缩机的制冷剂均为气态，因此，压缩机起动转矩小，压缩机起动容易，能耗低。相关研究表明，CCOT制冷系统比其他离合器循环制冷系统一般能节能15%，而比蒸发器控制的制冷系统节能可达30%。

2）系统可靠性高，零部件使用寿命长。由于压缩机重新起动容易，CCOT制冷系统的电磁离合器和压缩机的使用寿命均可延长一倍以上。

3）运行噪声低，舒适性好。CCOT制冷系统一般在压缩机出口处都配置有金属罐消声器，可显著降低压缩机的高压噪声，并设有高、低压开关用于保护制冷系统的安全工作。

得益于上述优点，CCOT 制冷系统已经广泛应用在对运行经济性要求较高的中、低档乘用车上，在高档乘用车上的应用也有日益扩大的趋势。

3. 压力开关—电磁离合器孔管循环制冷系统

在恒温器—电磁离合器孔管循环制冷系统的基础上，又推出了压力开关—电磁离合器孔管循环制冷系统。

压力开关—电磁离合器孔管循环制冷系统（图 3-10）淘汰了恒温器，以压力开关取而代之。

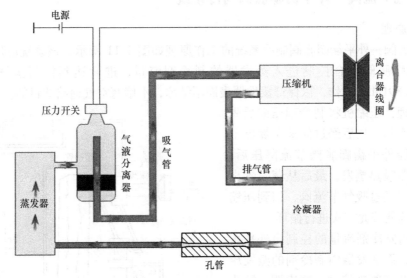

图 3-10 用压力开关控制的 CCOT 制冷系统

压力开关—电磁离合器孔管循环制冷系统在集液器（气液分离器）上安装一个压力开关，以检测蒸发器出口的制冷剂压力。当蒸发压力低于限定值时，低压开关便切断离合器电磁线圈的电路，使压缩机停止工作。

例如，在制冷剂蒸发压力为 0.310MPa 时，压力开关控制离合器吸合，压缩机投入工作；在制冷剂蒸发压力降到 0.273MPa 时，压力开关控制离合器分离，压缩机停止工作。

在实际应用中，只要将调试好的压力开关装在测试孔口上，将压力开关与离合器电磁线圈构成一个控制电路，即可构成一个新型的、用压力开关控制的 CCOT 制冷系统。

不难看出，压力开关—电磁离合器孔管循环制冷系统与恒温器控制的 CCOT 系统最大的不同是恒温器被压力开关取代，这样使制冷系统更简单、可靠，温度控制也更准确。

3.3 基于蒸发器压力控制的制冷系统

恒温器—电磁离合器循环制冷系统是通过压缩机的间歇工作来达到防止蒸发器表面结冰的目的的，控制精度不高，温度波动比较大，导致空调系统的舒适性欠佳。

另外，压缩机的频繁起动、停车，亦影响发动机工况的稳定，还容易造成压缩机电磁离合器的损坏。

采用基于蒸发器压力控制的制冷系统，便能克服上述缺点。

因为制冷剂饱和温度和压力有着一一对应的关系，若能使在0℃时对应的制冷剂的饱和蒸发压力不再降低，便可以防止蒸发器表面结冰。而此时压缩机仍在工作，因此蒸发器内的制冷剂还在蒸发，不过其制冷量只需维持其表面不结冰即可。

这样，系统的制冷量仍然能保持车内的温度和湿度处于一个相对平衡状态，汽车空调的舒适性亦得到提高。

上述制冷系统称为基于蒸发器压力控制的制冷系统，目前在中、高级乘用车汽车空调系统中广泛采用。基于蒸发器压力控制的制冷系统按照具体配置不同，又分为多种结构形式。

3.3.1 吸气节流阀—外平衡膨胀阀制冷系统

1. 工作原理

吸气节流阀—外平衡膨胀阀制冷系统的工作原理如图3-11所示。该系统应用吸气节流阀和外平衡膨胀阀联合控制进入蒸发器的制冷剂流量，进而达到控制蒸发器的压力在0.215~0.891MPa工作，以保证蒸发器表面不结冰，不堵塞空气通路的目的。

工作原理：压缩机将制冷剂压缩后先送到冷凝器冷却，然后经过储液干燥器干燥、过滤，经外平衡膨胀阀节流降压后，再进入蒸发器吸热蒸发，最后从蒸发器出来的低压蒸气经过吸气节流阀，回到压缩机，制冷系统便按此方式进行循环。

蒸发器内制冷剂流量的控制由外平衡膨胀阀承担，而蒸发器内制冷剂的蒸发压力则由吸气节流阀来控制。这表明，防止蒸发器表面结冰是由外平衡膨胀阀和吸气节流阀联合控制来实现的。

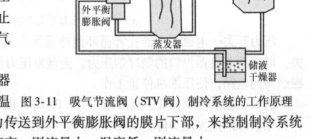

图3-11 吸气节流阀（STV阀）制冷系统的工作原理

外平衡膨胀阀的感温包被装在蒸发器的出口处，以检测蒸发器内制冷剂的温度。外平衡管将蒸发器的出口制冷剂压力传送到外平衡膨胀阀的膜片下部，来控制制冷系统流到蒸发器内制冷剂的流量。蒸发器温度高，则流量大；温度低，则流量小。

蒸发器的制冷剂蒸发压力则由吸气节流阀控制。当蒸发器的温度下降到0℃时，吸气节流阀会自动关闭蒸发器的出口，这样只有极少量蒸气被压缩机吸进，用来保持蒸发器的压力稳定在0℃对应的饱和压力附近，防止蒸发器表面结冰。

当蒸发器出口被关闭时，压缩机可能因缺少润滑油而损坏。为了预防发生这种状况，在蒸发器的底部设置有一条溢油管通入压缩机。同时，也允许有少量的制冷剂通过溢流管进入压缩机，防止压缩机作为真空泵工作。

基于蒸发器压力控制的制冷系统，与恒温器控制的离合器循环制冷系统最大的区别是，当蒸发器温度降到0℃以下时，基于蒸发器压力控制的制冷系统仍在运行，不断地向车内输送冷气，车内的温度始终保持在一个稳定的范围内，车内空调舒适性较好。

当然，由于压缩机连续运行，就要不断消耗发动机的功率，所以相应地经济性较差，耗油量大。而恒温器控制的离合器循环制冷系统只有蒸发器的鼓风机（冷却风扇）在继续运行，压缩机届时会停止工作，系统制冷波动较大，压缩机的断续工作对发动机的平稳运行有一定影响，噪声也较大，但节能效果较好。

2. 吸气节流阀

（1）吸气节流阀的构造　吸气节流阀（suction throttling valve，STV）的构造如图 3-12 所示。其作用是控制蒸发器蒸发压力不得超出一定的压力范围，以防止蒸发器表面结冰。

吸气节流阀由控制阀、调节机构、真空膜盒三部分组成。控制阀上共有五个接口，分别为蒸发器、压缩机、外平衡管、溢油管和压力表接口。阀体内有一个配合精密、可以左右移动的活塞，用于控制蒸发器的蒸发压力。

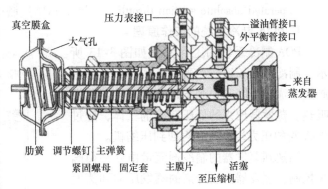

活塞上有一对小孔，其作用是当活塞全部封死蒸发器到压缩机的通道时，仍保留有少量的制冷剂输

图 3-12　吸气节流阀（STV）

送到压缩机中，以防止压缩机作真空泵运动而耗功，减少能量损失。

（2）吸气节流阀的工作原理　主膜片作为控制活塞动作的元件，受到四个力的作用，蒸发压力和膜盒的真空吸力推动活塞向左移动，迫使膜片左移；主弹簧力和大气压力使膜片向右移动。

例如：当蒸发压力为 0.298MPa 时，活塞刚好关闭蒸发器通往压缩机的通道。此时，主膜片受到的四个力则处于平衡状态。这时由于蒸发器内的饱和温度为 −1℃，传到蒸发器表面则为 0℃，不会结冰。当蒸发器的温度高于 0℃时，则蒸发压力上升，推动活塞左移，在新的位置上达到平衡。温度越高，蒸发压力越高，活塞越向左移，开度越大，配合外平衡膨胀阀的动作，制冷剂流量越大，制冷量越多。温度降低，则反方向移动，减少制冷剂的流量。直到在平衡位置被关死，又达到 0℃。控制最小蒸发压力可以通过调节主弹簧的压力来实现，因此吸气节流阀设有调节螺钉。

由上述分析可知，吸气节流阀显然会受大气压变化的影响。若汽车在高海拔地区行驶时，由于大气压降低，原设计关闭通道的平衡位置将被破坏，这样活塞会向左多移一点距离，使蒸发压力比原设计压力更低才平衡，从而引起蒸发器表面结冰现象。

真空膜盒起两个作用：其一是补偿海拔高度引起大气压变化的影响。若汽车在高海拔区行驶时，切断真空膜盒的真空通路，则主膜片上的平衡作用力缺少了真空吸力，以此来弥补高海拔区的大气压下降，使蒸发器的压力仍保持在原设计值上，防止汽车高海拔区行驶时蒸发器结冰；其二是增加制冷量，道理和第一个作用是一样的，只不过这时要接通真空通路。

应用外平衡膨胀阀最大的好处，是能够在系统内调节蒸发器出口的过热度。所有基于蒸发器压力控制的制冷系统都配置了一只压力测量阀（即图 3-12 中的压力表接口）。将低压表装到测量阀上，起动发动机，将发动机转速稳定在 2000r/min，保持 13～15min，观察压力表示值。若对应的过热度为 3～4℃时，压力表示值则为 0.153～0.189MPa。不论过大或过小，都可以通过对调节螺钉的仔细调节，使压力表示值逐渐接近上述的标准值。

3.3.2 先导阀操纵的绝对压力吸气节流阀制冷系统

吸气节流阀—外平衡膨胀阀制冷系统容易受到海拔变化的影响，控制精度较差，且主膜片处容易出现制冷剂泄漏问题。

因此，吸气节流阀—外平衡膨胀阀制冷系统已经被先导阀操纵的绝对压力吸气节流阀（pilot operated absolute suction throttling valve，POA）制冷系统所取代。

1. POA制冷系统的工作原理

POA制冷系统的工作原理如图3-13所示。制冷剂经压缩、冷凝后，在外平衡膨胀阀的节流、膨胀和控制下，进入蒸发器蒸发吸热。蒸发器出来的低压制冷剂气体，经过POA阀的压力控制后，再回到压缩机。

输送到蒸发器的制冷剂流量由外平衡阀来控制，蒸发器内制冷剂的蒸发压力和蒸发温度由POA阀控制。POA阀控制蒸发压力不得小于0.298MPa，这时对应的蒸发温度为-1℃，而蒸发器表面温度为0℃，这样便可有效防止蒸发器表面因过冷而结冰。

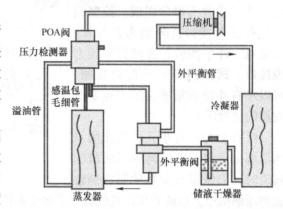

图3-13 POA制冷系统的工作原理

POA阀也开有一个小孔，其作用是当蒸发器的蒸发压力降到设计值时，关死制冷剂气流的主通道，由此小孔输送一些气体到压缩机，使压缩机在空负荷时不作真空泵运动，减少能耗。

从蒸发器底部有一条溢油管到POA阀，其作用是使积存在蒸发器底部的冷冻机油回到压缩机，因为清除了积存在蒸发器内的冷冻机油，所以能提高系统的制冷能力。

图3-14为美国通用汽车公司的POA制冷系统布置示意图。

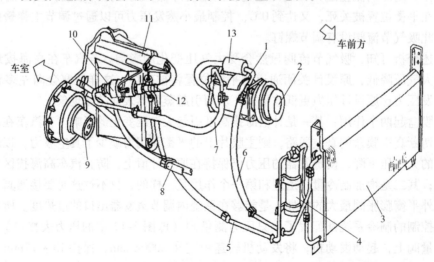

图3-14 美国通用汽车公司的POA制冷系统布置示意图

1—压缩机 2—电磁离合器 3—冷凝器 4—储液干燥器 5—高压液体管路 6—高压气体管路

7—低压气体管路 8—加热软管 9—鼓风机电动机 10—POA阀 11—蒸发器 12—膨胀阀 13—消声器

2. POA 阀的构造和工作原理

（1）POA 阀的构造　先导阀操纵的绝对压力吸气节流阀是一个由真空度很高的波纹管上的先导阀来伺服操纵的吸气节流阀，因此有些资料也称之为绝对真空伺服阀，其构造如图 3-15 所示。

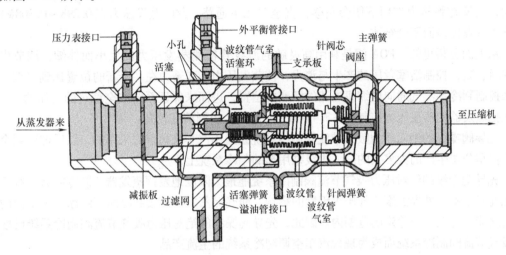

图 3-15　先导阀操纵的绝对压力吸气节流阀（POA 阀）

POA 阀的构造主要由活塞式吸气节流阀和波纹管控制的先导阀两部分组成。阀上有五个接口，分别为蒸发器、压缩机、外平衡管、溢油管和压力表接口。

吸气节流阀的活塞左右运动，可以控制蒸发器到压缩机的蒸气主通路。活塞由支承板固定的弹簧支承。先导阀的结构：磷青铜制成的波纹管固定在支承板上，内部处于高度真空状态，波纹管的顶端焊上针阀芯。支承板和波纹管都由主弹簧支承，主弹簧固定在阀体上。

（2）POA 阀的工作原理　先导阀操纵的绝对压力吸气节流阀这个名字，形象地说明了 POA 阀的工作原理。

活塞受到蒸发压力和活塞支承弹簧力两个力的作用，波纹管先导阀采用控制活塞背压的大小的方式来控制活塞的运动状态，并且它是一个具备高灵敏性的弹性元件。当外界压力增大时，波纹管缩短；与外界压力减小时，则伸长。

当制冷系统刚开始工作时，蒸发温度高，蒸发压力也大。制冷剂蒸气经过小孔流到波纹管的外腔，波纹管受压缩，打开先导阀。活塞的背压经过小孔节流后，在流动状态下，压力下降，则蒸发压力迫使活塞克服弹簧力而右移，打开蒸发器到压缩机的主通路，使大量的制冷剂流进蒸发器后再回到压缩机。

蒸发温度越高，则蒸发压力越高，波纹管被压缩得越短，主通路开度越大，制冷量越大，这样就可以迅速降低车内的温度。

当蒸发温度下降时，蒸发压力也相应下降，流经小孔的压力也下降，波纹管得以伸长，导致先导阀关闭。这时，活塞的背压逐渐增大到和正压相等，活塞弹簧推动活塞左移，逐渐关小主通路。但背压增大又会引起波纹管的压缩，因此，当压缩机转速不变时，压缩和吸气压力不变，波纹管的伸缩使先导阀处于时开时闭的临界状态，活塞处于平衡状态，蒸发压力保持不变。

当蒸发压力降到设计值（一般为 0.298～0.308MPa）时，活塞刚好关闭制冷蒸气流到

压缩机的主通路, 蒸气便只能通过小孔、针阀少量地流到压缩机, 供压缩机在极低负荷下运转。若蒸气压力升高 (例如压缩机转速变慢), 则波纹管被压缩, 先导阀打开, 活塞的背压消失, 蒸气压力便会克服弹簧力而右移, 打开主通路。

这时制冷量增大, 若压缩机还在运转, 则波纹管伸长, 关闭先导阀, 活塞的蒸气背压又增大, 活塞在弹簧力作用下便会左移, 直至关死主通路。此时蒸发压力在 $0.298 \sim 0.308MPa$, 保证了蒸发器表面不会结冰。

从上面分析可知: POA 阀是利用高灵敏的波纹管检测蒸发压力的大小而伸缩, 调节先导阀的通、断, 控制活塞背压的产生与消失, 使蒸发压力和弹簧力在一个新的位置达到平衡, 以此来控制制冷剂蒸气通向压缩机通路的活塞的位置, 进而来保证系统安全稳定的工作的。POA 阀能把蒸发器的蒸发压力控制在 $\pm 3.434kPa$ 的范围, 控制精度较高。

先导阀操纵的绝对压力吸气节流阀制冷系统是通用汽车公司首先采用的, 以后推广到全球各大汽车公司生产的大多数的高、中级乘用车的制冷系统上。

先导阀操纵的绝对压力吸气节流阀制冷系统能最大限度地发挥蒸发器的制冷能力, 制冷系统工况基本不受外界温度、气压等因素的影响, 能确保蒸发器连续制冷而不结冰, 车室内的温度始终能保持在一个稳定的范围内。因此, 先导阀操纵的绝对压力吸气节流阀制冷系统已取代了吸气节流阀制冷系统而成为现代汽车空调制冷系统的主流产品。

3.3.3 组合式先导阀操纵的绝对压力吸气节流阀制冷系统

前述的 STV 制冷系统和 POA 制冷系统都具有储液干燥器、外平衡膨胀阀、POA 阀 (或 STV 阀)。这些器件依靠管路、接头连接成一个制冷系统, 特别是外平衡阀、蒸发器、POA 阀的接口多达十多处, 容易造成制冷剂的泄漏和使空气、水分进入到制冷系统。由于接头太多, 安装、维护的工作量也大。

为了克服这些问题, 又出现了将上述这些控制阀组合在一起的组合式先导阀操纵的绝对压力吸气节流阀制冷系统。

在组合式先导阀操纵的绝对压力吸气节流阀制冷系统中, 将储液干燥器、外平衡膨胀阀、POA 阀集成在一个体积较大的制冷剂储罐中, 简化了结构, 克服了 POA 制冷系统的缺点。

这种集成在制冷剂储罐中的控制阀称为罐中阀 (Valves In Receiver, VIR)。因此, 组合式先导阀操纵的绝对压力吸气节流阀制冷系统也称罐中阀制冷系统 (VIR 制冷系统)。

1. VIR 制冷系统的工作原理

VIR 制冷系统的工作原理如图 3-16 所示。

从压缩机出来的高温制冷蒸气经过冷凝器液化后, 进入 VIR 阀, 节流降压后进入蒸发器; 蒸发吸热成为低压蒸气, 再进入 VIR 阀, 对制冷剂的蒸发压力进行控制; 然后再从 VIR 阀出来到压缩机, 完成一个制冷循环。

VIR 阀起到调节输送给蒸发器的制冷剂流量和蒸发压力的作用, 使 VIR 制冷系统在各种工况下均能保持最大的制冷量的同时, 避免蒸发器结冰。同时, 蒸发器底部释放出的冷冻机油可以从溢油管经

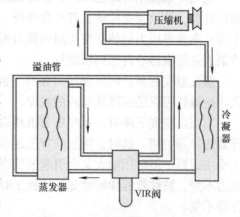

图 3-16 VIR 制冷系统工作原理

过 VIR 阀流回压缩机。

2. VIR 阀的构造和工作原理

VIR 阀的结构如图 3-17 所示。VIR 阀的阀体上有四个接头，第一个接头装在 VIR 阀的中部，是从冷凝器来的制冷剂入口，制冷剂经过过滤后沿吸液管（亦称吸入管）进入膨胀阀，经膨胀阀节流降压后，从第二个接头进入蒸发器，蒸发后的制冷剂蒸气再从第三个接头进入 VIR 阀的上部，经过蒸发压力控制阀从第四个接头流向压缩机。

VIR 阀中膨胀阀的作用是供给蒸发器适量的液态制冷剂，满足蒸发器热负荷的要求；蒸发压力控制阀的作用是控制蒸发压力高于 0.308MPa，以确保蒸发温度高于 0℃，确保蒸发器表面不会结冰。

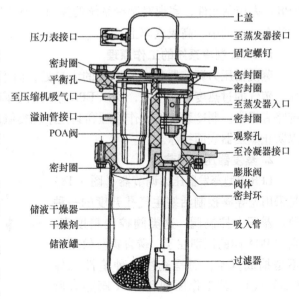

图 3-17 VIR 阀的结构

压缩机起动前，空调管路内压力处于平衡状态，使压缩机易于起动；反之，若冷凝器和蒸发器压差过大，则会使压缩机起动困难。

压缩机刚运行时，膨胀阀是关闭的，原因是当蒸发器未运行时，蒸发压力可能高达 0.482MPa，此压力由蒸发压力控制阀的均衡管引到膜片下方的均压管入口处，再加上调节弹簧的压力一起作用，将膨胀阀关闭。压缩机继续运转，不断把蒸发器内制冷剂蒸气吸入，加压后排至冷凝器，使冷凝压力增加。于是，开始有液态制冷剂流向储液器。

与此同时，在吸气压力作用下，流向压缩机的蒸气压力下降，在均压管作用下，膜片下方的压力也下降。但作用在膜片室上方钢球的蒸气温度并未改变（还没有液态制冷剂流入蒸发器吸热），仍然较高，故膜片与钢球之间的制冷剂压力仍然较高，使膜片上方的压力大于膜片下方的压力，就可以克服复位弹簧力，顶开膨胀阀，使液态制冷剂经膨胀阀流向蒸发器的第二个接头，在蒸发器内蒸发吸热，这时，空调系统才真正起作用，开始制冷。

VIR 阀内膨胀阀的调节过程：由于蒸发器的制冷剂蒸气直接流到蒸发压力控制阀的上方，若流到蒸发器的制冷剂量不足，蒸发温度就较高，膜片上方密封腔内的压力也较高，较高的压力经顶销把膨胀阀的球阀顶得更开，让更多制冷剂流到蒸发器，使蒸发器降温；若到蒸发器的液态制冷剂流量过大，则流到蒸发压力控制阀的蒸气过冷，使膜片上方腔内制冷剂降压。由于膜片下均压管和复位弹簧力的共同作用，将球阀向上推，使流向蒸发器的制冷剂流量减小。这样，就实现了膨胀阀对制冷剂流量的调节。

VIR 阀的设计平衡蒸发压力为 0.290 ~ 0.308MPa。在这个压力范围内，既能保证有尽可能大的制冷量，又可防止蒸发器表面结冰。

3.3.4 蒸发器压力调节器控制的制冷系统

蒸发器压力调节器控制的制冷系统以蒸发器压力调节器（Evaporator Pressure Regulator，

EPR）为控制元件，实现对制冷系统的控制。EPR制冷系统主要用在克莱斯勒汽车公司和丰田汽车公司的中、高级汽车上。

1. EPR制冷系统的工作原理

蒸发器压力调节器装在压缩机的入口处，而不是在蒸发器出口处。因为安装位置的差异，蒸气的过热度有所不同，所以EPR系统的平衡设计值（蒸发压力）相对于其他制冷系统略有提高。制冷系统的工作原理和其他系统类似，都是将蒸发压力控制在高于0.308MPa，以防止蒸发器表面结冰。

2. 蒸发器压力调节器

EPR-Ⅱ型蒸发器压力调节器（图3-18）是采用先导阀控制活塞主气孔开度的一种蒸发器压力控制阀，这类阀控制精度高。它与POA阀的区别在于，磷青铜波纹管内不是抽成真空，而是充注一种惰性气体（如氮气）。其工作原理和POA阀亦有所不同。

当蒸发器压力等于设计压力时（例如0.308MPa），活塞刚好关闭主气口，活塞承受着蒸气压力和弹簧力两个力。当蒸发器的温度比较高，蒸气压力大于

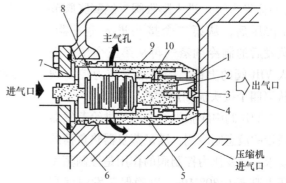

图3-18　EPR-Ⅱ型蒸发器压力调节器
1—活塞支承弹簧　2—先导阀座　3—先导阀　4—先导阀弹簧
5—活塞　6—O形密封圈　7—波纹管固定板
8—波纹管　9—阀体　10—小孔

0.308MPa时，蒸气压力大于波纹管内的气体膨胀力，波纹管收缩，先导阀打开，活塞的背压力消失，活塞的正压力大于弹簧力，迫使活塞右移而使主气孔开度增加，供给蒸发器更多的制冷剂，以增加制冷剂流量。

当蒸发器压力下降时，波纹管逐渐伸长，活塞在弹簧力作用下，便逐渐向左移动，减小了主气孔的有效面积。若压缩机的转速不断加大，则吸气压力继续下降，当蒸发器压力下降到0.289～0.308MPa时，波纹管伸长量使先导阀阀口关闭。

此时，蒸气压力和弹簧力相等，活塞亦将主气孔的通路关闭，只让小孔供给压缩机极少量的蒸气，控制蒸发器的压力不再继续下降，以避免蒸发器表面发生结冰现象。当蒸发器压力大于0.308MPa时，则与上述过程相反。

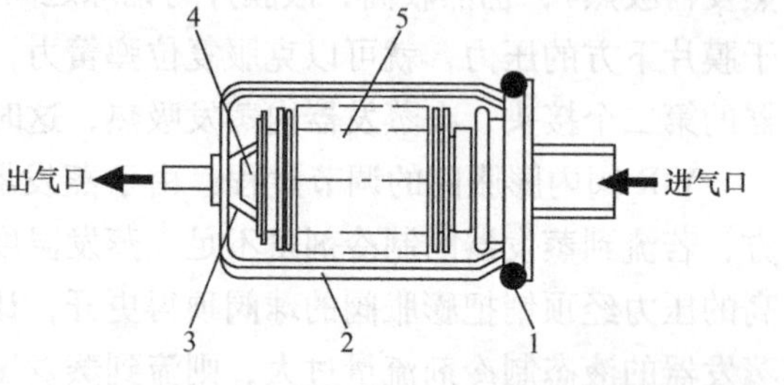

EPR-Ⅲ型蒸发器压力调节器（图3-19）的结构更简单，它只有一个铜质波纹管作制冷剂的通道，进气口设置了一只锥形阀。当蒸发压力高时，波纹管缩短，锥形阀打开；反之，锥形阀关闭。EPR-Ⅲ型蒸发器压力调节器结构简单，但控制精度较差。

图3-19　EPR-Ⅲ型蒸发器压力调节器
1—O形密封圈　2—阀体　3—锥形座　4—锥阀　5—波纹管

3.3.5　热气旁通阀控制的制冷系统

前面介绍的几种制冷系统适用于乘用车的非独立式汽车空调系统。热气旁通阀控制的制

冷系统则适用于大型客车的独立式汽车空调系统。热气旁通阀控制的制冷系统可在压缩机持续工作状态下，通过直接调节蒸发器的出口压力，实现对制冷量的精确控制，并可避免蒸发器表面结冰。

1. 工作原理

热气旁通阀控制的制冷系统（图 3-20）的工作过程如下。

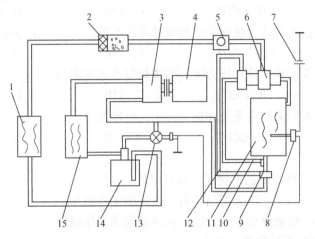

图 3-20　热气旁通阀控制的制冷系统（HGBV 制冷系统）

1—过冷器　2—干燥器　3—压缩机　4—辅助发动机　5—视液窗　6—外平衡式热力膨胀阀
7—蓄电池　8—温度控制器　9—外平衡管接口　10—感温包　11—蒸发器
12—外平衡管　13—热气旁通阀　14—储液罐　15—冷凝器

从压缩机排出的高温高压气态制冷剂，首先进入冷凝器中冷凝，继而经过储液罐，之后再经过过冷器进一步冷却，以满足大型客车的制冷需要。

经干燥器干燥以及外平衡式热力膨胀阀的节流降压和流量调节，最后在蒸发器内蒸发吸热以产生制冷效应，并再次被吸入压缩机中，如此反复循环，实现制冷。

热气旁通阀（hot gas by-pass valve，HGBV）的功用：当蒸发器表面温度降到 0℃ 时，将从冷凝器中出来的高温、高压液态制冷剂送到蒸发器出口，以控制蒸发压力，使其不低于 0.308MPa，以防止蒸发器表面结冰。热气旁通阀由温度控制器通过电路控制，热气旁通阀的开启可使高压侧压力降低 0.1MPa，低压侧压力升高 0.04MPa。

热气旁通阀控制的制冷系统亦称 HGBV 制冷系统，特别适用于乘员流动量大且车速缓慢的城市客车（公共汽车），已在欧洲和美国的公共汽车上广泛使用，我国的城市客车也开始使用这种汽车空调制冷系统。

2. 热气旁通阀

在制冷压缩机进、排气管之间，连接一个热气旁通阀（图 3-21），通过动态调节热气旁通阀的阀口开度，将部分高压侧气体（热气）旁通到低压侧，便可对制冷系统的制冷能力进行动态调节。

从本质上讲，热气旁通阀属于电子膨胀阀的一种。在其他结构参数不变的条件下，只需更换口径不同的阀芯，即可

图 3-21　热气旁通阀
（HGBV 阀）实物照片

获得不同的控制容量，以扩大热气旁通阀的适用范围。

思考与实训

1. 选择题

1）恒温器—电磁离合器孔管循环制冷系统亦称_____制冷系统。

A. POA   B. CCOT   C. VIR   D. STV

2）先导阀操纵的绝对压力吸气节流阀制冷系统亦称_____制冷系统。

A. POA   B. CCOT   C. VIR   D. STV

3）组合式先导阀操纵的绝对压力吸气节流阀制冷系统亦称_____制冷系统。

A. POA   B. CCOT   C. VIR   D. STV

4）热气旁通阀控制的制冷系统亦称_____制冷系统。

A. POA   B. CCOT   C. VIR   D. HGBV

2. 问答题

1）简述压缩机"液击"的危害及其预防措施。

2）简述恒温器—内平衡膨胀阀循环制冷系统的工作原理。

3）简述恒温器—电磁离合器孔管循环制冷系统的工作原理。

4）简述 POA 制冷系统的工作原理。

3. 实操题

1）结合教学车辆（或实训台架），指出 CCOT 制冷系统的布置情况。

2）结合教学车辆（或实训台架），指出 POA 制冷系统的布置情况。

3）结合教学车辆（或实训台架），指出 VIR 制冷系统的布置情况。

汽车空调通风、采暖与配气系统

学习目标
- 了解汽车空调通风、采暖与配气系统的功能；
- 熟悉汽车空调采暖与配气系统的工作原理；
- 熟悉驻车加热系统的结构组成、控制原理。

4.1 汽车通风与空气净化装置

4.1.1 通风装置

汽车空调通风装置的主要功能是换气，即打开通风口，利用汽车迎面风的空气动压进行通风或利用空调系统中的鼓风机进行强制通风换气。

车厢内空间狭小，车内空气因乘员呼出的二氧化碳、水蒸气、烟气等而受到污染，需经过通风换气来净化，同时调节车内的温度和湿度。

此外，通风对于防止车窗玻璃起雾也很有益处。

为维持舒适条件所需要的最低限度的换气量称为必须换气量（每人需 $25 \sim 36 m^3/h$），为此应设置即使在汽车车窗紧闭的情况下，仍能从车外引入新鲜空气的通风装置。

1. 动压通风方式

动压通风（自然通风）方式是利用汽车行驶时，车外空气对汽车产生的风压，通过进风口和排风口，实现通风换气。

进风口与排风口的位置（图 4-1）要根据汽车行驶时车身表面的风压分布状况和车身结构来确定。一般车身大部分是负压区，仅前面风窗玻璃及前围上部等少部分为正压区。在设置时要求进风口必须装在正压区，排风口必须装在负压区，以便充分利用汽车行驶所产生的动压而引入大量的新鲜空气。

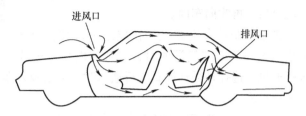

图 4-1　进风口与排风口的位置

同时进风口应尽可能远离地面，以防止吸入地面附近的污染空气和灰尘。进入车内的空气流速最佳范围是 $1.5 \sim 2.0 m/s$。排风口的压力系数随着不同的安装位置而改变，要尽可能加大排风口的有效面积，以提高排风效果，还必须注意防止尘埃、噪声以及雨水、洗车水的侵入。

动压通风方式不消耗动力，但空气在车内流过时，会形成车辆行驶阻力。

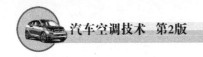
2. 强制通风方式

采用动压通风方式进行换气时，车辆在静止和在低速行驶时，通风量过小，故绝大多数汽车都采用强制通风方式。强制通风是采用电动鼓风机强制车外新鲜空气进入车厢内的一种通风方式。

在汽车行驶时，强制通风经常与动压通风一起配合使用。乘用车均采用动压通风与强制通风相结合的方式，其通风装置与采暖装置、制冷装置等结合在一起而形成完整的空调系统，导入的外气既可经调节，也可不经调节而进入车内。

但是空气的进入到排出能否起到有效的作用，还取决于空气在车内的流动状态（图4-2）。因此，要提高车内的舒适性，必须对空调空气入口的布局进行周密的考虑。

图4-2　车内气流方向

3. 新鲜/再循环空气的切换

如图4-3所示，采用强制通风时，既可以采用车内空气再循环方式（RECIRC，亦称内循环模式），只循环车厢中的空气；也可以采用车外新鲜空气方式（FRESH，亦称外循环模式），用来和车外空气进行交换。

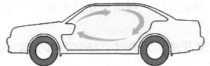
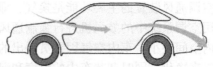

a) 车内空气再循环方式(内循环模式)　　b) 车外新鲜空气方式(外循环模式)

图4-3　通风模式

如图4-4所示，新鲜/再循环空气的切换，可以通过空调控制面板上的内循环模式按钮和外循环模式按钮进行选择。

有些通风系统还有中间调节方式，即将一定比例的车外新鲜空气与一定比例的车内再循环空气混合后，再吹向车内。

当车辆制冷负荷很大、在隧道中行驶、交通拥堵或车外环境空气污浊时，宜选择内循环模式

图4-4　通风模式选择按钮

进行通风。选择外循环模式进行通风时，可以吸入车外的新鲜空气，并在加热时有效防止车窗玻璃结霜。

近年来，一些车辆为使车厢的顶部吸进新鲜空气并使内部空气沿底部循环而采用了双层控制系统。当选择外循环模式（室外空气进入）时，车厢气温会因空气混合门处于MAX-HOT位置而突然变热，在通常系统中，其加热效率将低于内循环模式下的加热效率，因为全部的空气都来自车外（冷空气）。

如图4-5和图4-6所示，新鲜/再循环空气双层控制系统能够从车厢顶部吸入新鲜空气，并从底部循环车内空气。同时，还能保持和内循环模式一样的加热效率，并可以防止内循环模式下易发生的车窗结霜。

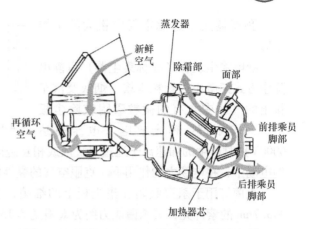

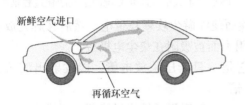

图 4-5　新鲜/再循环空气
双层控制系统的气流分布

图 4-6　新鲜/再循环空气双层控制系统的气流走向

4.1.2　空气净化装置

汽车空调空气净化系统有空气过滤式和静电除尘式两种。

1. 空气过滤式空气净化系统

空气过滤式空气净化系统（图 4-7）是在空调系统的进风口和排风口处设置空气滤清装置，它仅能滤除空气中的灰尘和杂物，结构简单，工作可靠，只需定期清理过滤网上的灰尘和杂物即可，故广泛用于各种汽车空调系统中。

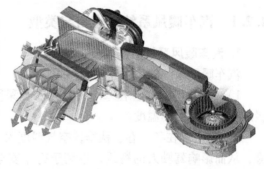

2. 静电除尘式空气净化系统

静电除尘式空气净化系统（图 4-8）是在空气进口的过滤器后再设置一套静电除尘装置或单独安装一套用于净化车内空气的静电除尘装置。

图 4-7　空气过滤式空气净化系统

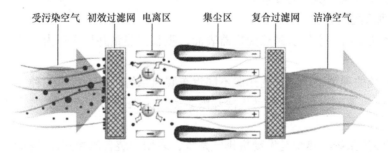

图 4-8　静电除尘式空气净化系统（奥迪 Q5/A4L 汽车）

静电除尘式空气净化系统除能过滤和吸附烟尘等微小颗粒的杂质外，还具有除臭、杀菌作用，有的还能产生负离子（带负电荷的氧离子，也称负氧离子）以使车内空气更为新鲜洁净。由于其结构复杂，成本高，所以，目前只用于某些高级乘用车和豪华旅游客车上。

图 4-9 为静电除尘式空气净化系统的空气净化过程框图。

预滤器用于过滤空气中粗大的尘埃杂质。

静电除尘装置（亦称集尘器）以静电除尘方式把微小的颗粒尘埃、烟灰及汽车排出的气体中含有的微粒吸附在除尘板

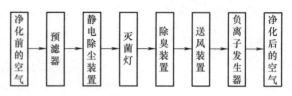

图 4-9　静电除尘式空气净化系统的空气净化过程框图

上。工作原理：辉光放电（电压高达 6000V）时产生的加速离子通过热扩散或相互碰撞而使浮游尘埃颗粒带电，然后在辉光放电的电场中，在电场力的作用下，克服空气的黏性阻力而被吸附在集尘电极板上。

灭菌灯用于杀灭吸附在集尘板上的细菌，它是一只低压汞放电管，能发射出波长为 353.7nm 的紫外光，其杀菌能力约为太阳光的 15 倍。

除臭装置用于去除车室内的汽油及烟草等气味，一般采用活性炭过滤器、纤维式或滤纸式空气过滤器来吸附烟尘和臭气等有害气体。

4.2　汽车采暖系统

汽车采暖系统亦称暖风系统，是汽车空调系统的重要组成部分之一。

4.2.1　汽车暖风系统的作用与类型

1. 汽车暖风系统的作用

汽车暖风系统的主要作用是供暖、除霜、调节温度与湿度。

1）供暖（制热）。在寒冷的冬天以及深秋、早春时节，汽车暖风系统可以给车内提供暖风，提高车内的温度。

2）除霜。在冬、春、秋季，空气湿度大，且车内、外温差较大时，车窗玻璃上会结霜雾，从而影响驾驶人的视线，不利于行车安全。这时，开启暖风系统可除去车窗玻璃上的霜雾。

3）调节温度与湿度。制冷与暖风系统联合工作，既可全年将车内的温度调节到设定值，也可满足乘员对空气湿度的要求。

2. 汽车暖风系统的分类

汽车暖风系统是将冷空气吹到热交换器表面，吸收其热量并导入车内，从而提高车内温度的整套装置。

汽车暖风系统的种类很多，根据热源不同汽车暖风系统可分为以下几种。

1）水暖式暖风系统。热源是发动机冷却液，多用于乘用车、货车及对采暖要求不高的普通客车。

2）气暖式暖风系统。热源是发动机排气系统，多用于装备风冷式发动机的汽车。

3）独立燃烧式暖风系统。热源是专用燃料，多用于大型客车。

4）综合预热式暖风系统。热源是发动机冷却液和专用燃料，多用于大型客车。

对车内空间较小的乘用车而言，供暖时所需的热量较少，因此几乎全部采用余热供暖方式，即利用汽车发动机冷却液或废气的热量来供暖；大客车需要热量较多，则多采用独立热源式暖风系统。

此外，在某些冬季气温低且冬季漫长的国家和地区，还在汽车上装备有驻车加热系统。

4.2.2 汽车暖风系统的结构与工作原理

1. 水暖式暖风系统

（1）发动机冷却液直接供暖 发动机冷却液直接供暖式暖风系统的工作原理如图4-10所示。以水冷式发动机冷却系统中的冷却液为热源，将冷却液引入车内的热交换器（加热器），同时鼓风机将车内的循环空气或外部空气吹向加热器，冷空气与加热器中的冷却液进行热交换，变成热空气后被导入车内，以调控车内的温度。

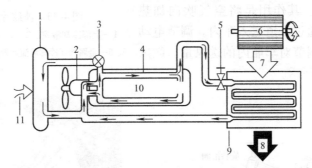

图4-10 发动机冷却液直接供暖式暖风系统的工作原理

1—散热器 2—发动机冷却液泵（水泵） 3—节温器 4—发动机内部冷却液流通管路（水套）

5—冷却液流量控制阀（水旋塞） 6—鼓风机 7—冷风 8—暖风

9—加热器（暖风热交换器） 10—发动机 11—车外空气

水暖式暖风系统主要由加热器、冷却液流量控制阀、鼓风机、控制面板等组成，在车上的安装位置如图4-11所示。

1）加热器。如图4-12所示，加热器（亦称热交换器）由冷却液管路和散热器片组成。发动机冷却液进入加热器的冷却液管路，通过散热器片散热后，再返回发动机的冷却系统。

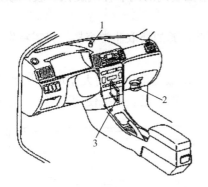

图4-11 水暖式暖风系统

主要部件的安装位置

1—冷却液流量控制阀（又称热水控制阀、水旋塞）

2—鼓风机 3—加热器（暖风热交换器）

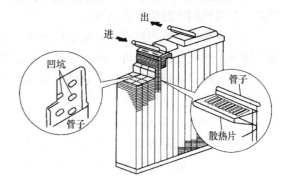

图4-12 加热器

为提高热交换率，加热器多采用波纹片式加热器芯（图4-13）。这种加热器的各个散热片制成褶皱状，呈波纹形（故名波纹片式加热器），可显著增大散热面积，提高散热效率。

随着技术的不断进步，加热器的热交换率越来越高，但外形尺寸却越来越小，重量更轻，且上、下冷却液室有采用树脂材料取代金属材料的趋势。

2）冷却液流量控制阀。冷却液流量控制阀亦称热水控制阀、水旋塞、热水调节阀，用于控制进入加热器的冷却液流量，进而调节暖风系统的加热量。调节时，可通过控制面板上的调节杆或旋钮进行控制，其结构如图4-14所示。

3）鼓风机。鼓风机由可调速的直流电动机和离心式风机组成。其作用是将空气吹向加热器，将冷风加热后通过风道送入车内。调节电动机的速度，就可以调节对车厢内的送风量。鼓风机的实物如图4-15所示。

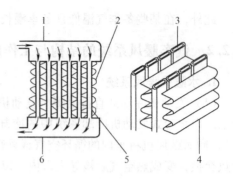

图4-13　波纹片式加热器芯
1—上部冷却液室　2、4—制成褶皱状的散热片
3、5—金属管（冷却液流通管路）　6—下部冷却液室

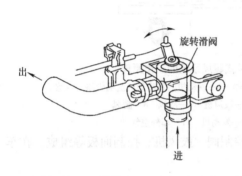

图4-14　冷却液流量控制阀

图4-15　鼓风机（见彩图）

4）控制面板。控制面板上安装有操作冷却液流量控制阀的调节杆或旋钮、暖风鼓风机开关、鼓风机调速旋钮等控制元件。

水暖式暖风系统的热量来自发动机的冷却液，因此热源的获取非常容易，只需将发动机冷却液导入热交换器中即可。结构简单，经济性好。

水暖式暖风系统的最大缺点是供暖必须在发动机冷却液温度上升到大循环时方能开始，因此在严冬季节，下坡、停车或汽车刚起步时，热量就显得不足。如果使用不当，发动机容易发生过冷现象。特别是对于车身较长的大型客车，在北方使用或外界温度低的情况下，车内冷负荷很大，仅靠水暖式暖风系统难以取得令人满意的效果。

（2）废气加热冷却液供暖　废气加热冷却液供暖式暖风系统的布置如图4-16所示。供暖时，利用发动机废气的余热对热交换器进行加热，发动机内的冷却液可被高温废气加热到100℃左右，该高温冷却液被送到加热器内后，热量被鼓风机送来的空气带走，并对车内进行加热。

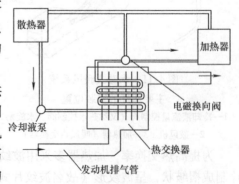

图4-16　废气加热冷却液供暖式暖风系统

不需要供暖时，电磁换向阀使热交换器内的冷却液直接流回发动机散热器，不经过加热器，只在散热器与热交换器之间循环，并不给车厢供暖。

（3）电加热冷却液供暖 电加热冷却液供暖式暖风系统按照使用的加热器件不同，可分为多种结构形式。

1）PTC加热器。PTC是Positive Temperature Coefficient的缩写，意为正温度系数，泛指正温度系数很大的半导体材料或元器件，如具有正温度系数的热敏电阻、电热陶瓷材料等。

PTC热敏电阻通电后会自热升温，随着温度的持续升高，其电阻值也会相应地增大（即具有正温度系数）。当温度升高到一定程度时，其阻值会进入跃变区（阻值急剧增大），PTC热敏电阻表面温度将保持在恒定值不变，即PTC热敏电阻具有恒温发热特性。该温度只与PTC热敏电阻的居里温度和外加电压有关，而与环境温度基本无关。

PTC加热器就是利用PTC热敏电阻的恒温发热特性设计的加热器件。在中、小功率加热场合，PTC加热器具有恒温发热、无明火、热转换率高、受电源电压影响极小、使用寿命长、安全性高等传统发热元件无法比拟的优势。因此，近年来，PTC加热器在汽车空调暖风系统中的应用日益广泛。

如图4-17所示，PTC加热器由PTC元件、铝散热片、铜片组成。当电流施加在PTC元件上时，它会产生热量来加热其周围的空气。

PTC加热器安装在空调暖风加热器的出风口处。当发动机冷却液的温度很低，单纯依靠发动机冷却液不足以为车内供暖时，PTC加热器在控制电路（图4-18）的控制之下投入工作，将由空调暖风加热器出风口处吹出的温度较低的空气进行进一步加热，以满足车内供暖之需。

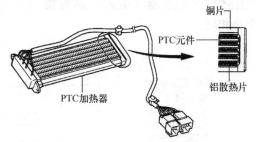

图4-17 丰田卡罗拉（COROLLA）乘用车暖风系统的PTC加热器

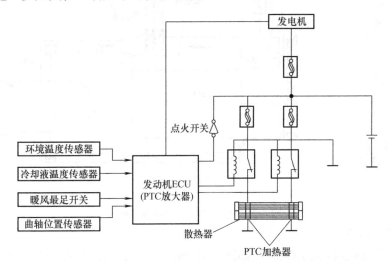

图4-18 PTC加热器的控制原理

如图4-19所示，空调放大器（空调控制器）切换PTC继电器内电路的通断，并且在工作条件满足（冷却液的温度低于65℃、设置车内温度为最热、环境温度低于10℃且鼓风机开关没有置于 OFF 位置）时使 PTC 加热器开始工作。

PTC 加热器的通断功能由空调放大器根据发动机冷却液温度、环境温度、发动机转速、空气混合模式设置和电气负载（交流发电机的输出端电压、发动机转速高低、前照灯工作与否等）来控制。

2）电气型电动加热器。如图 4-20 所示，电气型电动加热器式暖风系统在发动机气缸盖出水管上安装有冷却液预热塞（亦称电热塞），可以直接加热发动机冷却液。其工作原理与日常生活中使用的电热热水器（俗称"热得快"）完全相同。

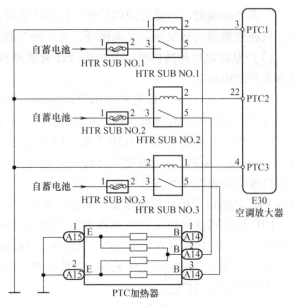

图 4-19 PTC 加热器的控制电路

a) 预热塞实物照片

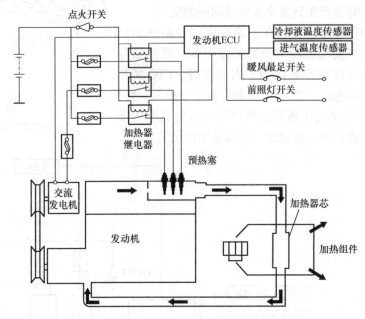

b) 预热塞的安装位置及控制电路

图 4-20 电气型电动加热器系统

2. 气暖式暖风系统

（1）废气热交换器式暖风系统 如图 4-21 所示，气暖式暖风系统利用发动机排气管中废气的余热来给车内供暖。供暖时，废气阀门将排气管的热气导入热交换器内；由鼓风机吹来的冷风吸收热交换器的热量后，被导入车内进行供暖或除霜。

（2）热管交换式暖风系统 如图 4-22 所示，热管式热交换器垂直安装在车厢地板上下，地板之上为冷凝放热段，地板之下为废气加热段。将汽车发动机排气管排出的废气引入热管交换器中，在热管交换器中装有液态氨，液态氨受热后汽化上升到热管交换器上部与空气进行热交换，加热从通风口进来的空气。空气被加热后，由鼓风机吹入车厢内供暖。放出热量后的氨气随即冷凝并流回下部，接着完成下一个工作循环。

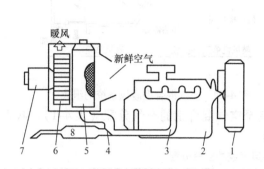 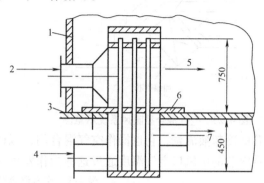

图 4-21　废气热交换器式暖风系统

1—发动机散热器　2—发动机　3—发动机排气管
4—废气阀门　5—热交换器　6—鼓风机
7—鼓风机电动机　8—排气消声器

图 4-22　热管交换器式暖风系统

1—车身构件　2—新鲜空气进口　3—汽车地板
4—废气进口　5—空气出口　6—热管交换
器隔板　7—废气出口

　　（3）燃料气暖式暖风系统　燃料气暖式暖风系统亦称独立燃烧式供暖系统，是指通过燃料（汽油或柴油）燃烧直接加热空气的取暖系统。该系统的供暖量大，且不受发动机运行条件的影响和制约，采暖效果好，多用于需热量大的大型客车或作为驻车加热系统使用（详见本书第 4.4 节驻车加热系统）。

　　另外，利用座椅电加热系统也可以取得一定的供暖效果。

4.2.3　汽车暖风系统的温度调节

　　就暖风系统而言，车内温度的调节方式分为空气混合型和冷却液流量调节型两种。其中，空气混合型温度调节方式应用最多。

1. 空气混合型

　　空气混合型暖风系统（图 4-23）在暖风的气道中安装空气混合调节风门，该风门可以控制通过加热器芯的空气和不通过加热器芯的空气的比例，从而实现温度调节，目前绝大多数汽车均采用这种方式。

　　如图 4-24 所示，当鼓风机风扇工作时，通过进气门吸入的内外空气，被连接至温度控制杆的空气混合门分为两股气流，一股气流通过加热器芯，变热；另一股气流不流过加热器芯，仍然保持较低的温度。

　　当温度控制杆启动时，冷却液阀门（水旋塞）和空气混合门都被启动。例如，当温度控制杆被设置到 HOT（热）位置时，空气混合门全开，冷风全部流过加热器芯。因此，可以得到最高的空气温度。

　　当温度控制杆被设置在中间位置时，根据温度控制杆的位置，暖风和冷风在空气混合室中被混合。通过改变温度控制杆的位置，可以得到最佳出风口空气温度。

　　通过这种方式，空气混合型暖风装置的温度控制杆操作冷却液阀门，以改变流过加热器

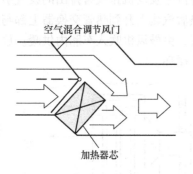

图4-23 空气混合型暖风系统示意图

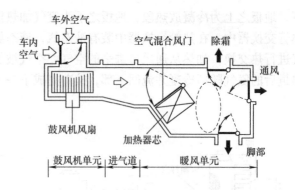

图4-24 空气混合型暖风系统的组成

芯的冷却液流量，它也操作空气混合门，以改变至空气混合室的空气分配（表4-1）。吹入乘客舱的出风口空气温度通过这些操作发生变化。

表4-1 空气混合型暖风系统的空气分配

温度控制杆/旋钮	全冷	中间	全热
空气混合门	全闭 冷风	半开 冷风 热风 混合	全开 空气混合风门 加热器芯 暖风
冷却液阀门	全闭	半开	全开

2. 冷却液流量调节型

冷却液流量调节型暖风系统（图4-25）采用冷却液阀门调节冷却液流经加热器芯的流量，以改变加热器芯的温度，进而调节车内温度。

水暖式暖风系统的冷却液循环路线如图4-26所示。

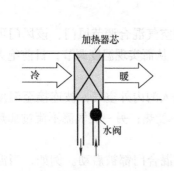

图4-25 冷却液流量调节型暖风系统

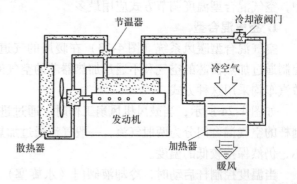

图4-26 水暖式暖风系统的冷却液循环路线

4.2.4 汽车除霜/除雾装置

除霜/除雾装置用于消除严寒季节在风窗玻璃上集结的霜、雪，以及防止玻璃上起雾。车内乘客散发出的呼吸气体会使车内温度升高，当风窗玻璃表面的温度低时，气体中的水分会冻结在玻璃上，因此，需要除霜/除雾装置经常将热风从除霜口吹出，防止玻璃表面起雾。

目前汽车除霜/除雾方法有暖风吹拂除霜/除雾法和电加热除霜/除雾法两种。

1. 暖风吹拂除霜/除雾法

一般前风窗玻璃采用暖风吹拂除霜/除雾法。该方法是将暖风装置产生的热空气吹向前风窗玻璃，以实现除霜/除雾。

暖风除霜/除雾装置主要由鼓风机、进出暖风风管、除霜/除雾器喷口等组成。其中，除霜/除雾器喷口安装在风窗玻璃下部，暖风的进口和车内暖风装置的风管相连，以便直接利用暖风来将覆盖于风窗玻璃外面的霜和冰雪融化，并防止玻璃起雾。

2. 电加热除霜/除雾法

由于后窗玻璃距离暖风装置比较远，如果采用暖风吹拂除霜/除雾法，则暖风风管较长，布置较为困难，且热量损失较大。因此，汽车后窗玻璃多采用电加热除霜/除雾法进行除霜/除雾。

电加热除霜/除雾法是在汽车玻璃的内侧印制导电胶，或者镀上氧化铟导电薄膜，通电后，导电胶或氧化铟导电薄膜发热，即可使汽车玻璃温度升高，实现除霜/除雾。

电热丝（导电胶或氧化铟导电薄膜）的消耗功率一般为 $500 \sim 700W$，玻璃表面温度可达 $70 \sim 90℃$。

如图4-27所示，采用电加热除霜/除雾法时，由于玻璃上印制有电热丝，会影响驾驶人的视线。因此，这种方法仅适用于汽车后窗玻璃的除霜/除雾。

此外，汽车车外后视镜的除霜/除雾（图4-28和图4-29），以及汽车座椅的电加热（图4-30），也采用这种方法。

图4-27　汽车后窗玻璃上的电热丝
（电加热除霜/除雾法）

图4-28　具有电加热除霜/除雾
功能的车外后视镜

图4-29　车外后视镜镜片背面的氧化铟导电薄膜

图4-30　具有电加热功能的汽车座椅

4.3　汽车空调配气系统

汽车空调配气系统亦称混风系统，其作用是实现对冷风和暖风的混合和比例控制，使车内获得乘员所需要的温度和湿度以及新鲜度、清洁度均适宜的气流，提高汽车的乘坐舒适性。

4.3.1　汽车空调的配气方式

1. 配气系统的组成

汽车空调配气系统的基本结构如图 4-31 所示。汽车空调配气系系统通常由三部分构成：空气进口段，主要由用来控制新鲜空气和室内循环空气的风门（亦称混风门）和伺服机构组成；空气混合段，主要由加热器和蒸发器组成，用来提供温度适宜的空气；空气分配段，用于使空气按照驾驶人或乘员的要求吹向面部、脚部和风窗玻璃等处。

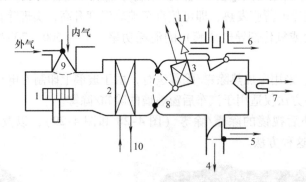

图 4-31　汽车空调配气系统

1—鼓风机　2—蒸发器　3—加热器　4—脚部出风口　5—面部出风口　6—除霜出风口
7—侧向出风口　8—加热器旁通风门　9—空气进口风门　10—制冷系统制冷剂管路
11—发动机冷却液流量控制阀及冷却液管路

配气系统借由手动控制钢索（手动空调）、气动真空装置（半自动空调）或者电控气动、电控电动伺服机构（全自动空调）与仪表板空调控制键连接动作，执行配气工作。

空调配气系统的工作过程：新鲜空气＋车内循环空气→进入鼓风机→空气进入蒸发器并进行冷却→由风门调节后进入加热器并升温→进入各出风口→吹向面部、脚部和风窗玻璃等处。

空气进口段的风门主要控制新鲜空气和室内循环空气的比例，当夏季室外空气气温较高、冬季室外温度较低的情况下，宜减小风门开度，增大室内循环空气的比例，以求迅速实现温度调节之目的。当车内空气品质下降，汽车长时间运行或者室内外温差不大时，宜加大风门开度，增加车外新鲜空气的比例，以求迅速改善车内空气品质。一般汽车空调空气进口段风门的开启比例为 15%～30%。

加热器旁通风门主要用于调节通过加热器的空气流量。顺时针调节风门，可增大旁通风门的开度，使通过加热器的空气流量减少，则由出风口 4、5、7 吹出冷风；反之，逆时针调节风门，可减小旁通风门的开度，则由出风口 4、5、6、7 吹出热风，可供采暖和玻璃除霜之用。

2. 配气方式

汽车空调配气方式有以下几种。

(1) 空气混合式配气方式 图4-32所示为空气混合式配气流程图。工作过程：车外空气＋车内空气→进入鼓风机3→混合空气进入蒸发器1进行冷却（降温除湿）→由风门调节后进入加热器加热→进入各出风口4、5、6。

进入蒸发器1后再进入加热器2的空气流量可用风门进行调节。若进入加热器的风量少，也就是冷风量相对较多，这时冷风由冷风出风口7吹出；反之，则吹出的暖风较多，暖风由除霜出风口5或暖风（脚部）出风口4吹出。

空气混合式配气系统的优点是能节省部分冷风量，缺点是冷暖风不能均匀混合，空气处理后的参数不能完全满足要求，即被处理的空气参数精度较差。

(2) 全热式配气方式 图4-33所示为全热式配气流程图。工作过程：车外空气＋车内空气→进入鼓风机3→混合空气进入蒸发器1进行冷却（降温除湿）→出来后的空气全部进入加热器2→加热后的空气由各风门调节风量后分别进入4、5、6、8、9各出风口。

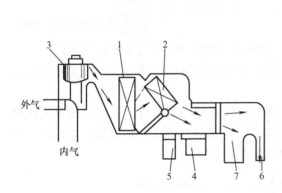

图4-32 汽车空调配气流程图（空气混合式）
1—蒸发器 2—加热器 3—鼓风机 4—暖风出风口
5—除霜出风口 6—中心出风口 7—冷风出风口

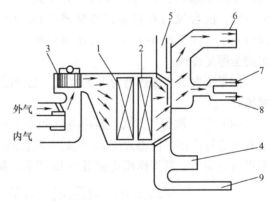

图4-33 汽车空调配气流程图（全热式）
1—蒸发器 2—加热器 3—鼓风机 4—暖风出风口
5—除霜出风口 6—中心出风口 7—冷风出风口
8—侧向出风口 9—尾部出风口

不难看出，全热式与空气混合式的区别在于由蒸发器出来的冷空气全部直接进入加热器，两者之间不设风门进行冷热空气的风量调节，而是冷空气全部进入加热器再加热。

全热式配气系统的优点是被处理后的空气参数精度较高，缺点是浪费一部分冷空气，即为了达到较高的空气参数精度而不惜浪费少量冷空气。这种配气方式只用在一些高级豪华汽车的空调上。

(3) 加热与冷却并进混合式配气方式 图4-34所示为加热与冷却并进式配气流程图。

该配气系统工作时，混合风门6可以在最上方与最下方区域之间的任何位置开启或停留，如图4-34a所示。当空气由鼓风机3吹出后，将由风门调节进入并联的蒸发器4（降温除湿）和加热器5，由蒸发器处出来的冷风从上面吹出，对着人体上部，而热空气对着脚下和除霜处。因此，实现"头凉脚暖"的要求。

调节混合风门6的开度，即可调节进入蒸发器和加热器的空气流量的大小，以满足不同温度、不同风量的要求，其工作模式如图4-35所示。

当混合风门6处于最上方时，混合风门6将通往蒸发器的出风口完全关闭，各出风口吹

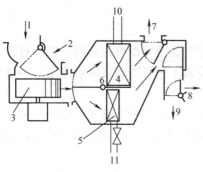
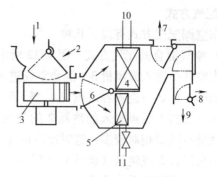

a) 混合风门在最上方、最下方区域之间的位置　　　　b) 混合风门在最下方位置

图4-34　加热与冷却并进式配气流程图

1—新鲜空气　2—内循环空气　3—鼓风机　4—蒸发器　5—加热器　6—混合风门　7—上部出风口

8—除霜出风口　9—脚部出风口　10—制冷剂进出管　11—发动机冷却液流量控制阀及冷却液管路

出的全部是暖风；当混合风门 6 处于最下方时，混合风门 6 将通往加热器的出风口完全关闭（图4-34b），各出风口吹出的全部是冷风。

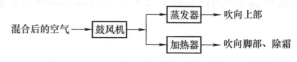

图4-35　加热与冷却并进混合式工作模式

如果蒸发器和加热器均不工作时，无论混合风门 6 的开度如何，各出风口吹出的都是自然风。

（4）半空调配气方式　新鲜空气和车室内循环空气经风门调节后，先经过鼓风机吹进蒸发器进行冷却（降温除湿），然后由混合风门调节，一部分空气进入加热器，而冷风出口不再进行调节。其工作模式如图4-36 所示，结构如图4-37 所示。

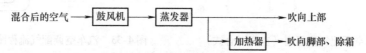

图4-36　半空调工作模式

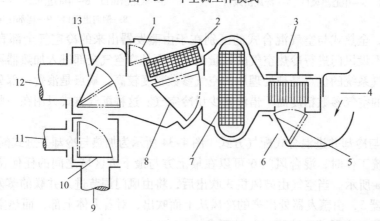

图4-37　半空调配气系统

1—限流风门　2—加热器　3—鼓风机电动机　4—新鲜空气入口　5—新鲜/再循环空气风门

6—再循环空气出风口　7—蒸发器　8—混合风门　9—至面板出风口　10—除霜风门

11—至除霜器出风口　12—至底板出风口　13—加热除霜出风口

同样，由风门来调节其送入车内的空气温度。若蒸发器7不工作，将空气全部引到加热器2，则送出的是暖风；若加热器2不工作，则送出来的全部是冷风；若两者都不工作，则送出来的是自然风。

从目前汽车空调的配气方式来看，空气混合式配气方式使用得最多。它是将空气经过蒸发器进行降温除湿处理后，用调节风门将一部分空气送到加热器加热，出来的暖风和冷风将再次混合，可以调节乘员所需要的各种温度、湿度的空气，而且除霜的热风可直接从加热器引到除霜出风口，直接吹向风窗玻璃。其最大特点是效率高，节能效果显著。

4.3.2 控制面板与功能

在汽车空调系统中，温度设定和风量的混合配送是由驾驶人通过操作面板控制的。由于空调系统的自动化程度不同，操作面板有手动、真空半自动和全自动三种。

1. 手动、半自动真空操作面板与功能

手动、半自动真空操作面板的控制键形式有所不同，但其功能键控制的内容基本相同。常见的普及型乘用车及货车、客车大多采用这种操作面板，如图4-38所示。其主要按键的作用如下。

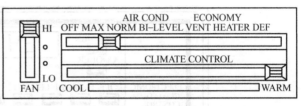

a) 手动空调控制面板

（1）功能选择键 功能选择键主要用于空调系统取暖、制冷、冷暖风或除霜控制，具体功能选择键的名称和作用如下：OFF—停止；MAX—快速降温；A/C（或 NORM）—空调；VENT—自然通风；FLOOR（或HEATER）—暖风；MIX（或 BI – LEVEL）—分层输送冷风。

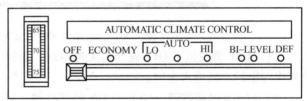

b) 半自动空调控制面板

图 4-38 手动、半自动空调控制面板

功能选择键移动到不同位置，可通过拉索或真空开关控制各个风门的开启状态，从而调节空气温度与流向。

（2）温度键 对于手动系统，温度键主要用于控制调温门的位置。当其位于冷端（COOL）或暖端（WARM）时，调温门在拉索作用下分别关闭或打开流经加热器的空气通道。当其位于两者中间任意位置时，可得到不同比例的暖风与冷风的混合空气（混合风）。

对于半自动空调系统，温度键主要是设定系统工作温度，使空调工作在规定的温度范围内。

（3）调风键 调风键亦称风速调节键，主要用于控制空调器内鼓风机的转速，手动系统一般有四个调速档，即 HI（高速）、LO（低速）、M1（中速1）、M2（中速2）。一般是通过改变串联在鼓风机电路中的电阻值来达到调速的目的。

半自动空调系统对送风量的控制，有 LO（低）、AUTO（自动）和 HI（高）三档，它是按照操作者对空调的要求去工作的，HI（高）档通常是车内外温差大时采用，而 LO（低）档则正相反。AUTO（自动）档可以根据环境温度的变化自动调整送风量在高、中、

低位置。

（4）后窗除霜键 后窗除霜键（DEF）是一个按键开关，用于控制后风窗除霜电热丝电源的通断，指示灯用于提醒乘员不要忘记切断电源。

（5）经济运行键 经济运行键（ECONOMY）是半自动空调特有的功能键，其主要作用有两个：一是当车内温度接近或者达到设定温度时，使鼓风机转入低速运行，以节约能源；二是在车内外温差不大时，停止制冷、采暖工作，而转入吸入外循环风的工作方式，这样既可以节约能源，又使车内空气品质得到很好的保证。

2. 全自动空调操作面板与功能

全自动空调系统能充分满足驾驶人及乘员对舒适性的要求，实现了对车内空气流动、车内空气温度及车内空气湿度的自动调节，并且整个操作过程通过轻触按键来完成，无须再去调节控制手柄。一般中、高档乘用车均采用这种控制方式。

图4-39 为全自动空调控制系统的操纵面板图，各按键功能如下。

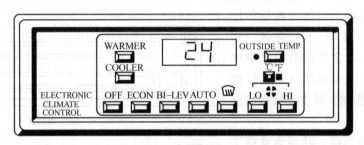

图4-39 全自动空调控制系统的操纵面板图

（1）OFF 键 按下 OFF 键即可关掉空调。新鲜空气不再进入车内，可防止车外被废气及灰尘污染的空气进入车内。

（2）ECON 经济按键 按下 ECON 经济按键，温度、鼓风机速度、暖风及新鲜空气的分配都进行自动调节，空调压缩机被关掉，只有新鲜空气或暖风通过鼓风机吹入车内。

（3）AUTO 自动键 AUTO 自动键适用于各种天气状态，一旦达到设定的温度，空调鼓风机将以最低转速运转；若温度发生变化，调节系统会通过改变鼓风机转速和调节温度门（即混风门）进行调节。天气寒冷时，暖风从脚部风道吹出，少部分暖风吹到风窗玻璃上进行除霜。天热时，冷风从中央出风口吹出。

（4）BI - LEV 混合气按键 按下 BI - LEV 混合气按键时，其工作位置、温度、鼓风机转速的调节与 AUTO 方式相同，但空气的分配不同，暖风和冷风按给定的路线以相同的流量从中央出风口和脚部风道出风口吹出，只有少量空气吹到风窗玻璃上。

（5）除霜按键 按下除霜按键时，大部分空气通向风窗玻璃进行除霜、除雾。此时空调鼓风机以高速运转。

（6）WARMER 按键和 COOLER 按键 WARMER 按键和 COOLER 按键用于选择车内温度，范围在 18～29℃。按一下 WARMER 键温度可升高 1℃，超过 29℃ 时，则显示"HI"；按一下 COOLER 键温度下降 1℃，低于 18℃ 时，则显示"LO"。

HI 和 LO 分别对应于全自动空调的最大采暖和最大制冷能力，在这两个位置上温度自动调节系统不起作用。

（7）LO 按键和 HI 按键 LO 按键和 HI 按键属于辅助功能键，是为降低或提高鼓风机转速而设置的。按下 LO 按键或 HI 按键，空调鼓风机的转速就会下降或提高；如果要使 LO 按键或 HI 键复位，取消其辅助作用，按一下其他任意按键均可。

（8）OUTSIDE TEMP 按键　OUTSIDE TEMP 按键是外部温度按键。未按下 OUTSIDE TEMP 按键时，空调面板的显示屏显示的是车内温度值。按下该键，空调面板的显示屏将显示外部温度值（车外环境温度值），同时该键左侧的检查指示灯点亮。

有些汽车空调系统，当车外环境温度低于 4℃ 时，会在空调面板或汽车仪表板的显示屏上出现一个雪花标志，并伴有"铛"的一声锣响，以提醒驾驶人——目前车外环境温度较低，背阴路面有结冰的可能，宜谨慎驾驶，以保安全。

在全自动空调系统中，只有在发动机冷却液温度达到 50℃ 以上时，鼓风机才开始运转，以此保证发动机不致过冷。如果点火开关接通后约 1min，OUTSIDE TEMP 按键左边的指示灯闪烁，则表示空调系统有故障。有的全自动空调系统，还可以直接在空调面板的显示屏上显示具体的故障信息。

在外部温度按键的下方是温度指示选择开关和"℃/℉"选择键。按下℃键时，显示摄氏温度；而按下℉键时，则显示华氏温度。

通过对空调面板按键的组合操作，还可以执行空调系统的故障自诊断功能，其故障码及相关的维修指导信息则在显示屏幕上显示。

4.3.3　控制器与执行器的结构原理

1. 冷却液控制阀

冷却液控制阀（热水阀）装在加热器和回水管之间，用来控制进入加热器的冷却液流量。冷却液控制阀有两种：一种是钢索（拉绳）式控制阀，另一种是真空式冷却液控制阀。

（1）钢索（拉绳）式冷却液控制阀　钢索（拉绳）式冷却液控制阀用于手动空调，依靠操作者手工移动温度调节键带动钢索，使冷却液控制阀关闭或打开，其结构如图 4-40 所示。

（2）真空冷却液控制阀　真空冷却液控制阀的构造如图 4-41 所示。阀门的开启与关闭受一个封闭的真空膜盒控制，真空由发动机的进气歧管或真空罐引来。

供暖时，真空膜盒的右空腔与真空源导通，在两端压差作用下，膜片克服弹簧力，带动活塞一起右移，活塞将冷却液通路开启，这时发动机

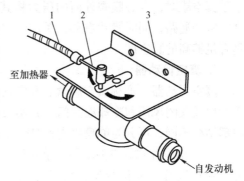

图 4-40　钢索控制的冷却液控制阀
1—护套　2—钢索　3—固定支架

冷却液便流向加热器，系统处于供暖状态，如图 4-41c 所示。

若真空膜片盒的真空源断开，则弹簧压力通过膜片带动活塞左移，此时冷却液的通路被关闭，加热器停止工作，如图 4-41a 所示。

当处于半真空时，冷却液的流量则会适当减少，如图 4-41b 所示。这种真空控制阀可以用在手动空调上，也可用在自动空调上。

2. 真空罐

真空罐的作用是向系统提供稳定的真空并保持足够的真空度，真空源一般是汽油发动机

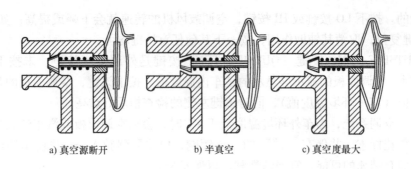

a) 真空源断开   b) 半真空   c) 真空度最大

图 4-41 真空冷却液控制阀

的进气歧管（对于装备柴油发动机的汽车，则单独设置真空泵）。发动机工况变化时，进气歧管内的绝对压力在 101 ~ 33.7kPa 变化，会影响真空系统的调控工作，因此，需要对真空罐内的真空度进行调节。

真空罐的结构如图 4-42 所示，由真空室和真空保持器组成。真空室是一个金属罐或工程塑料罐，内装一个真空保持器，其工作原理如下。

真空保持器内有一个空心膜阀和膜片，将其分成三个腔。中腔与发动机进气歧管相连，右腔分别与真空室和真空执行系统相连。当发动机进气歧管真空度大于真空罐时，将空心膜阀膨胀右移，接通真空室，使其真空度提高。同时膜片克服弹力左移，使真空室与真空执行系统的气口打开，形成通路。当发动机进气歧管真空度小于真空罐时，空心膜阀外面的压力将其压扁，关闭与真空室的通路，同时膜片右移，关闭气口，以保持罐内具有足够高的真空度。

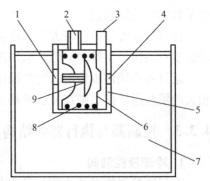

图 4-42 真空罐

1、4—气孔 2—发动机进气歧管接口
3—真空出口 5—真空保持器 6—膜片
7—真空罐 8—弹簧 9—空心膜阀

3. 真空促动器

真空促动器（亦称真空膜盒、真空马达）的功能是将真空信号转变成机械信号，以便于开启或关闭风门和冷却液阀门，其实质是一个受真空促动（驱动）的执行机构。根据其内部结构不同，可分为单膜片式和双膜片式两种。

（1）单膜片式真空促动器 单膜片式真空促动器的外形及内部结构如图 4-43 所示，主要由弹性膜片、复位弹簧、与膜片固定的连杆组成。连杆只有两个位置，当膜盒通过胶管接通真空时，膜片克服弹簧弹力将连杆上拉；当切断真空源时，弹簧推动膜片使连杆复位。

（2）双膜片式真空促动器 双膜片式真空促动器的外形与内部结构如图 4-44 所示，它由两个膜片、两组复位弹簧与一个膜片固定的连杆组成。

连杆有三个位置。当 A 室有真空

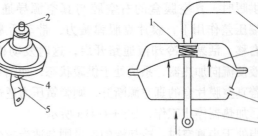

a) 外形   b) 内部结构

图 4-43 单膜片式真空促动器

1—复位弹簧 2—真空接口 3—膜片 4—气孔 5—连杆

时，连杆提升一半；两室（A、B室）都有真空时，连杆移到最上端；若无真空时，连杆则位于最下端，分别可使风门处于全开、半开或全闭位置。

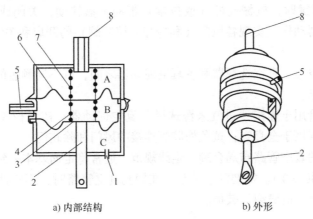

a) 内部结构　　　　　　　　b) 外形

图 4-44　双膜片式真空促动器

1—气孔　2—连杆　3—B室膜片　4—B室弹簧　5—中阀B室真空接口　6—A室膜片　7—A室弹簧　8—真空接口

4. 真空选择器

真空选择器的作用是根据空调器控制的需要，选择、调配真空源与多个真空促动器的连接，控制整个真空系统的工作。从本质上讲，真空选择器就是真空管路通断与否的转换开关。

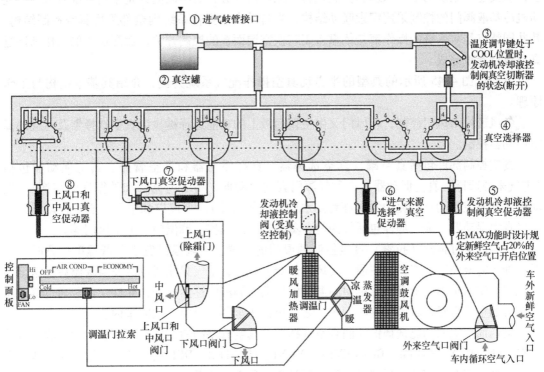

图 4-45　典型的半自动真空操作配气系统及真空选择器的档位

1—OFF（停止）　2—MAX（最冷）　3—NORM（正常空调）　4—BI - LEVEL（双层出风）

5—VENT（通风）　6—HEATER（暖风）　7—DEF（除霜）

真空选择器主要构造（图4-45）为橡胶圆盘上开有若干个圆弧槽，分配真空通路和真空促动器通路的通断。真空选择器通过机械连杆与空调控制面板上的功能键相连，当移动（或转动）功能选择键时，机械连杆（或拉索）带动圆盘转动，关闭或接通相应的真空管路，控制真空促动器动作，实现各风门（和冷却液控制阀）的开启和关闭。

5. 真空管路

在真空源、真空罐、真空选择器和各真空促动器之间，以不同颜色的橡胶管作为真空管路，分接不同的通路。

通常白色橡胶管用于连接"进气来源选择"真空促动器；蓝色橡胶管连接进气风门和上风门；红色橡胶管用于全真空；黄色橡胶管连接中风门和除霜门。

为使空调系统的真空管路布局合理、走线规范，通常将走向基本一致的真空管路捆扎在一起（犹如汽车线束一样）。需要注意的是，在捆扎真空管路时，不宜捆得太紧，以免引发真空管路在低温条件下的脆裂、破损。

4.3.4　配气系统的结构与工作原理

汽车空调配气系统有手动操作、半自动真空操作、全自动电控真空操作、全自动电控电动机操作等多种结构形式。

1. 手动、半自动真空操作的配气系统

对于手动、半自动真空操作系统而言，虽然从汽车空调整体结构和控制电路上有较大区别，但其配气系统的工作原理和控制过程并无严格区分，所不同的只是手动系统对风门、发动机冷却液阀门的控制采用钢索联动结构；半自动真空操作系统则全部采用真空控制结构。其共同特点是对系统的操作都是依靠人工转换空调面板的控制开关，而配送气的工作则通过真空执行器来完成。

下面以图4-45所示的典型的半自动真空操作配气系统为例，介绍其基本结构与工作原理。

各风道均由风门控制，各风门又由空调面板上的功能选择键操纵真空选择器及对应的真空促动器控制。

真空控制部件包括真空罐、真空选择器、真空促动器和真空管路。真空促动器包括"进气来源选择"真空促动器（亦称气源门真空促动器，用于内循环和外循环的切换）、发动机冷却液控制阀真空促动器（亦称热水阀真空促动器）、上风口和中风口真空促动器，下风口真空促动器。配气部件包括气源门、蒸发器、加热器、调温门、上下风门等。

调温键通过钢丝（拉索）直接控制调温门的位置。当调温键置于最低温度位置时，调温门处于完全关闭状态，挡住通往暖风加热器的风道，空气只能通过蒸发器降温后被送至各个风门，吹向车内。随着调温键向高温方向拨动，调温门逐渐打开，允许一部分通过蒸发器降温后的空气再经过暖风加热器加热，之后再被送至各个风门，吹向车内。

空调面板上的功能选择键控制真空选择器的真空管路的通断。空调面板上的功能选择键具有 OFF、MAX、NORM、BI–LEVEL、VENT、HEATER、DEF 七个功能位置，相应地，真空选择器具有七个档位，真空管路的通断具有七种变化关系。

功能选择键的位置、真空选择器的档位以及各个风门和真空促动器的动作关系见表4-2。

目前国内外大部分中、低档乘用车（如桑塔纳2000、切诺基213）和低档客车均采用上述半自动真空控制的配气系统。

表4-2 功能选择键位置、真空选择器档位、风门、真空促动器的动作关系

功能选择键位置	真空选择器档位	各个风门和真空促动器的动作
OFF	1	"进气来源选择"真空促动器和下风口真空促动器的左侧有真空作用，使外来空气口阀门（气源门）关闭车外空气循环通道，同时下风口关闭 其余真空促动器无真空作用，关闭发动机冷却液控制阀和中风口，但除霜门打开
MAX	2	"进气来源选择"真空促动器有真空作用，外来空气口阀门处于设定位置上——让80%的车内循环空气和20%的车外新鲜空气混合进入空调器 下风口真空促动器的右侧有真空作用，下风口阀门关闭，下风口关闭 上风口和中风口真空促动器有真空作用，打开中风口，关闭上风口，冷风直吹人体上部 发动机冷却液控制阀通断受调温键控制，此时调温键置于最低温度位置，发动机冷却液控制阀处于关闭状态。如将调温键拨离最低温度位置，则发动机冷却液控制阀逐渐打开，允许发动机冷却液进入暖风加热器
NORM（A/C）	3	"进气来源选择"真空促动器无真空作用，则外来空气口阀门（气源门）关闭车内循环空气，打开车外空气通道 下风口真空促动器的右侧有真空作用，关闭下风门 上风口和中风口真空促动器有真空作用，打开中风门，关闭上风门 调温键只要拨离最低温度位置，发动机冷却液控制阀真空促动器就有真空作用，暖风加热器内就有冷却液流过 随着调温键向温度最高位置的移动，调温门会在钢索作用下逐渐打开通向暖风加热器的风道。调温键越靠近温度最高位置，则由各个出风口吹出的空气温度就越高
BI–LEVEL	4	"进气来源选择"真空促动器无真空作用，外来空气口阀门打开，让车外新鲜空气进入，车内循环空气关闭 下风口真空促动器两端均无真空作用，下风门处于半开状态 上风口和中风口真空促动器有真空作用，关闭上风门，将中风门打开 发动机冷却液控制阀真空促动器有真空作用，发动机冷却液控制阀打开，加热空气 此时，空调压缩机工作，空调风从中风口和下风口分两层吹入车内
VENT	5	"进气来源选择"真空促动器无真空作用，外来空气口阀门让车外空气进入 发动机冷却液控制阀真空促动器无真空作用，将发动机冷却液控制阀关闭，暖风加热器无冷却液循环 下风口真空促动器右侧有真空作用，左侧无真空作用，则关闭下风门 上风口和中风口真空促动器有真空作用，则上风门关闭，中风门打开 此时，空调压缩机不工作，外来空气既不被加热，也不被冷却，从中风口直接送入车内，实现车内通风
HEATER	6	"进气来源选择"真空促动器无真空作用，外来空气口阀门关闭车内循环空气口，打开车外空气进入口 下风口真空促动器左侧有真空作用，右侧无真空作用，下风口打开 上风口和中风口真空促动器无真空作用，中风口关闭，上风口打开 发动机冷却液控制阀真空促动器有真空作用，发动机冷却液控制阀开启，暖风加热器有冷却液循环 此时，车外空气没有降温，但被加热，从上风口吹向风窗玻璃，从下风口吹向脚部

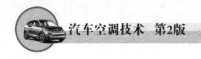

（续）

功能选择 键位置	真空选择 器档位	各个风门和真空促动器的动作
DEF	7	"进气来源选择"真空促动器无真空作用，外来空气口阀门使外来空气送入，关闭车内空气循环 下风口真空促动器的右侧有真空作用，左侧无真空作用，故下风门关闭 上风口和中风口真空促动器无真空作用，中风门关闭，上风门打开 发动机冷却液控制阀真空促动器有真空作用，发动机冷却液控制阀开启，暖风加热器工作，被加热的车外新鲜空气吹向风窗玻璃，进行除霜/除雾

2. 自动空调及其配气系统

自动空调采用电子控制单元（ECU）控制空调系统的工作过程，其配气系统的操作方式和执行器的结构与手动、半自动真空操作系统有较大区别。

（1）自动空调控制系统的组成　自动空调主要由冷风、暖风、送风、操作和控制等部分组成。控制系统的组成如图 4-46 所示，主要由三个部分构成，即各种输入信号电路、ECU 构成的电子控制系统和各种执行机构。

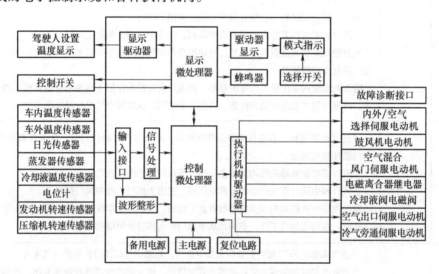

图 4-46　自动空调控制系统框图

自动空调控制系统具体结构组成和元器件的布置如图 4-47 所示。

（2）自动空调系统的功能　自动空调系统功能丰富，不但能对空气质量作自动控制，还可以进行故障自诊断（图 4-48）。

1）空调控制。空调控制功能包括温度自动控制、风量控制、运转方式的自动控制、换气量控制等，以满足车内乘员对舒适性的要求。

2）节能控制。节能控制功能包括压缩机运转控制、换气量的最适宜控制以及随温度变化的换气切换、自动转入经济运行模式、根据车内外温度自动切断或接通压缩机电源等。

3）故障报警。故障报警功能包括制冷剂不足报警、制冷压力过高或过低报警、离合器打滑报警、各种控制器件的故障判断报警等。

4）故障诊断存储。当汽车空调系统发生故障时，ECU 将故障信息用故障码的形式存储

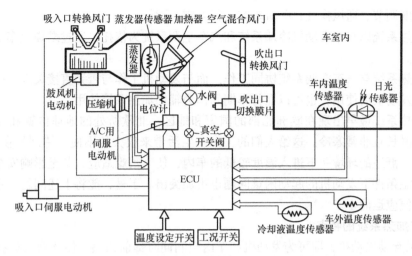

图4-47 自动空调控制系统结构组成和元器件的布置

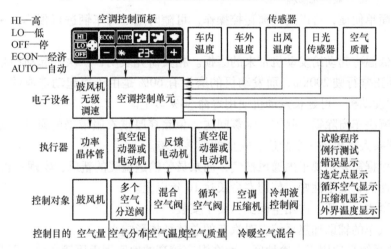

图4-48 自动空调系统的功能

起来,以便在修理时指示故障的具体部位。

5）显示功能。显示功能包括显示设定的温度、控制温度、控制方式、运转方式的状态等。

（3）自动空调的配气系统 出于技术继承性的原因,早期的自动空调配气系统的执行机构一般都是沿用真空促动器,但随着技术的不断进步,特别是微电机技术和汽车网络技术的发展,目前的高档汽车自动空调配气系统多采用步进电动机作为驱动发动机冷却液控制阀和各种风门的执行机构。

关于这部分内容,请读者参阅本书第6章汽车空调自动控制系统,在此不再赘述。

4.4 驻车加热系统

4.4.1 驻车加热系统的作用及特点

1. 驻车加热系统的作用

驻车加热系统用于在汽车发动机停机、汽车处于驻车状态下加热汽车内部空气,对车内

空气进行温度调节、通风换气，并对车窗进行除霜/除雾。

驻车加热系统以汽车发动机冷却系统和汽车空调系统为依托，通过燃烧汽车油箱内的燃油获取热量。

驻车加热系统与汽车空调系统协同工作，而与发动机工作与否无直接关系。驻车加热系统可以关闭发动机后使用，也可以在行车期间作为辅助加热系统使用。

驻车加热系统最早出现在欧洲北部的国家和地区，北欧所处的地理位置和气候特点决定，其冬季漫长且非常寒冷。这给人们的工作和生活带来很大的不便，特别是在上下班时，由一个温暖、舒适的环境一下进入温度较低的车内，使人很难适应，甚至影响安全驾车。不仅如此，低温条件下发动机的起动困难问题也更加突出。于是，能将上述问题一举解决的驻车加热系统便应运而生。

2. 驻车加热系统的特点

1）无须起动发动机，即可为发动机和车内空间同时提前预热，使驾乘人员在寒冬里打开车门即可享受家一般的温暖。

2）操作简单便捷，可以远距离遥控操作，可随时随地对车辆进行预热，相当于拥有一个随车暖库。

3）避免低温冷起动给发动机带来的磨损。相关研究表明，一次冷起动产生的发动机磨损相当于车辆正常行驶200km，而发动机的磨损有60%是由于冷起动造成的。驻车加热系统能全面保护发动机，可延长发动机使用寿命30%以上。

4）彻底解决车窗除霜、除雪、除雾问题，免除穿厚重衣服带来的羁绊，无需等待，上车即走，为驾乘人员提供一个舒适、安全的驾乘环境。

5）还可根据需要实现车内通风换气，向乘员舱输送温暖的新风，实现一机多能。

6）可靠性高，安全性好，使用寿命长达10年以上。

7）结构紧凑、小巧，占用空间少，便于安装。

8）作为汽车的辅助加热系统，对汽车的总体结构影响小。

驻车加热系统只适用于寒冷地区，而在温度较高的地区则无用武之地。因此，目前，驻车加热系统都是作为汽车选装配置出现的，而非标准配置。

奔驰、宝马、大众（奥迪、辉腾、迈腾等品牌）等汽车制造商均可提供装有驻车加热系统的车型供客户选择。当然，对于其他品牌的在用汽车，用户也可以自行安装驻车加热系统。

德国的韦巴斯特（Webasto）公司在汽车天窗和驻车加热系统制造领域实力强大，享有盛誉。目前，国内市场上常见的汽车驻车加热系统大都是韦巴斯特公司生产的。

4.4.2 大众辉腾汽车驻车加热系统

下面以大众辉腾（Phaeton）汽车为例，介绍驻车加热系统具体的结构和工作原理。

装备W12汽油发动机的大众辉腾汽车，采用Thermo Top C型驻车加热系统；装备V10 TDI型柴油发动机的大众辉腾汽车，采用Thermo Top Z型驻车加热系统。

Thermo Top C型驻车加热系统与Thermo Top Z型驻车加热系统的区别是，两者控制单元的编码不同，连入冷却循环回路的方式也不同。

此外，Thermo Top C型驻车加热系统设有冷却液截止阀，而Thermo Top Z型驻车加热系统没有冷却液截止阀。

1. 驻车加热系统的启动方式

驻车加热系统可以以不同方式进行启动：①通过位于汽车仪表板上的前部信息显示和操作单元中的空调子菜单进行启动。②通过在空调子菜单中预设时间实现定时启动。③通过无线遥控器进行远程遥控启动。

（1）立即启动　按下汽车仪表板上的前部信息显示和操作单元中的功能"驻车暖风"按钮，进入辅助采暖控制系统的子菜单。按下"暖风"按钮（图4-49），即可立即启动或关闭驻车加热系统。

（2）定时启动　可以通过在空调子菜单中预设启动时刻，以实现定时启动，犹如设置闹钟。

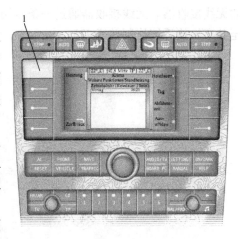

图4-49　前部信息显示和操作单元
1—"暖风"按钮

如图4-50所示，在空调子菜单中，通过操作单元输入启动日、启动时刻以及所需要的系统持续工作时间（图4-51），即可实现驻车加热系统的定时启动。

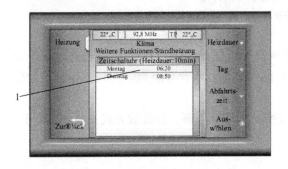

图4-50　定时启动（预设启动日及启动时刻）
1—预设启动日及启动时刻

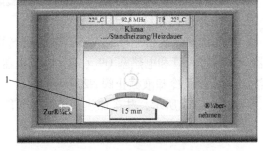

图4-51　定时启动（预设系统持续工作时间）
1—预设系统持续工作15min

达到预设的启动日和启动时刻之后，驻车加热系统将如期启动。系统如期启动后，菜单内预设的启动日会自动变成下一日（next day）。

如果温度超过22℃，启用驻车加热系统时，驻车通风换气系统也将自动启用，以确保车内空气新鲜。

（3）遥控启动　驻车加热系统可以借助无线遥控器进行远程遥控启动或关闭。考虑到驻车加热系统并不是汽车的标准配置，因此，其遥控器是独立的，没有集成到汽车遥控钥匙上。

无线遥控器（图4-52）的有效距离，在空旷地带约为600m，在建筑物密集处会有一定的衰减。启动（ON）按钮用于启动系统，关闭（OFF）按钮用于关闭系统。

如图4-53所示，汽车后窗玻璃上部的天线负责接收无线遥控器发出的无线信号，并将其传输至后窗台板下

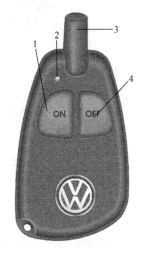

图4-52　驻车加热系统的无线遥控器
1—启动（ON）按钮　2—指示灯
3—天线　4—关闭（OFF）按钮

的无线接收器。无线接收器通过一条专用数据导线以脉冲宽度调制方式将接收到的信号传输至驻车加热系统控制单元 J255。

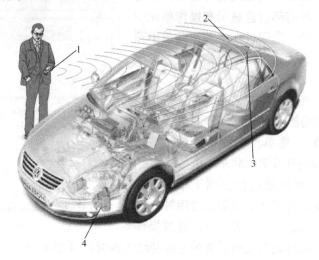

图 4-53　无线遥控器信号的传输

1—无线遥控器　2—天线　3—无线接收器　4—驻车加热系统控制单元 J255

2. 驻车加热系统的组成

驻车加热系统由循环泵 V55、燃烧空气鼓风机 V6、控制单元 J255、燃烧器壳体、燃烧器壳体内带火管和电热塞 Q9（带火焰监视器）的燃烧室、水套等组成。此外，还有定量供油泵 V54 以及冷却液截止阀 N279 等附件。

如图 4-54 所示，驻车加热系统的零部件按照其功能及需要，以分散方式安装在车辆上。

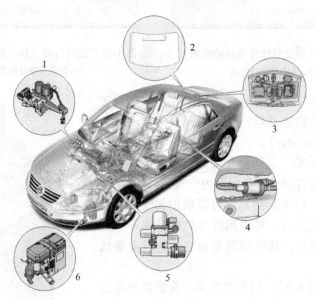

图 4-54　驻车加热系统的总体布置

1—泵阀单元（位于车辆右前侧排水槽旁）　2—用于遥控启动的天线（位于后窗玻璃上部饰板下）

3—无线接收器（位于后窗台板下）　4—定量供油泵（位于后桥上方，左侧中间位置）

5—冷却液截止阀（位于发动机舱左侧）　6—带控制单元的驻车加热器（位于车辆左前侧翼子板下）

（1）驻车加热器总成 如图4-55所示，大众辉腾汽车的Thermo Top C型驻车加热器总成由循环泵、燃烧空气鼓风机、控制单元、水套、燃烧器壳体和燃烧器壳体中的燃烧室组成。

（2）循环泵V55 驻车加热系统工作时，发动机冷却液的循环由循环泵V55（图4-56）来保障（发动机未运转，处于停机状态）。

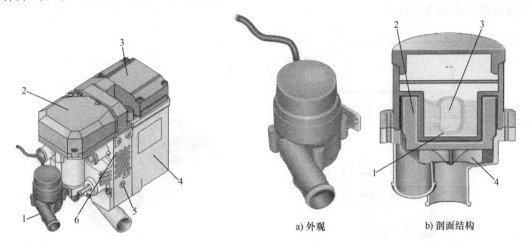

a) 外观　　　　　b) 剖面结构

图4-55 Thermo Top C型驻车加热器总成

1—循环泵 2—燃烧空气鼓风机

3—控制单元 4—水套 5—燃烧器壳体

6—燃烧器壳体中的燃烧室

图4-56 冷却液循环由循环泵V55

1—电磁线圈 2—永久磁铁 3—铁心 4—泵轮

如图4-57所示，循环泵V55的工作由驻车加热系统控制单元J255控制。

（3）燃烧空气鼓风机V6 汽车燃油（汽油或柴油）在驻车加热器的燃烧室内燃烧时，需要有氧气的供应。车外空气（氧气）由燃烧空气鼓风机V6（图4-58）经过带消声器的进气管吸入，随后通过气道送入燃油蒸发器（纤维网），然后被送入燃烧室。

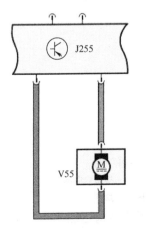

图4-57 循环泵V55的工作由驻车加热系统控制单元J255控制

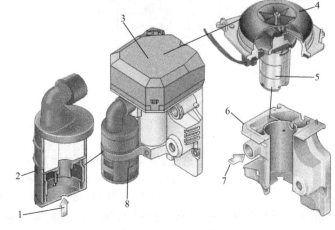

图4-58 燃烧空气鼓风机总成

1、7—空气（氧气） 2—空气消声和空气过滤器 3—燃烧空气鼓风机

4—带叶片的鼓风机叶轮 5—鼓风机电动机

6—壳体 8—消声器总成

　　为了与汽车空调系统的新鲜空气鼓风机（负责向车内供应新鲜空气的鼓风机）相区别，大众汽车公司将为驻车加热器燃烧室供应燃烧所需空气的鼓风机称为燃烧空气鼓风机。

　　如图4-59所示，燃烧空气鼓风机V6的工作由驻车加热系统控制单元J255控制。

　　（4）驻车加热系统控制单元J255　驻车加热系统控制单元J255（图4-60）与加热器集成为一体，用于控制驻车加热系统的工作。如图4-61所示，驻车加热系统控制单元J255通过插接器与车辆电网连接。

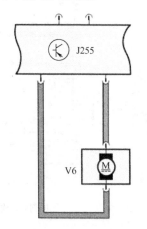

图4-59　燃烧空气鼓风机V6的工作由
驻车加热系统控制单元J255控制

图4-60　驻车加热系统控制
单元J255（保护盖已经打开）

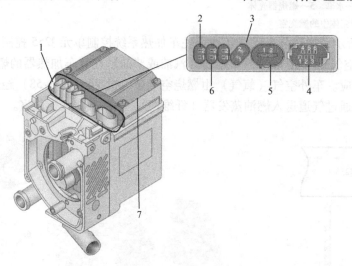

图4-61　驻车加热系统控制单元J255的安装位置及插接器功能
1—电气插接件　2—接循环泵V55　3—接带火焰监视器的电热塞Q9　4—接车内电网
5—接电源　6—接燃烧空气鼓风机V6　7—驻车加热系统控制单元J255

　　由于驻车加热系统控制单元J255与加热器集成为一体，为了使结构更加紧凑，又将温度传感器G241与J255设计成一体化的结构（图4-62）。

　　温度传感器G241用于检测加热器中的冷却液温度，并将冷却液温度信号传给J255，供J255控制驻车加热系统的工作。

当温度传感器 G241 检测到冷却液温度超过 125℃（发生了冷却液过热故障）时，J255 会立即停止驻车加热器的工作，并将驻车加热器锁止。即便重新启动驻车加热系统，驻车加热器也不会工作。

驻车加热器发生冷却液过热故障并锁止后，需要连接大众车系故障诊断、测量和信息系统 VAS5051 进行检测诊断，彻底排除故障并对驻车加热系统重新编程（设码）之后，驻车加热器才能恢复正常工作。

（5）燃烧器壳体　如图 4-63 所示，在燃烧器壳体上安装有冷却液出口、排气管、冷却液进口和燃烧室。燃烧室位于燃烧器壳体中部。燃烧器壳体与水套以及驻车加热系统控制单元 J255 组成一个整体，结构非常紧凑。

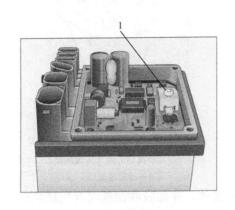

图 4-62　温度传感器 G241 与
J255 设计成一体化的结构
1—温度传感器 G241

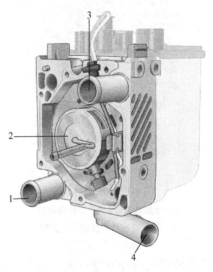

图 4-63　燃烧器壳体
1—冷却液进口　2—燃烧室
3—冷却液出口　4—排气管

（6）带火管和电热塞 Q9 的燃烧室　燃油与空气组成的可燃混合气在燃烧室（图 4-64 和图 4-65）内形成，随后可燃混合气在火管内燃烧。

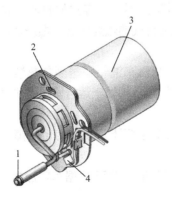

图 4-64　燃烧室外观
1—燃油进口　2—新鲜空气进口
3—火管　4—电热塞

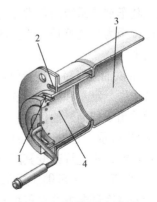

图 4-65　燃烧室剖面结构
1—燃烧空气进口至燃油蒸发器
2—燃烧空气进口　3—火管　4—燃烧室

带火焰监视功能的电热塞 Q9 位于燃烧室内。在启动阶段，可燃混合气由电热塞 Q9 引燃；在加热阶段，可燃混合气由燃烧室的灼热侧壁点燃。

在驻车加热系统工作期间，电热塞 Q9 监控火焰温度，并将火焰温度信号传送给驻车加热系统控制单元 J255，以供控制之用。

（7）水套　油气可燃混合气燃烧时产生的热量通过水套传递给发动机冷却液，从本质上讲，水套就是一个热交换器。水套外观如图 4-66 所示，内部结构如图 4-67 所示。

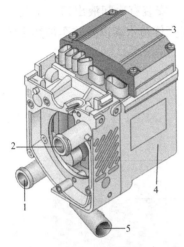

图 4-66　水套外观
1—冷却液进口　2—冷却液出口
3—驻车加热系统控制单元 J255
4—水套　5—排气口

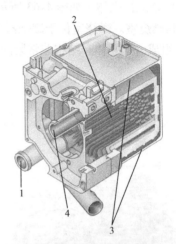

图 4-67　水套内部结构
1—冷却液进口　2—燃烧室空间（产生热量）
3—冷却液流动空间（传递热量）
4—冷却液出口

冷却液通过冷却液进口进入水套（传热部件）壳体，在此吸收油气混合气燃烧产生的热量。升温后的冷却液从冷却液出口离开水套壳体，进入汽车自身的暖风热交换器或发动机冷却系统的散热器。

（8）排气装置　驻车加热系统的燃烧器配有一个由排气管和消声器组成的专用排气装置（图 4-68）。该排气装置将油气混合气燃烧产生的废气排入大气，该排气装置与汽车发动机自身的排气装置无关。

为保证驻车加热系统的正常工作，制造商（韦巴斯特）不允许客户擅自改变排气装置的既定长度，因为燃烧器排气装置的长度直接影响油气混合气的燃烧状态、燃烧器的振动状态及工作安全性。

（9）定量供油泵 V54　定量供油泵 V54 用于将燃油从汽车油箱输送到加热装置。它是一个组合式输送、定量和截止系统，可以定量控制驻车加热系统处于运行阶段的供油量，并在加热装置关闭后切断燃油供应。

如图 4-69 所示，定量供油泵位于后桥上方。拆卸时必须降下后桥。为了保障定量供油泵的自排气功能，不允许改变其既定的安装位置。

如图 4-70 所示，定量供油泵 V54 由驻车加热系统控制单元 J255 根据车辆加热功率需求的大小以脉冲宽度调制方式进行控制。

定量供油泵是一个活塞泵，电枢与油泵活塞以固定方式连接在一起。在不通电的状态下定量供油泵充满了燃油。

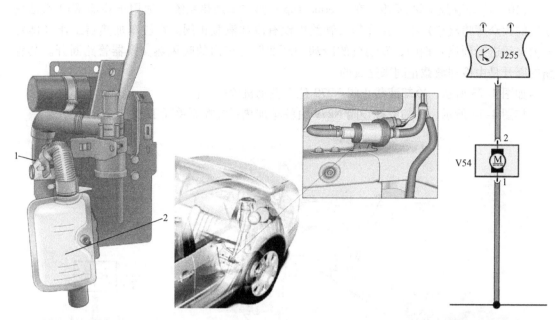

图 4-68 排气装置
1—排气管 2—消声器

图 4-69 定量供油泵安装在后桥上方

图 4-70 定量供
油泵 V54 由驻车
加热系统控制
单元 J255 控制

如图 4-71 所示，电磁线圈得电后，电枢克服弹簧力推动油泵活塞移动。油泵活塞推起阀球并将燃油从泵室送出，实现输送燃油。与此同时，油泵活塞会堵住通向泵室的进油孔。

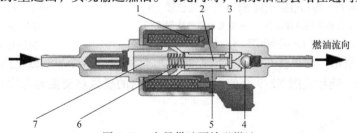

燃油流向

图 4-71 定量供油泵输送燃油
1—电磁线圈 2—油泵活塞 3—泵室 4—阀球 5—进油孔 6—弹簧 7—电枢

如图 4-72 所示，电磁线圈失电后，弹簧力将电枢和油泵活塞推回原位。此时产生的真空将燃油通过重新打开的进油孔吸入泵室内，实现吸油。为下一周期的输送燃油做好准备。

定量供油泵的这种工作方式可以确保定量供油的精度高、油泵使用寿命长且工作噪声低。

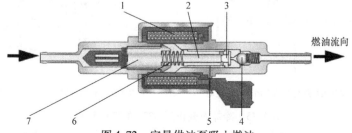

燃油流向

图 4-72 定量供油泵吸入燃油
1—电磁线圈 2—油泵活塞 3—泵室 4—阀球 5—进油孔 6—弹簧 7—电枢

（10）冷却液截止阀 N279　在 Thermo Top C 型驻车加热系统（适用于装备 W12 汽油发动机的大众辉腾汽车）中，在冷却液管路中设有冷却液截止阀。在驻车加热器工作（即对车内空间进行预热）期间，发动机的冷却循环回路与车内的暖风热交换器管路断开。其管路的断开是由冷却液截止阀来完成的。

如图 4-73 所示，冷却液截止阀 N279 位于发动机舱的左侧。

如图 4-74 所示，冷却液截止阀 N279 由驻车加热系统控制单元 J255 控制。

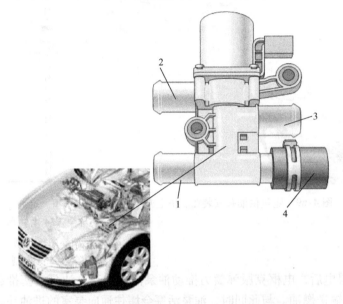

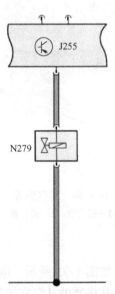

图 4-73　冷却液截止阀 N279 的安装位置
1—至驻车加热器的冷却液管　2—至发动机的冷却液管
3—来自泵阀单元的冷却液管　4—水堵（闷盖）

图 4-74　冷却液截止阀
N279 由驻车加热系统
控制单元 J255 控制

如图 4-75a 所示，如果驻车加热系统控制单元 J255 没有给冷却液截止阀 N279 的电磁线圈施加电压，冷却液截止阀 N279 会使泵阀单元及车内的暖风热交换器与发动机循环回路之

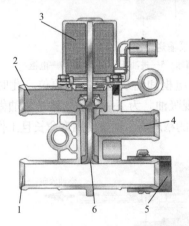

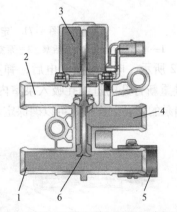

a) 泵阀单元管路与发动机循环回路连通　　b) 泵阀单元管路与发动机循环回路断开

图 4-75　冷却液截止阀 N279 的工作状态
1—至驻车加热器的冷却液管　2—至发动机的冷却液管　3—电磁线圈
4—来自泵阀单元的冷却液管　5—水堵　6—冷却液截止阀阀门

间的冷却循环回路连通。驻车加热系统的这一工作模式，称为标准工作模式。

如图4-75b所示，如果驻车加热系统控制单元J255对冷却液截止阀N279的电磁线圈施加电压，冷却液截止阀N279会使泵阀单元（及车内的暖风热交换器）与驻车加热器的冷却液管接通。这样，车内空间即被驻车加热系统加热。

驻车加热系统的这一工作模式，称为加热工作模式。也就是说，在加热工作模式下，驻车加热系统只对车内空间进行预热，而不会对发动机进行预热。

3. 驻车加热系统的冷却液循环回路

（1）汽油发动机的冷却循环回路　大众辉腾汽车（装备W12汽油发动机）驻车加热系统对车内空间进行预热时的冷却液循环回路如图4-76所示。

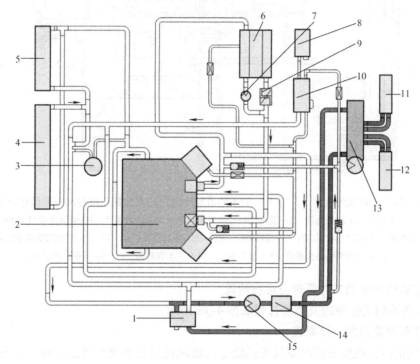

图4-76　大众辉腾汽车（装备W12汽油发动机）驻车加热系统的冷却液循环回路

1—冷却液截止阀N279　2—发动机气缸体　3—水冷式交流发电机　4—发动机机油冷却器　5—自动变速器油（ATF）
冷却器　6—发动机冷却系统散热器　7—冷却液延时运行泵V51　8—蓄能器　9—节温器　10—补偿罐
11—右侧热交换器　12—左侧热交换器　13—泵阀单元　14—驻车加热器的水套（热交换器）　15—循环泵V55

如果在发动机未运转时，使用驻车加热系统对车内空间进行预热，则冷却液截止阀N279关闭。循环泵V55推动冷却液通过驻车加热器的水套，冷却液在驻车加热器的水套获得热量、温度升高后，流向泵阀单元、车内空调系统的暖风热交换器。高温的冷却液流经车内空调系统暖风热交换器时，在暖风鼓风机（即新鲜空气鼓风机）的吹拂下，散失热量、温度降低。与此同时，暖风热交换器周围的空气被加热，由暖风鼓风机吹向车内。于是，车内空间被加热。在暖风热交换器处散失热量、温度降低的冷却液在循环泵V55的抽吸作用下，又流回驻车加热器的水套。如此周而复始，实现对车内空间的预热。

如果截止阀上有电压，冷却液可以从泵阀单元流向加热装置；如果截止阀没有电压，冷却液可以从泵阀单元流向发动机。

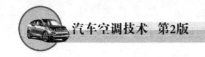

（2）柴油发动机的冷却液循环回路 大众辉腾汽车（装备 V10 TDI 柴油发动机）驻车加热系统工作时的冷却液循环回路如图 4-77 所示。该系统没有设置冷却液截止阀，驻车加热器的冷却液循环回路始终与发动机的冷却液循环回路连通。也就是说，在柴油机上配备的驻车加热系统工作时，既对车内空间进行预热，也对发动机进行预热。

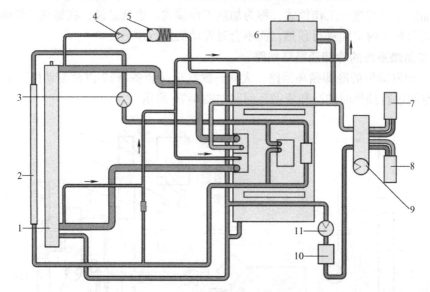

图 4-77 大众辉腾汽车（装备 V10 TDI 柴油发动机）驻车加热系统的冷却液循环回路
1—发动机冷却系统散热器 2—发电机和自动变速器油（ATF）散热器 3—燃油冷却泵 V166
4—散热器风扇延时运行泵 V51 5—冷却液单向阀 6—冷却液补偿罐 7—右侧空调暖风热交换器
8—左侧空调暖风热交换器 9—泵阀单元 10—驻车加热器 11—冷却液循环泵 V55

4. 驻车加热系统的工作原理及运行阶段

驻车加热器的工作原理及燃烧过程如图 4-78 所示。

（1）驻车加热器的工作原理

1）空气供给。燃烧所需的空气由燃烧空气鼓风机通过燃烧空气进口吸入，并通过燃烧空气通道输送到燃烧室。

2）燃油供给。燃油通过燃油通道输送。在燃油蒸发器（纤维网）中燃油与燃烧空气混合，从而产生了可燃的燃油—空气混合气。

在启动阶段带火焰监视功能的电热塞 Q9 点燃燃烧室中的混合气。启动阶段以后混合气在火管中的火焰前端处被点燃。

加热阶段控制单元对电热塞 Q9 的供电很小。因此，电热塞的电阻可作为火焰监视器使用。

3）冷却液。冷却液通过冷却液进口进入水套，并在水套处吸收热量。升温后的冷却液通过冷却液出口进入冷却液循环回路。

（2）Thermo Top C 型驻车加热系统的运行阶段

1）启动阶段。通过"立即启动"或定时启动或无线遥控器启动驻车加热系统之后，驻车加热器即进入启动阶段。

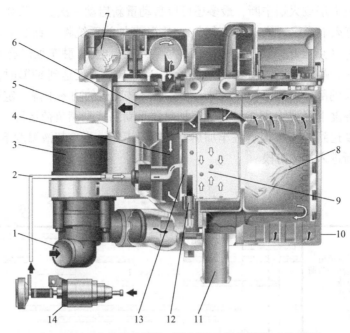

图 4-78　驻车加热器的工作原理及燃烧过程（见彩图）

1—冷却液进口　2—燃油通道　3—循环泵 V55　4—燃烧空气通道　5—燃烧空气进口　6—冷却液出口
7—燃烧空气鼓风机 V6　8—火管　9—燃烧器壳体内的燃烧室　10—水套　11—排气管
12—电热塞 Q9（带火焰监控功能）　13—燃油蒸发器　14—定量供油泵 V54

如图 4-79 所示，燃烧空气鼓风机和冷却液循环泵开始工作。电热塞开始变热，燃烧空气鼓风机将车外新鲜空气送入燃烧器。约 30s 后定量供油泵开始供应燃油，燃烧空气鼓风机定时关闭约 5s，以便启动时能形成浓混合气。

燃烧空气鼓风机的转速逐步提高到满负荷，并把燃油—空气混合气送入燃烧室。于是，燃烧开始。

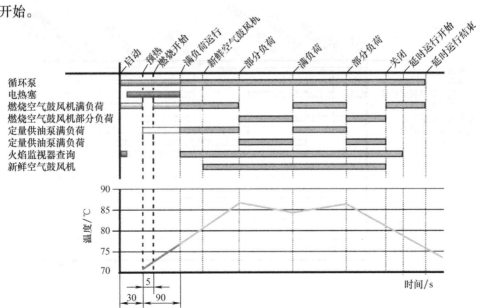

图 4-79　Thermo Top C 型驻车加热器进入启动阶段

如果没有形成火焰或火焰中断，最多还可以自动重新启动一次。如果燃油输送时间总计超过90s后仍没有火焰形成（未能成功点火），则驻车加热系统将一直处于关闭状态，直至下次打开点火开关（点火开关置于ON档，15号接线柱得电），驻车加热器才能再次启动。

2）加热阶段（调控阶段）。如图4-80所示，当冷却液温度达到87℃时，驻车加热器将从满负荷运行切换到部分负荷运行。此时，燃烧空气鼓风机的功率下降，定量供油泵供油减少。如果冷却液温度下降到约83℃，则驻车加热器重新切换到满负荷运行。

当冷却液温度达到约89℃时，驻车加热器将暂停工作。当冷却液温度下降到约85℃时，驻车加热器将重新进入加热阶段。

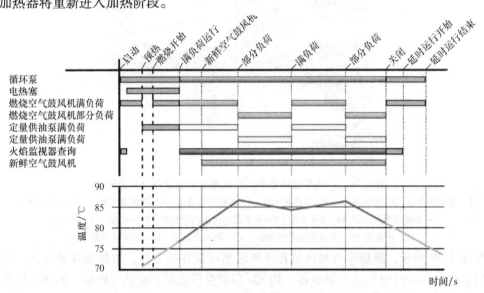

图4-80　Thermo Top C型驻车加热器进入加热阶段（调控阶段）

3）延时运行阶段。如图4-81所示，驾驶人主动关闭驻车加热器，或发动机熄火，或自

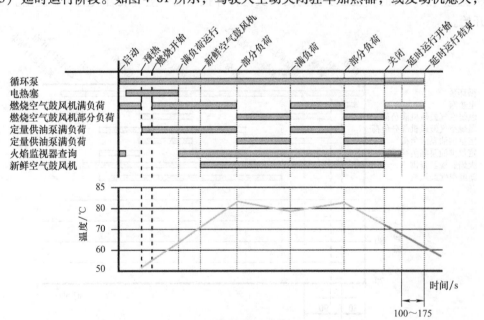

图4-81　Thermo Top C型驻车加热器进入延时运行阶段

动定时加热时间（最长 60min）达到预定值后，驻车加热器即进入延时运行阶段。

此时，定量供油泵立即关闭，燃烧过程结束。为使驻车加热系统得到冷却，燃烧空气鼓风机和循环泵不会立即关闭，而会继续延时运行一段时间，待系统温度降低之后，再自行关闭。

延时运行时间是可变的，其值在 100～175s。汽油发动机装备的驻车加热器的延时运行时间：在满负荷运行状态下关闭时为 168s；在部分负荷运行状态下关闭时为 157s。控制单元的软件版本不同，上述延时时间可能会有所不同。

（3）Thermo Top Z 型驻车加热系统的运行阶段

1）启动阶段。如图 4-82 所示，发动机起动期间驻车加热器进入准备状态。冷却液温度低于 60℃、车外温度低于 5℃ 以及控制单元接收到发动机转速信号时，启动过程开始。

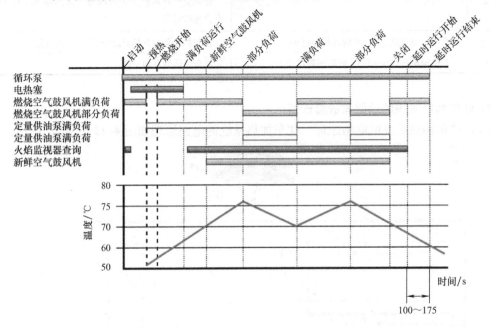

图 4-82　Thermo Top Z 型驻车加热系统的运行阶段

2）加热阶段。冷却液温度达到 78℃ 时开始暂停调控。冷却液温度为 76℃ 时，加热器从满负荷过渡到部分负荷。冷却液温度为 70℃ 时从部分负荷过渡到满负荷，冷却液温度为 65℃ 时从暂停调控过渡到部分负荷。

3）延时运行阶段。驾驶人主动关闭驻车加热器，或发动机熄火，或自动定时加热时间（最长 60min）达到预定值后，驻车加热器即进入延时运行阶段。

此时，定量供油泵立即关闭，燃烧过程结束。为使驻车加热系统得到冷却，燃烧空气鼓风机和循环泵不会立即关闭，而会继续延时运行一段时间，待系统温度降低之后，再自行关闭。

加热器的延时运行时间：在满负荷运行状态下关闭时为 175s；在部分负荷运行状态下关闭时为 100s。

控制单元的软件版本不同，上述时间可能会有所不同。

（4）驻车加热器的关闭　由于安全原因，在出现表 4-3 所列的情况时，驻车加热系统会自动关闭。

表 4-3 驻车加热系统关闭的影响因素

相关因素	具体原因	驻车加热系统的关闭方式
车辆状态	油箱加油口盖打开 燃油存量不足 车内电网控制单元检测到车内电网负荷过大 发生使安全气囊触发的严重事故 行驶过程中加热功率已经足够大	驻车加热器立即关闭
冷却液温度	在加热阶段冷却液温度超过105℃	燃油供应中断，加热器将延时运行约120s后自动关闭 燃烧空气鼓风机发生故障时，加热器会立即关闭，不会延时运行
蓄电池电压	蓄电池电压低于9.5V的时间超过6s	驻车加热器将在延时运行120s后自动关闭
	蓄电池电压高于15.5V的时间超过60s	驻车加热器立即关闭

5. 驻车加热系统的联网与故障诊断

（1）驻车加热系统的电路原理　驻车加热系统的电路原理如图4-83所示。

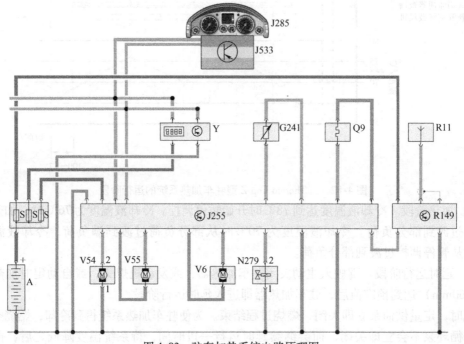

图 4-83　驻车加热系统电路原理图

A—蓄电池　G241—冷却液加热温度传感器　J255—驻车加热系统控制单元　J285—组合仪表内带显示单元的控制单元

J533—数据总线诊断接口（网关）　N279—冷却液加热截止阀　Q9—电热塞（带火焰监测功能）　R11—天线

R149—驻车加热系统无线接收器（位于后窗台板下）　S—熔断器（熔丝）　V6—燃烧空气鼓风机

V54—定量供油泵　V55—冷却液循环泵　Y—模拟时钟

（2）驻车加热系统的联网　如图4-84所示，驻车加热系统控制单元通过CAN数据总线和组合仪表中的数据总线诊断接口J533，与车辆的其他控制单元相连接，通过汽车网络系统与其他控制单元交换所有必要的信息。

128

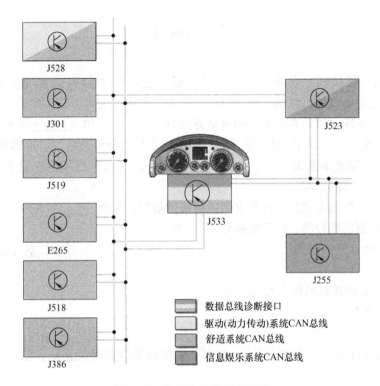

图 4-84　驻车加热系统的联网

J528—车顶电子系统控制单元　J301—Climatronic 空调控制单元　J519—车内电网控制单元　E265—Climatronic 操作和显示单元　J518—便捷登车和起动授权控制单元　J386—驾驶人侧车门控制单元　J523—前部信息显示和操作单元的控制单元　J255—驻车加热系统控制单元　J533—数据总线诊断接口（也是全车网络系统的网关，位于组合仪表内）

（3）驻车加热系统的故障诊断　如图 4-85 所示，驻车加热系统的故障诊断可以通过测量和诊断系统 VAS 5051 进行。

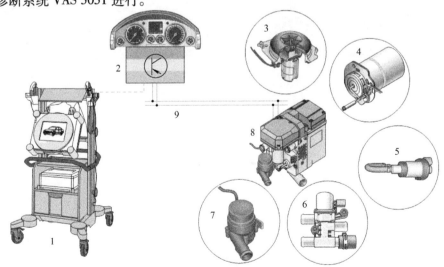

图 4-85　驻车加热系统的故障诊断

1—测量和诊断系统 VAS5051　2—数据总线诊断接口（网关）J533　3—燃烧空气鼓风机 V6
4—电热塞（带火焰监测功能）Q9　5—定量供油泵 V54　6—冷却液加热截止阀 N279
7—冷却液循环泵 V55　8—驻车加热系统控制单元 J255　9—CAN 数据总线

思考与实训

1. 选择题

1）利用汽车行驶时，车外空气的风压，通过进风口和排风口实现通风换气，称为_____；采用电动鼓风机强制车外新鲜空气进入车厢内的通风方式，称为_____。

就汽车暖风系统而言，车内温度的调节方式分为_____和_____两种。

A. 强制通风　　　　B. 动压通风　　　　C. 空气混合型　　　D. 冷却液流量调节型

2）汽车前风窗玻璃多采用_____除霜/除雾法，而汽车后风窗玻璃多采用_____除霜/除雾法进行除霜/除雾。

采用_____配气方式时，汽车空调的经济性最好；采用_____配气方式时，被处理后的空气参数控制精度较高，舒适性最好。

A. 暖风吹拂　　　　B. 全热式　　　　C. 电加热　　　　D. 空气混合式

2. 问答题

1）简述 PTC 加热器的特点及其应用。

2）简述驻车加热系统的作用。

3. 实操题

1）结合教学车辆（或实训台架），分解、组装汽车空调暖风系统，借此熟悉其结构组成和工作原理。

2）结合教学车辆（或实训台架），分解、组装汽车空调配气系统，借此熟悉其结构组成和工作原理。

3）结合教学车辆（或实训台架），分解、组装汽车驻车加热系统，借此熟悉其结构组成和工作原理。

第5章 Chapter 5

汽车空调的控制与保护

学习目标
- 了解汽车空调系统的控制与保护原理；
- 熟悉汽车空调系统的控制与保护措施；
- 熟悉汽车空调系统控制与保护元件的结构与安装位置。

为了确保汽车空调系统的正常工作，以及当空调系统出现故障时，保护空调系统不致损坏，汽车空调系统中设置了一系列调节控制元件、执行机构和安全保护装置，从不同角度、以不同方法实现对汽车空调系统的控制和保护。

5.1 汽车空调的控制

5.1.1 电磁离合器及系统压力控制

1. 电磁离合器控制

电磁离合器（图2-42和图2-43）安装在压缩机上，其作用是控制发动机与压缩机的动力传递，是目前空调制冷系统的主要控制元件之一。电磁离合器接合，发动机驱动压缩机运转，能够实现空调制冷；电磁离合器分离，切断发动机到压缩机的动力传递，空调系统不制冷。

当接通空调开关（图5-1）使空调制冷系统进入工作状态时，电磁离合器继电器线圈通电，继电器触点闭合，电磁离合器的定子线圈通电，线圈通电后产生磁吸力，将压盘吸向带轮，使两者接合在一起（图5-2），发动机的动力通过带轮传递到压盘，带动压缩机运转。

如图5-3所示，当断开空调开关使空调制冷系统停止工作时，电磁离合器继电器线圈断电，继电器触点断开，电磁离合器的定子线圈断电，电磁吸力消失，压盘与带轮分离，此时带轮通过轴承在压缩机壳体上空转，压缩机停止运转。

对电磁离合器的控制，既可以通过主令信号（如接通或者断开空调开关）进行，以实现主令控制，也可以通过其他信号（如制冷剂回路的高压压力开关、低压压力开关或高低压组合开关等）进行，以实现安全保护。

图5-1 空调开关（A/C开关）

对于装备电控调节变排量压缩机所采用的挠性离合器，请读者参阅本书第2章第3节的

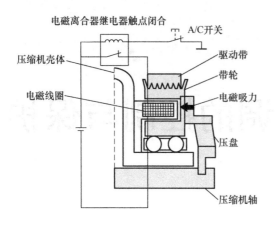

图5-2 电磁离合器的接合状态

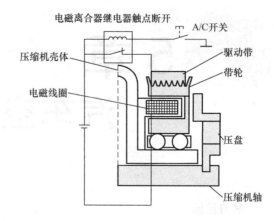

图5-3 电磁离合器的分离状态

2.3.4压缩机的动力输入装置，在此不再赘述。

2. 防止蒸发器结霜控制

如果蒸发器的温度低于0℃，凝结在蒸发器表面的水分就会结霜或结冰，严重时将会堵塞蒸发器的空气通路，导致系统制冷效果大大降低。因此，必须控制蒸发器的表面温度不得降到0℃以下。

控制蒸发器温度的方法通常有三种：一是利用接于蒸发器上的恒温器控制压缩机的运转，防止蒸发器结霜；二是利用低压回路中的低压开关控制压缩机运转，防止蒸发器结霜；三是用蒸发压力调节器控制蒸发器的压力，防止蒸发器结霜。

具体的控制原理与方法，请参阅本书第3章制冷系统的温度控制，在此不再赘述。

3. 制冷循环的压力控制

空调制冷系统中如果出现压力异常，将会造成系统的损坏。如果系统压力过低，说明制冷剂存量过少，润滑油不能随制冷剂一起循环，易使压缩机因缺油而损坏；若制冷剂过多或冷凝器冷却不良造成系统压力过高，则有可能造成系统部件胀裂而损坏。因此，在空调制冷系统工作时，必须对系统压力进行监测，防止出现压力异常。

通常压力过低的保护手段是，当压力低于规定值时，低压开关切断压缩机的电路使压缩机停止工作。压力过高的保护措施是，当压力高于规定值时，既可以采用加强对冷凝器的冷却强度使压力降低的方式保护，也可以采用切断电磁离合器的电路使压缩机停止运转的方式进行保护（图5-4）。通常加强冷却强度控制的压力要低于切断离合器控制电路的压力。

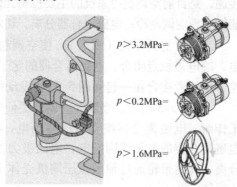

$p>3.2\text{MPa}=$

$p<0.2\text{MPa}=$

$p>1.6\text{MPa}=$

图5-4 大众车系空调压力开关 F129 的功能

汽车空调制冷系统中，一般都设有压力开关，如高压开关、低压开关、高低压组合开关等。在制冷系统中，制冷剂压力高于或低于规定的极限值时，压力开关会自动切断电磁离合器的电流，使压缩机停止工作，从而保护制冷系统不受损坏。此外，从控制蒸发器温度的角度来说，它也可以用来替代温控开关。

（1）高压开关 汽车空调在使用中，当出现冷凝器堵塞、冷却风扇不转或制冷剂过量等不正常状况时，系统压力会过高，若不加以控制，过高的压力会损坏系统元件。

高压开关安装在高压管路中，一般装在储液干燥器上，串联在压缩机电磁离合器电路或冷凝器风扇电路中，当系统压力过高时，高压开关动作，切断离合器电路或接通冷却风扇高速档电路，防止压力继续升高，避免造成系统的损坏。

高压开关有常开型和常闭型两种，其结构如图5-5所示。

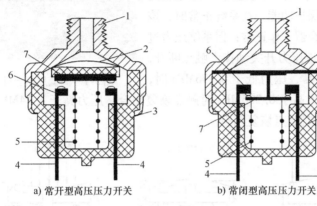

a) 常开型高压压力开关　　　　b) 常闭型高压压力开关

图5-5　高压开关

1—制冷剂管路接头　2—金属膜片　3—高压开关绝缘外壳　4—接线柱　5—回位弹簧　6—定触点　7—动触点

常开型高压压力开关（图5-5a）串联在冷凝器风扇电路中，金属膜片2的上方通高压侧制冷剂，下方作用有回位弹簧5。正常情况下，制冷剂压力低于回位弹簧压力，金属膜片向上拱曲变形，触点断开，冷凝器风扇以低速运转；当制冷剂压力异常升高时，制冷剂压力大于回位弹簧压力，金属膜片向下拱曲变形，触点闭合，冷凝器风扇以高速运转，以加强冷却。

常闭型高压压力开关（图5-5b）串联在压缩机的电磁离合器电路中。正常情况下，制冷剂压力低于回位弹簧压力，触点保持闭合状态，电磁离合器接合，压缩机正常运转；当制冷剂压力异常升高时，制冷剂压力将大于回位弹簧压力，金属膜片向下拱曲变形，触点断开，电磁离合器分离，压缩机便停止运转；当制冷剂压力下降到正常值时，金属膜片会向上拱曲变形，使触点恢复闭合，于是电磁离合器恢复接合，压缩机恢复正常运转。

（2）低压开关 当制冷系统的制冷剂不足或泄漏时，冷冻润滑油也有可能随之泄漏，造成空调系统润滑不良，如果压缩机在缺油状态下运行，将导致严重损坏。

低压开关通常用螺纹接头直接安装在高压管路中，串联在电磁离合器电路中。低压开关的触点在常态下是闭合的，其内部结构如图5-6所示。

当制冷剂压力正常时，常闭触点接通压缩机电磁离合器电路，电磁离合器接合，压缩机正常运转；当因发生制冷剂泄漏等故障而使系统压力过低时，制冷剂压力将低于回位弹簧压力，金属膜片会向上拱曲变形，使常闭触点断开，于是电磁离合器分离，压缩机便停止运转，以防止损坏压缩机。

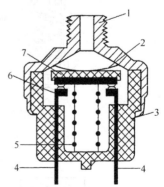

图5-6　低压开关

1—制冷剂管路接头　2—金属膜片
3—低压开关绝缘外壳　4—接线柱
5—回位弹簧　6—定触点　7—动触点

（3）高低压组合开关 将高压压力开关与低压压力开关装在一个壳体内，即构成高低压组合压力开关。高低压组合压力开关一般安装在制冷剂高压回路中，其实物如图5-7所示，结构原理如图5-8所示，控制电路如图5-9所示。

高低压力组合开关串入压缩机控制回路中，同时具有高压保护和低压保护功能。在系统正常时，该开关触点闭合，电磁离合器工作正常；但系统压力过高或系统压力过低时，该压力开关动作，触点断开，使压缩机停止工作。通常，压力低于0.196MPa时，低压开关触点断开，压力高于0.226MPa时触点恢复闭合；压力高于3.14MPa时高压开关触点断开，低于2.55MPa时触点恢复闭合。

图5-7 高低压组合开关实物照片

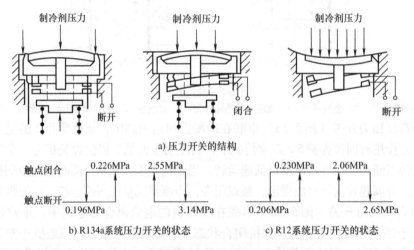

a) 压力开关的结构

b) R134a系统压力开关的状态   c) R12系统压力开关的状态

图5-8 高低压组合开关工作原理示意图

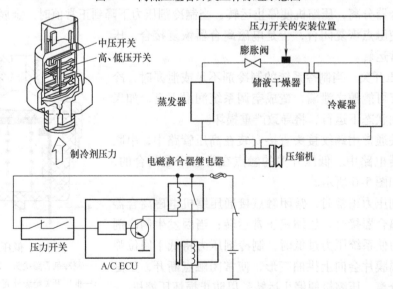

图5-9 高低压组合开关的控制电路

（4）高、低、中压力组合开关 在某些乘用车（如北京现代索纳塔等）空调系统中，还采用高、低、中压力组合开关，即将高压、低压、中压三重开关组合在一起。

当压力下降到0.196MPa以下时，压缩机停止运转（防止压缩机因缺油而损坏）；当压力上升到3.24MPa以上时，压缩机停止运转（防止因系统压力过高而使制冷剂管路爆裂）；当压力达到1.40MPa（中压）时，冷凝器风扇高速运转，以降低制冷剂压力，便于制冷剂液化。

（5）低压压力循环开关 在节流孔管式制冷系统中，多装有低压压力循环开关。低压压力循环开关一般安装在气液分离器中或蒸发器至压缩机的低压管路中。其触点为常闭状态，当系统压力降至200kPa时，触点断开；当系统压力升至350kPa时，触点恢复闭合。

如图5-10所示，低压压力循环开关串联在压缩机电磁离合器线圈的得电回路中，通过断开或接通压缩机离合器来控制蒸发器表面温度，达到防止蒸发器结霜的目的。

（6）制冷剂压力传感器 制冷剂压力传感器（图5-11）安装在冷凝器和蒸发器之间的管路上，控制电路如图5-12所示。压力传感器要向动力控制模块（PCM）输送管路中制冷剂压力的变化信号（连续变化，压力越高输出的电压越高），动力控制模块据此实现以下控制：当压力高于2.7MPa时，断开电磁离合器；当压力低于

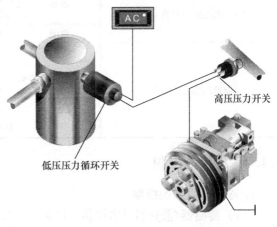

图5-10 低压压力循环开关

0.285MPa时，断开电磁离合器；加强怠速控制，补偿空调的怠速负荷；控制冷却风扇的工作等。

图5-11 制冷剂压力传感器

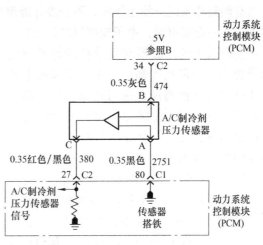

图5-12 制冷剂压力传感器控制电路

制冷剂压力传感器为不可修复件，损坏后只能更换新件。压力传感器一般有三根引线：电源线（灰色线）、搭铁线（黑色线）、信号线（红/黑线）。工作电源线电压为5V；信号线的电压随着制冷系统压力的升高而均匀增大。制冷剂压力传感器的信号特性见表5-1。

表5-1 制冷剂压力传感器的信号特性

制冷剂压力/MPa	0.2	1	1.8	2.8
信号电压/V	0.5 ~ 0.7	1.4 ~ 1.8	2.8 ~ 4.0	3.5 ~ 4.0

上述各种压力开关的比较见表5-2。

表5-2 各种压力开关的比较

种 类		特 性	作 用
高、低压组合开关	低压开关	常闭	高压回路的压力低于规定值时使压缩机停转
	高压开关	常闭	高压回路的压力高于规定值时使压缩机停转
低压压力循环开关		常闭	低压回路的压力低于规定值时使压缩机停转
高压压力开关		常开	高压回路的压力高于规定值时使冷凝器风扇高速运转，压力过高时使压缩机停转
		常闭	高压回路的压力异常升高时使压缩机停转
制冷剂压力传感器		线性变化	高压回路的压力高于规定值时使压缩机停转 高压回路的压力低于规定值时使压缩机停转 高压回路的压力高于规定值时使冷凝器风扇高速运转 高压回路的压力高于规定值时通过发动机控制单元提升怠速转速，以补偿空调负荷，确保压缩机正常运转

5.1.2 风机的控制

1. 冷凝器风扇的控制

（1）冷凝器/散热器风扇控制 很多乘用车空调系统的冷凝器与发动机冷却系统的散热器合用一个风扇，称为冷凝器/散热器风扇。该风扇由直流电动机驱动，习惯上称之为电子扇。

当冷却液温度较低时，电子扇不工作；冷却液温度升高到某一设定值时，电子扇以低速转动；当温度进一步升高到另一设定值时，电子扇则以高速运转。

当空调制冷系统开始工作时，不管冷却液温度高低，电子扇都以低速运转；当制冷系统压力高过某一设定值时，电子扇则以高速运转。

当空调系统的冷凝器与发动机冷却系统的散热器合用一个风扇冷却时，多采用风扇电动机串联电阻的方法对风扇进行调速，称为串联电阻调速。当空调系统的冷凝器与发动机冷却系统的散热器各用一个风扇进行冷却时，多采用改变两个风扇的连接关系（串联或并联）的方法对风扇进行调速，称为串并联调速。

（2）冷凝器风扇与散热器风扇的控制 采用冷凝器/散热器风扇时，系统结构比较简单，但由于要兼顾冷凝器和散热器的需要，冷却效果并不特别理想，多用于低档乘用车的空调系统。

图5-13所示为冷凝器和散热器风扇控制电路，用压力开关、冷却液温度开关和三个继电器控制冷凝器风扇和散热器风扇的转速。此电

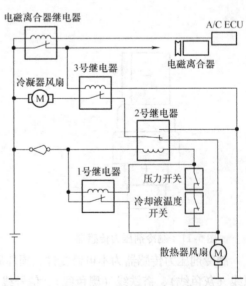

图5-13 冷凝器和散热器风扇控制电路

路可以实现风扇不转、低速运转、高速运转三级控制。3号继电器只在空调制冷系统工作时起作用，使冷凝器风扇以低速或高速运转。2号继电器为双触点继电器，用来控制冷凝器风扇的转速。1号继电器用于控制散热器风扇。压力开关在空调制冷系统压力高时断开，压力低时接通。冷却液温度开关在冷却液温度低时接通，温度高时断开。

关闭空调A/C开关时，3号继电器不工作，冷凝器风扇也不工作。如果冷却液温度过高，冷却液温度开关断开，1号继电器线圈断电，触点闭合，散热器风扇运转，加强散热。

打开空调A/C开关时，3号继电器线圈通电，触点闭合。如果冷却液温度较低，空调系统内压力也较低，2号继电器线圈也通电，使其下触点闭合，形成了冷凝器风扇和散热器风扇的串联电路，两个风扇都以低速运转。如果冷却液温度升高或制冷系统内压力增大，压力开关或冷却液温度开关切断2号和1号继电器线圈电路，使2号继电器的上触点闭合，1号继电器的触点接通，将冷凝器风扇和散热器风扇连接成并联电路，两个风扇都以高速运转。

（3）散热器风扇与多个冷凝器风扇的组合控制 如图5-14所示，在大众高尔夫/奥迪A3（Golf/Audi A3）等乘用车上，采用散热器风扇与多个冷凝器风扇协同工作的散热方式，散热风扇控制单元J293（图5-15）根据来自热敏开关F18和空调压力开关F129的信息，对发动机散热器风扇以及两个冷凝器风扇进行组合控制。

图5-15 散热风扇控制单元J293

1—风扇低速档 2—风扇高速档 30a—来自主熔断器S164（40A） 30b—来自主熔断器S180（30A） P—压力传感器信号 BI—接发动机控制单元，用来切断压缩机离合器 K—30号电源线 –NTC—室外温度传感器负极端 31—搭铁线 T2—双温开关高速档 T4—空调开关信号 15—15号端子电源线 MK—到压缩机 HL—到仪表 +NTC—室外传感器正极端

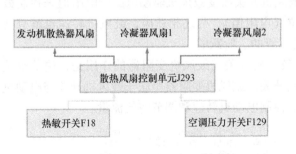

图5-14 散热器风扇与多个冷凝器风扇的组合控制（高尔夫/奥迪A3乘用车）

发动机散热器风扇热敏开关F18装在散热器的入水口处，用于检测发动机冷却液温度。散热风扇控制单元J293根据来自热敏开关F18和空调压力开关F129的信号，按照表5-3所示的规律控制发动机散热器风扇的工作。

表5-3 对发动机散热器风扇的控制

散热风扇工作档位	散热风扇电路状态	发动机冷却液温度/℃	制冷剂管路内的压力/MPa
1档	接通	92～97	<1.6
	断开	84～91	—
2档	接通	99～105	>1.6
	断开	91～98	—

散热风扇控制单元 J293 对两个冷凝器风扇的控制，以制冷剂循环管路内的压力为主要控制依据，并考虑发动机冷却液的温度。

制冷剂循环管路内的压力信号由空调压力开关 F129 或高压传感器 G65 提供。当制冷剂循环管路内的压力达到约为 1.6MPa 时，散热风扇控制单元 J293 将风扇切换到 2 档运行（表5-4）。

表5-4　对两个冷凝器风扇的控制

空调 A/C 开关的状态	制冷剂管路内的压力/MPa	发动机冷却液温度/℃	两个冷凝器风扇工作档位
ON（即压缩机已接通）	>0.2	—	两个风扇均以 1 档运行
	高压 HP >1.6	>99	两个风扇均以 2 档运行
	<1.6	<99	两个风扇均以 1 档运行

如果只是发动机在工作而空调系统未工作，那么就只有发动机散热器风扇工作，而两个冷凝器风扇并不工作。发动机散热器风扇具体以 1 档还是 2 档工作，则取决于发动机冷却液的实际温度。

2. 蒸发器鼓风机的控制

蒸发器鼓风机工作时，电动机驱动一个离心风扇（笼式风扇），驱使空气通过蒸发器及加热器。目前，常用的蒸发器鼓风机转速控制方法有两种，中低档汽车空调系统多采用串电阻有级调速方法，而高档汽车空调系统多采用脉宽调制无级调速方法。

（1）串电阻有级调速法　所谓串电阻有级调速方法，是指在鼓风机电路中，串接一个变阻器（图 5-16，亦称调速电阻），通过鼓风机开关改变鼓风机驱动电路的电阻值来控制鼓风机转速。由于变阻器只有有限的几个档位（电阻值），与之相适应，鼓风机转速也就有几个不同的工作档位（转速），其转速变化是有级的、阶跃的。

手动鼓风机控制电路如图 5-17 所示。鼓风机开关与鼓风机变阻器的作用是，调节空调系统的空气流量，并作为空调器本身的控制开关。鼓风机变阻器串联于鼓风机开关与电动机之间，其压降被用于改变电动机的端电压，控制电动机转速和调节空气流量。

图 5-16　变阻器（又称调速电阻）

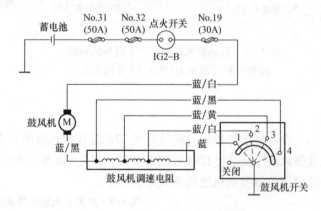

图 5-17　手动鼓风机控制电路

当电动机运转时，变阻器会发热，需要冷却。因此，变阻器一般都安装在鼓风机电动机之前的蒸发器冷风风道内，确保其通风散热良好。

（2）脉宽调制无级调速法　串电阻有级调速法结构简单，成本低廉，但由于转速变化是有级的、阶跃的，很难实现鼓风量与鼓风需求之间的动态平衡，且鼓风机噪声大，能耗也高。因此，高档汽车空调系统和全自动空调系统多采用脉宽调制无级调速方法。

所谓脉宽调制（Pulse Width Modulation，PWM）是指用微处理器的数字输出信号来对模拟电路进行控制，是一种对模拟信号电平进行数字编码的方法。以数字方式控制模拟电路，可以大幅度降低系统的成本、功耗和鼓风机噪声，并实现无级调速。宝马、保时捷、大众、福特、通用等高档乘用车的鼓风机广泛采用PWM无级调速器（图5-18）进行控制。

对于同一套汽车空调鼓风机系统，采用串电阻有级调速法时，其高速档运行噪声可达66dB，而采用脉宽调制无级调速法时，在最高转速下，其运行噪声可降低至48dB，降噪效果十分显著。

目前，适用于汽车空调暖风机、蒸发器鼓风机和冷凝器风扇的汽车直流电动机无级调速器（图5-19）产销量日益提高。汽车直流电动机无级调速器的适用电压为12/24V，功率范围为20～350W，能量转换效率可达98.5%，体积一般为35mm×（47～85）mm×60mm，是一种极具潜力的、汽车鼓风机调速电阻器的更新换代产品。

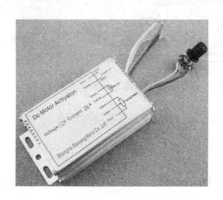

图5-18　PWM无级调速器（12V/30A）

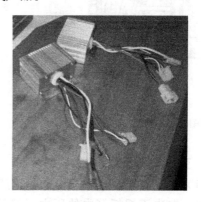

图5-19　汽车直流电动机无级调速器

5.1.3　压缩机排量与工作模式的控制

1. 控制压缩机排量的作用与意义

定排量压缩机（图5-20）的摇板（亦称摇盘）或斜盘的倾角是恒定不变的，活塞的有效行程也是恒定不变、不可调节的。相应地，其排量（亦即工作容积）也是恒定不变的。

压缩机的功率取决于发动机转速，而发动机转速取决于行车要求。现代汽车发动机的最高转速一般可达6500r/min。相应地，压缩机的转速变化也在0～6500r/min。如此大的转速变化范围，使得蒸发器内制冷剂的蒸发程度变化很大，相应地，制冷功率的变化也很大。因此，对于采用定排量压缩机的制冷系统，多是通过电磁离合器来周期性地接通和关闭压缩机，从而实现制冷功率与车室内热湿负荷的平衡。

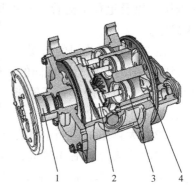

图5-20　定排量压缩机
1—动力输入轴　2—摇板
3—活塞　4—吸气阀片

但这种循环离合器控制方案的缺点也是显而易见的——油耗高、响应性差，容易矫枉过正；行车动力不稳定，容易引发"耸车"现象，行车舒适性差等。

为了能与不同的发动机转速、环境温度或驾驶人所选择的车内温度相匹配（总而言之就是要与制冷需求相适应），开发出了功率可调的变排量压缩机。对于摇板式或斜盘式变排量压缩机（图 5-21），多采用这样的技术路线：改变摇板或斜盘的倾角→改变活塞的有效行程→改变压缩机排量。

与定排量压缩机不同，在空调装置工作时（按下 A/C 开关后），变排量压缩机一直都是处于工作状态的。其排量变化范围一般在 5% ~ 100%。

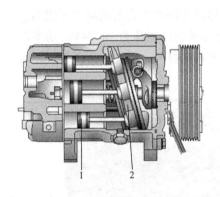

图 5-21　变排量压缩机
1—活塞　2—摇板

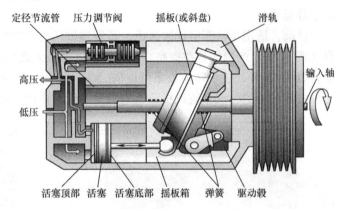

图 5-22　变排量压缩机结构简图

2. 变排量压缩机的机械控制

（1）初始状态　如图 5-22 所示，摇板或斜盘由前、后弹簧支承在主轴上，其倾角（倾斜状态）取决于摇板箱内的压力（又称腔压，即活塞顶部和活塞底部的压力比）。摇板箱内的压力由作用在压力调节阀上的制冷剂出口压力（高压）和制冷剂入口压力（低压）以及定径节流管（校准用节流孔）来确定。

在空调装置关闭的情况下，高压、低压及摇板箱内的压力是相同的。此时，前、后弹簧将摇板或斜盘置于输出功率为压缩机总功率 40% 的位置。

（2）大排量的控制　如图 5-23 所示，当车室内的热湿负荷比较大，需要压缩机输出较大的功率，以实现高强度制冷时，对压缩机而言，其制冷剂出口压力（高压，亦即排气压力）和制冷剂入口压力（低压，亦即吸气压力）都比较高。于是，波纹管 2

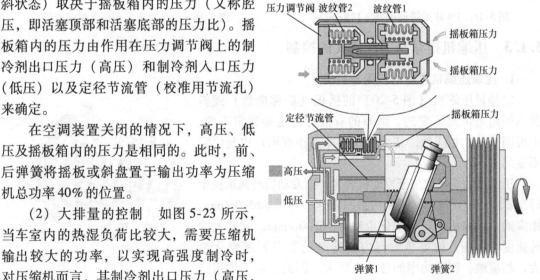

图 5-23　大排量工作状态
（斜盘倾角大，活塞有效行程长）

被较高的排气压力压缩，波纹管1被相对较高的吸气压力压缩，压力调节阀总体被压缩，压力调节阀阀口打开，摇板箱内的压力通过压力调节阀腔体及压缩机吸气口卸压。

于是，摇板箱内的压力降低，活塞顶部的排气压力与弹簧1的弹力的合力大于活塞底部摇板箱压力和弹簧2的弹力的合力，在驱动毂摇板倾角控制机构的作用下，摇板倾角增大（摇板倾斜度增大），则活塞的有效行程增大、压缩机排量增大、压缩机输出功率增大。

（3）小排量的控制 如图5-24所示，当车室内的热湿负荷比较小，需要压缩机输出较小的功率，以实现低强度制冷时，对压缩机而言，其制冷剂出口压力（高压，亦即排气压力）和制冷剂入口压力（低压，亦即吸气压力）都比较低。于是，波纹管2和波纹管1均得以伸长，压力调节阀总体也得以伸长，压力调节阀阀口关闭，摇板箱内的压力得以升高。

于是，活塞顶部的排气压力与弹簧1的弹力的合力小于活塞底部摇板箱压力和弹簧2的弹力的合力，在驱动毂摇板倾角控制机构的作用下，摇板倾角减小（摇板倾斜度减小），则活塞的有效行程减小、压缩机排量减小、压缩机输出功率减小。

由此，借助于压缩机内部的压力变化，实现了压缩机排量和输出功率的自动变化。

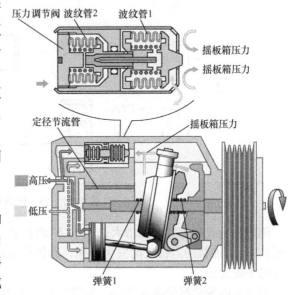

图5-24 小排量工作状态
（斜盘倾角小，活塞有效行程短）

连接排气腔与摇板箱的定径节流管是经过严格标定的，用于使排气腔与摇板箱进行压力沟通，以改善低排量时压缩机的工作平稳性。

（4）摇板或斜盘的倾斜控制 如图5-25所示，摇板或斜盘支承在倾角变化机构的销轴上，而销轴套装在传动毂偏转臂的弧形槽内。作用在活塞顶部的排气压力与弹簧1的弹力的合力 $\sum FP_i$，对摇板或斜盘产生一个使摇板或斜盘绕销轴沿顺时针偏转的力矩 M_1，且 $M_1 = h_i \sum FP_i$；作用在活塞底部的摇板箱压力和弹簧2的弹力的合力 $\sum FP_j$，对摇板或斜盘产生一个使摇板或斜盘绕销轴沿逆时针偏转的力矩 M_2，且 $M_2 = h_j \sum FP_j$。

h_i 是合力 $\sum FP_i$ 对销轴（支点）的力臂，h_j 是合力 $\sum FP_j$ 对销轴的力臂。h_i 和 $\sum FP_i$ 由压缩机的运行工况决定，h_j 和 $\sum FP_j$ 由设计决定。

当车室内的热湿负荷比较大，需要压缩机输出较大的功率，以实现高强度制冷，摇板箱内的压力通过压力调节阀腔体及压缩机吸气口卸压时，有

$$M_1 = h_i \sum FP_i > M_2 = h_j \sum FP_j \tag{5-1}$$

于是，摇板或斜盘绕销轴沿顺时针偏转，摇板或斜盘倾角增大（摇板或斜盘倾斜度增大），相应地，活塞的有效行程、压缩机排量和输出功率都得以增大。

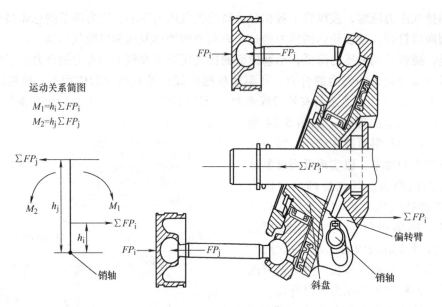

运动关系简图
$$M_1 = h_i \sum FP_i$$
$$M_2 = h_j \sum FP_j$$

图 5-25　斜盘倾角变化原理

随着摇板或斜盘倾角的增大，M_1 和 M_2 将在某一倾角下达到平衡（取决于压缩机的运行工况）。若压缩机的运行工况发生变化，则该平衡亦将遭到破坏，倾角将继续变化，直到达到新的平衡为止。

当车室内的热湿负荷比较小，需要压缩机输出较小的功率，以实现低强度制冷，摇板箱内的压力升高时，有

$$M_1 = h_i \sum FP_i < M_2 = h_j \sum FP_j \tag{5-2}$$

于是，摇板或斜盘绕销轴沿逆时针偏转，摇板或斜盘倾角减小（摇板或斜盘倾斜度减小），相应地，活塞的有效行程、压缩机排量和输出功率都得以减小。

随着摇板或斜盘倾角的减小，M_1 和 M_2 将在某一倾角下达到平衡（取决于压缩机的运行工况）。若压缩机的运行工况发生变化，则该平衡亦将遭到破坏，倾角将继续变化，直到达到新的平衡为止。

3. 变排量压缩机的电子控制

目前，大众及丰田等车系广泛采用在机械控制式变排量压缩机的基础上发展而来的电子控制式变排量压缩机。

如图 5-26 所示，在装备电子控制式变排量压缩机的空调系统中，活塞顶部和底部的压力差由一个电磁控制阀（图 2-44 中的 N280 即电磁控制阀）进行控制。空调控制单元根据来自反映制冷系统运行状态的温度和压力信号，通过脉宽调制方式给电磁控制阀供电。电磁控制阀阀芯所处的位置不同，则活塞顶部和底部的压力差就不同。相应地，摇板或斜盘的倾角也就不同，压缩机的排量和输出功率也就不同。以此实现对压缩机排量的自动控制，可使压缩机排量在 0 ~ 100% 平滑变化。

如图 5-27 所示，当车室内的热湿负荷比较大，需要压缩机输出较大的功率，以实现高强度制冷时，空调控制单元按照高占空比给电磁控制阀供电，电磁控制阀处于关闭状态，排气压力被引入活塞右侧，使活塞顶部压力大于活塞底部压力，弹簧被压缩，摇板或斜盘倾角增大，活塞行程增大，相应地，压缩机的排量和输出功率也增大。

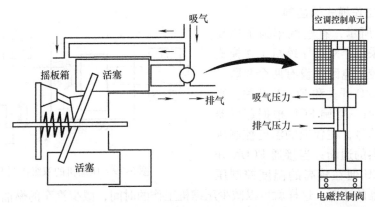

图 5-26　电子控制式变排量压缩机的控制机构（皇冠乘用车空调系统装备）

　　随着车室内热湿负荷的逐渐减小，空调控制单元以一定的、较小的占空比，通过脉宽调制方式给电磁控制阀供电。电磁控制阀阀芯向上移动，使吸气压力与排气压力适度沟通，进而使活塞顶部压力逐渐减小，摇板或斜盘倾角逐渐减小，活塞行程逐渐减小，相应地，压缩机的排量和输出功率也逐渐减小。

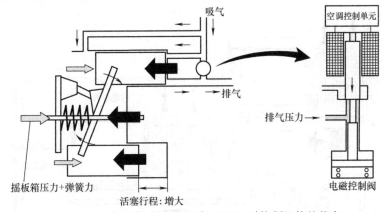

图 5-27　倾角最大（排量达到100%）时控制机构的状态

　　如图 5-28 所示，当电磁控制阀打开（空调控制单元不给电磁控制阀通电）时，吸气压力与排气压力完全沟通，进而使活塞顶部压力减至最小，摇板或斜盘倾角减至最小（与主轴垂直），活塞行程减至最小（其值为 0），压缩机的排量和输出功率减至最小（其值为 0）。

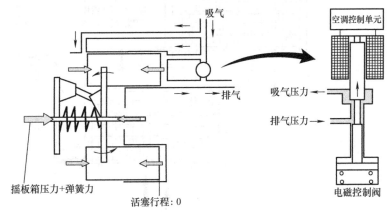

图 5-28　倾角最小（排量为 0）时控制机构的状态

4. 压缩机工作模式的控制

如图 5-29 所示，有些汽车为了提高燃油经济性，采用了双级压缩机工作模式控制。在空调控制电路中设有两个并联且互锁的开关：A/C 开关和 ECON 开关。当接通 A/C 开关时，空调 ECU 根据蒸发器温度传感器的信号，在较低的温度控制压缩机电磁离合器的通断；当接通 ECON 开关时，空调 ECU 便在较高的温度控制压

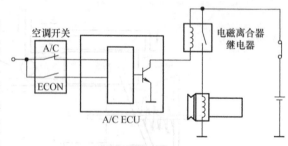

图 5-29　压缩机的双级控制电路

缩机电磁离合器的通断，这样就可以减少压缩机工作的时间，减少汽车的燃油消耗。同时在压缩机停机时，发动机的负载减少，汽车的动力输出可以得到提高。

5.1.4　其他项目的控制

1. 双蒸发器控制

如图 5-30 所示，有些轻型客车和豪华商务车装备双蒸发器制冷系统。双蒸发器制冷系

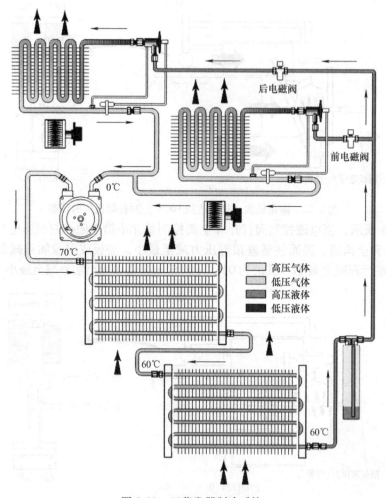

图 5-30　双蒸发器制冷系统

统在车辆前部和后部都安装有蒸发器，且两个蒸发器共用同一个压缩机，这样就面临着前后蒸发器分别控制的问题。比较常见的控制方法是，在前后两个蒸发器的入口处，分别安装一个电磁阀，用来控制汽车前部和后部的温度（图5-31）。

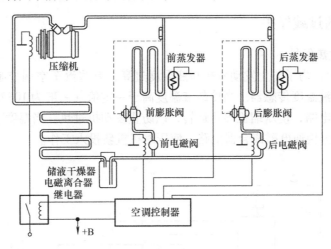

图5-31　双蒸发器控制

2. 发动机的怠速提升控制

在车流量较大且拥挤的城市道路上行驶时，汽车发动机经常处于怠速运转状态，发动机的输出功率低，如果此时开启空调的制冷系统，可能会造成发动机的过热或停机。为了防止这种情况的发生，在空调控制系统中采用了怠速提升装置，如图5-32所示。

当接通空调开关（即 A/C 开关处于 ON 状态）后，发动机 ECU 便可接收到空调开启信号，ECU 便控制怠速控制阀将怠速旁通气道的通路增大，使进气量增加，提高怠速；如果是节气门直动式怠速控制机构，ECU 便控制电动机将节气门开大，提高怠速。从这个意义上说，空调开关（A/C 开关）是作为发动机怠速转速控制系统的前馈信号发挥作用的。

应当指出，图5-32所示发动机怠速提升装置并非单独为汽车空调系统设计的，而是发动机自身的转速控制系统固有

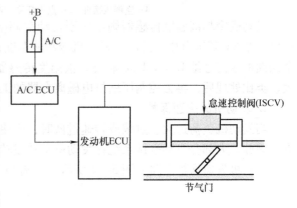

图5-32　发动机怠速提升装置

的组成部分，只不过是在发动机转速控制程序中增加了"A/C 开关处于 ON 状态"这一运行条件，并为此设计了相应的控制子程序而已。

3. 基于环境温度的控制

还有部分汽车空调系统，在其压缩机电磁离合器控制电路中设有环境温度开关，当环境温度低于规定值时，环境温度开关断开，切断压缩机电磁离合器的电路，使空调制冷系统不能工作。当环境温度高于规定值时，制冷系统才能进入工作状态。

5.2 汽车空调的保护

5.2.1 发动机的过载保护

1. 发动机的过热保护

如图 5-33 所示,为了防止发动机冷却液温度过高,有些汽车空调控制电路中设有冷却液温度开关或冷却液温度传感器。当冷却液温度高于一定值(一般为105℃)时,自动切断压缩机电磁离合器电路,使压缩机停止运转,以防止发动机过热。当温度下降到某一设定值(约为95℃)时,再接通电磁离合器电路,使压缩机重新投入工作。

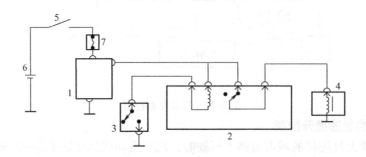

图 5-33 发动机过热保护电路图

1—汽车空调放大器 2—空调压缩机离合器线圈继电器 3—发动机冷却液温度开关
4—空调压缩机 5—点火开关 6—蓄电池 7—熔断器

发动机冷却液温度传感器则应用于自动空调中。发动机冷却液温度传感器通常由 ECU 提供一个5V基准电压。此时,发动机冷却液温度传感器依冷却液温度的变化产生并送出一个回馈电压信号给 ECU。ECU 将冷却液温度传感器的回馈电压信号经 A/D 转换、计算、放大、类比处理后,再去控制压缩机电磁离合器的工作状态(接通或断开)。

2. 发动机的失速保护

当发动机负荷过大、过载或转速过低时,应使压缩机停止工作,以防止发动机失速、熄火。因此,大部分自动空调系统在发动机不转或转速过低时,压缩机是不工作的。

发动机失速保护电路如图 5-34 所示。空调 ECU 通过检测点火线圈的点火脉冲来计算发

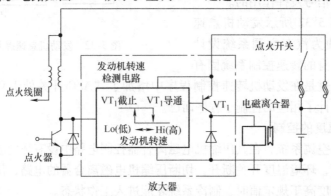

图 5-34 发动机失速保护电路

动机转速（汽油发动机），当发动机的转速低于某一阈值时，将压缩机电磁离合器切断。

此外，在采用车载网络技术的汽车上，发动机转速信号亦可由发动机转速传感器产生并由车载网络系统传给汽车空调 ECU。

3. 压缩机传动带的打滑保护

当动力转向油泵、发电机、冷却液泵等附件与空调压缩机采用同一传动带驱动时，如果压缩机出现故障而锁死时，传动带即有可能被损坏。为了防止发生这种情况，有些汽车空调的控制电路中采用了传动带保护控制装置。

空调放大器（或 ECU）通过比较发动机转速与压缩机转速来判断压缩机传动带是否打滑。压缩机转速传感器的安装位置如图 5-35 所示，判断压缩机传动带是否打滑的逻辑框图如图 5-36 所示，传动带打滑保护电路如图 5-37 所示。

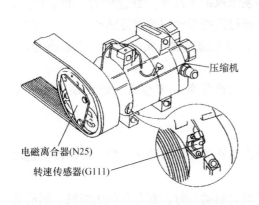

图 5-35　压缩机转速传感器的安装位置

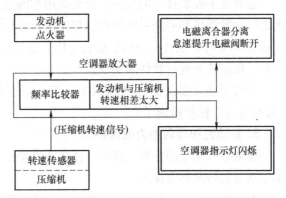

图 5-36　判断压缩机传动带是否打滑的逻辑框图

空调放大器同时接收发动机的转速信号和压缩机的转速信号，并对两个转速进行比较，当这两个转速信号的差值超过某一限值时，空调放大器便认定压缩机出现故障，随后就切断压缩机电磁离合器的电源，使压缩机停止工作，以保证其他附件的正常运转。

压缩机转速传感器采用磁阻式结构，其电阻值一般为 $100 \sim 1000\Omega$。在压缩机离合器工作时，压缩机转速传感器能输出交流电，其电压值一般不低于 5V。

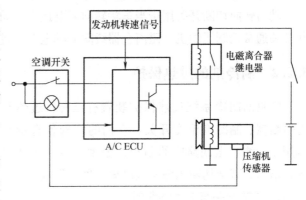

图 5-37　压缩机传动带打滑保护电路

4. 汽车"加速能力"的保护

对于非独立式汽车空调系统而言，空调压缩机的驱动功率占发动机输出功率的 12% ～ 17%。汽车空调系统工作时，车辆的加速能力会有一定程度的下降。

汽车"加速能力"保护亦称汽车空调"加速切断"控制，其作用是在汽车加速时暂时切断空调压缩机电磁离合器线圈的得电回路，使压缩机暂停工作，以期使汽车有足够的动力进行加速、超车，且不损坏压缩机零件。一般情况下，压缩机电磁离合器线圈的得电回路断开 12s 之后（此时，车辆已经完成加速、超车），又能自动接通，压缩机自动恢复工作。

汽车"加速能力"保护电路由一个微动开关和一个控制簧片组成。控制簧片由加速踏板臂控制，当汽车加速时，在加速踏板踏到其行程的 90% 时，加速踏板臂碰到切断器的控制簧片，从而使切断器断开压缩机电磁离合器的电源，压缩机停止运行。当切断器断开时，压缩机转速为 4500r/min 左右。由于压缩机的最高极限转速一般为 6000r/min，从而保证了压缩机不会超速运转，保护了压缩机零件免受损坏。加速切断器断开后，由于压缩机停止了工作，发动机不再供给压缩机功率，从而提高了汽车的加速性能。

早期的乘用车（如奥迪 100 和桑塔纳汽车等）由于发动机储备功率较低，为了提高超车能力，常装设这种保护措施。

随着电子控制技术的发展，新型乘用车的空调系统取消了汽车"加速能力"保护电路，代之以对发动机和空调系统的控制程序进行修改，通过监控节气门位置传感器，在节气门开度超过 90% 时，就自动切断压缩机工作。也就是说，原来通过硬件实现的汽车"加速能力"保护，现在转为通过软件来实现。

而对于动力强劲的高档乘用车而言，由于其发动机储备功率很大，就无须采用汽车"加速能力"保护措施了。

5. 制动力和转向助力的保护

在某些汽车空调控制电路中，还装有制动助力真空开关和动力转向切断开关，以实现汽车制动力和转向助力保护。

制动助力真空开关的作用是每当制动系统需要最大制动力时，断开空调压缩机。制动助力真空开关通常串联在压缩机离合器电路中，它不向空调 ECU 提供数据。

动力转向切断开关用于当车辆转向需要最大转向助力时，断开空调压缩机。动力转向切断开关通常控制压缩机电磁离合器线圈的继电器，进而控制压缩机的工作。

5.2.2 制冷剂的过热保护

常见的制冷系统过热保护装置有三种：过热开关、热力熔断器、制冷剂温度开关。它们的结构各有特点，但都是用于检测高压回路中的制冷剂温度，当制冷剂温度超过规定值时，就会切断压缩机电磁离合器的得电回路。

1. 过热开关与热力熔断器

过热开关（图 5-38）安装在压缩机缸体后侧、高压管出口处。保护压缩机过热开关的壳体和盖板之间用 O 形密封圈密封，一个特殊成形的限位圈把开关固定就位，并使壳体通过压缩机搭铁，当温度过高时，膜片变形使触点闭合。

如图 5-39 所示，热力熔断器与过热开关配合使用，当过热开关闭合时，通向电磁离合器的电流通过热力熔断器的加热丝，使加热丝温度升高，直到熔断器熔体熔化，使

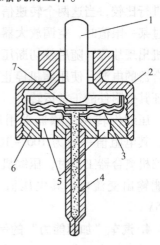

图 5-38 过热开关结构

1—接线柱 2—壳体
3—膜片总成 4—感应管
5—底座孔 6—膜片底座
7—动触点

电磁离合器电路断开，压缩机停止运转。

过热开关是一种温度—压力感应开关，在正常情况下过热开关处于断开状态，电磁离合器电流流过熔断器的熔体。如果系统出现过热情况，当过热开关检测到系统处于高温、低压状态时，过热开关触点闭合，就有电流流过发热丝，其产生的热量会使熔断器熔体快速熔化，使压缩机电磁离合器线圈的得电回路断开，压缩机停止工作，起到保护作用。

制冷系统的高温、低压状态通常在缺少制冷剂时出现。如果压缩机继续运转，会因缺少润滑油而过热损坏。因此，通过过热开关与热力熔断器组合使用，可对压缩机进行有效的过热保护。

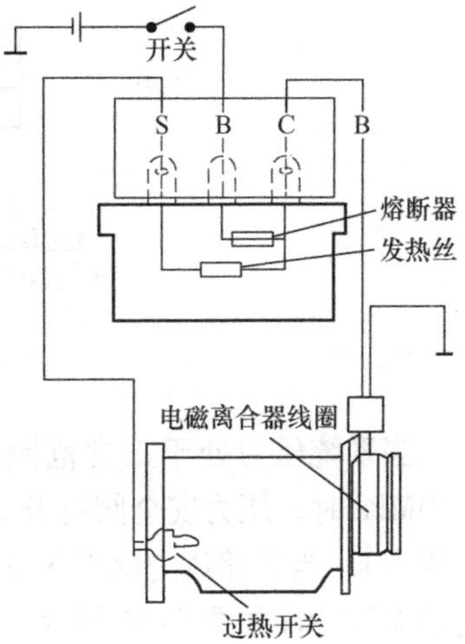

2. 制冷剂温度开关

在部分叶片式压缩机和斜盘式压缩机上装有制冷剂温度开关，以防止压缩机因温度过高而损坏。如图 5-40 所示，当制冷剂的温度超过180℃时，该开关断开，切断了压缩机电磁离合器的电路。

图 5-39　热力熔断器与过热开关配合使用

5.2.3　制冷剂的过压保护

1. 压力安全阀

压力安全阀亦称减压安全阀、卸压阀，是一种利用压力而不是温度驱动的阀门，可以迅速释放高压制冷剂而使其压力不会超过规定的最大值。工业和信息化部颁布的汽车行业标准 QC/T 833—2010《汽车空调用压力安全阀技术条件》对压力安全阀的生产、试验、检测、存储等环节作出了明确的规定。

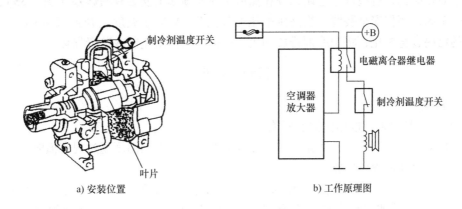

a) 安装位置　　　　　　　　　b) 工作原理图

图 5-40　制冷剂温度开关

在汽车空调制冷系统中，如果冷凝器通风、散热不足，或者制冷系统的热负荷过大，则在冷凝器、储液干燥器的高压端，制冷剂管路内的制冷剂压力就会变得非常高，有使制冷剂管路爆裂的危险。为消除这一隐患，一般在高压管路上安装有压力安全阀（图5-41）。

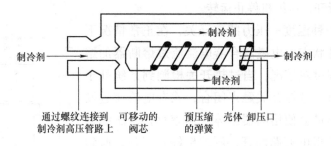

图 5-41 压力安全阀的结构示意图

当系统压力处于正常范围之内时，压力安全阀是关闭的。当管路压力上升到 3.51 ~ 4.40MPa 时，压力安全阀打开，泄放制冷剂（将管路中制冷剂释放到大气中去，以降低管路压力）；当管路压力降至 3.02MPa 后，压力安全阀自动关闭，停止泄放制冷剂。压力安全阀的泄放特性如图 5-42 所示。

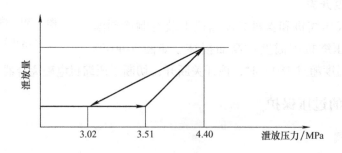

图 5-42 压力安全阀的泄放特性

2. 易熔塞

为了简化结构，有些汽车空调系统在储液干燥器顶端上安装有易熔塞（图 2-83），以代替压力安全阀，用作安全装置。当高压端压力升高到 3MPa 或温度上升到 95 ~ 105℃ 时，易熔塞中的铅锡合金熔化，将制冷剂排放到大气中去，从而防止制冷装置损坏。

思考与实训

1. 选择题

1）常见的制冷系统过热保护装置有三种：_____、_____和_____。它们的结构不同，但都是用于检测高压回路中的制冷剂温度，当制冷剂温度超过规定值时，就会切断压缩机电磁离合器的得电回路。

　　A. 过热开关　　　　B. 热力熔断器　　　C. 制冷剂温度开关　　　D. 压力安全阀

2）对于摇式或斜盘式变排量压缩机，多采用这样的技术路线：改变摇板或斜盘的倾角→改变活塞的_____→改变压缩机排量。

　　A. 个数　　　　　　B. 直径　　　　　　C. 有效行程　　　　　　D. 有效功率

2. 问答题

1）汽车空调系统常见的控制措施有哪些？

2）汽车空调系统常见的保护措施有哪些？

3. 实操题

1）结合教学车辆（或实训台架），分解、组装汽车空调控制元件（或系统），借此熟悉其结构组成和工作原理。

2）结合教学车辆（或实训台架），分解、组装汽车空调保护元件（或系统），借此熟悉其结构组成和工作原理。

第6章
Chapter 6

汽车空调自动控制系统

学习目标
- 了解汽车空调电路的基本组成；
- 熟悉汽车空调电路的分析方法；
- 熟悉多温区自动空调系统的结构组成和控制原理。

6.1 汽车空调的控制电路

将汽车空调的控制与保护元件用电路连接起来，即构成汽车空调控制系统（图6-1）。

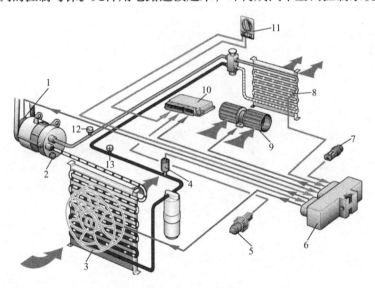

图6-1 汽车空调控制系统示意图（彩图）

1—电磁离合器 2—压力安全阀（亦称减压安全阀、卸压阀） 3—冷凝器风扇 4—空调三功能开关（高、中、低压组合开关）
5—冷却液温度开关（5V） 6—散热风扇控制单元 J293 7—散热器风扇双温开关 8—蒸发器温度开关 9—蒸发器鼓风机
10—发动机控制单元 11—空调开关（A/C 开关） 12—低压侧检测维修阀 13—高压侧检测维修阀

不同车型，其空调的控制电路有所不同；即便是同一车型的空调，因有手动空调与自动空调之分，其控制电路也不相同。自动空调是由手动空调演变而来的，手动空调的基本控制原理大体相同，都是由鼓风机控制电路、压缩机电磁离合器控制电路、风扇电动机控制电路、暖风系统控制电路、发动机转速与温度控制电路、空调系统保护电路等组成，本节主要介绍手动空调的控制电路。

6.1.1 汽车空调基本控制电路

图 6-2 所示为汽车空调的基本控制电路原理图。

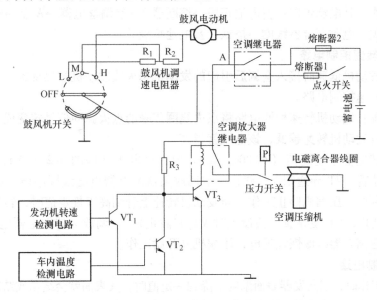

图 6-2　汽车空调基本控制电路原理图

1. 电源电路

电源电路的电流走向：蓄电池正极→点火开关→熔断器1→空调继电器电磁线圈→鼓风机开关（不能在 OFF 档位）→搭铁→蓄电池负极。

空调继电器电磁线圈通电后，其动合触点吸合，于是有电源电流流过。其电流走向：蓄电池→熔断器2→已经处于吸合状态的空调继电器触点，之后在 A 点分为两路，一路到鼓风机，一路到压缩机电磁离合器线圈。

2. 鼓风机电路

鼓风机电路的电流走向：蓄电池正极→熔断器2→空调继电器触点（已经闭合）→A 点→鼓风电动机→鼓风机开关→搭铁→蓄电池负极。因鼓风机开关位置不同，分为以下几种情况：

1）鼓风机开关处于 OFF 档：由于空调继电器电磁线圈断路，空调继电器触点断开，无电源电流，鼓风机与压缩机均停转。

2）鼓风机开关处于 L 档：蓄电池正极→熔断器2→空调继电器→A 点→鼓风电动机→R_2→R_1→鼓风机开关（L 档）→搭铁→蓄电池负极。此时，鼓风机电路中电阻最大，鼓风机转速最低，鼓风量最小。

3）鼓风机开关处于 M 档：蓄电池正极→熔断器2→空调继电器→A 点→鼓风电动机→R_2→鼓风机开关（M 档）→搭铁→蓄电池负极。此时，鼓风机电路中电阻居中，鼓风机转速居中，鼓风量居中。

4）鼓风机开关处于 H 档：蓄电池正极→熔断器2→空调继电器→A 点→鼓风电动机→鼓风机开关（H 档）→搭铁→蓄电池负极。此时，鼓风机电路中电阻最小，鼓风机转速最

高，鼓风量最大。

3. 电磁离合器电路

在点火开关置于点火位置、鼓风机开关开启、空调放大器继电器触点吸合、压力开关闭合（若电磁离合器控制电路还串有其他控制开关，其触点也应处于闭合状态）的情况下，压缩机才能工作。其电流走向：蓄电池正极→熔断器2→空调继电器→A点→空调放大器继电器→压力开关→电磁离合器线圈→搭铁→蓄电池负极。

4. 发动机转速控制电路

为了避免发动机低速时接入空调后引起的发动机熄火或发动机过热现象，一般空调系统都设有发动机转速控制电路。

其工作原理：发动机转速检测电路将点火线圈传来的点火脉冲信号转变成一个连续变化的电压信号，且发动机转速越低，该电压就越高。

当发动机转速低于规定值（如800r/min）时，该电压（即图6-2中VT_1的基极电位）便上升使VT_1导通，VT_1导通则VT_3截止，空调放大器继电器电磁线圈断电，触点断开，电磁离合器线圈断电，压缩机停止工作。当发动机转速上升到高于规定值时，转速检测电压又下降，使VT_1截止，VT_3便导通（假设此时VT_2亦截止），空调放大器继电器电磁线圈通电，触点吸合，电磁离合器线圈恢复通电，压缩机又开始工作。

5. 温度控制电路

空调系统工作时，当蒸发器表面温度下降到一定值时，其表面就会结霜或结冰，这将影响蒸发器的热交换效率，造成制冷能力下降，因此设有温度控制电路。温度控制电路的传感器是一个具有负温度系数的热敏电阻。它安装在蒸发器出口处，检测蒸发器出风口的冷风温度。

蒸发器出口冷风温度越低，热敏电阻阻值就越大，输入到温度检测电路后，产生的转换电压就越高。当蒸发器出口结霜或结冰时，温度转换电压便升高到使VT_2导通，于是VT_3截止，空调放大器继电器电磁线圈断电，触点断开，电磁离合器线圈断电，压缩机停转。当蒸发器表面温度回升后，温度转换电压又下降到使VT_2截止，于是VT_3导通（假设此时VT_1亦截止），空调继电器电磁线圈恢复通电，触点吸合，电磁离合器线圈通电，压缩机又开始工作。

如此周而复始，将车内温度控制在适宜范围之内，以防止蒸发器结霜或结冰。

6.1.2　典型手动空调控制电路

本节以普通桑塔纳乘用车空调为例，介绍典型手动空调控制电路。

桑塔纳乘用车空调控制电路如图6-3所示。该电路图由电源、电磁离合器、新鲜空气及怠速电磁阀、空调开关、温控开关、环境保护开关、高低压保护开关、鼓风电动机、冷凝电动机及其继电器等组成。

1. 鼓风机电路

鼓风机控制电流：C路电流→熔断器S14→空调继电器J23，其触点将鼓风机变速开关E6的电路接通。

鼓风机电流：鼓风机的电路接通后，A路电流→熔断器S23→鼓风机变速开关，此后因鼓风机变速开关档位不同而分为以下五种情况。

1) 0位（空档）：电路不通，鼓风机不转。

2) 1位（1档）：电路中串联鼓风机调速电阻N23的全部电阻，鼓风机转速最低。

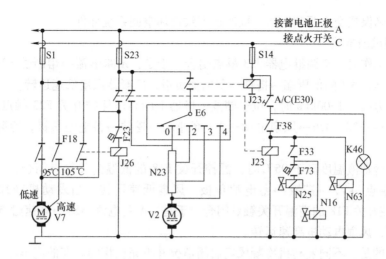

图 6-3　桑塔纳轿车空调控制电路

A/C（E30）—空调开关　E6—鼓风机开关　F38—环境温度开关　F73—低压保护开关　F23—高压保护开关
F18—温控开关　F33—蒸发器出风口温控开关　J23—空调继电器　J26—冷凝风扇继电器　K46—空调指示灯
N63—新鲜空气电磁阀　N16—怠速电磁阀　N25—电磁离合器　N23—鼓风机调速电阻　S1、S14、S23—熔断器
V2—鼓风机电动机　V7—冷凝器风扇电动机

3）2 位（2 档）：电路中串联鼓风机调速电阻 N23 的 2/3 电阻，鼓风机转速升高。

4）3 位（3 档）：电路中串联鼓风机调速电阻 N23 的 1/3 电阻，鼓风机转速较高。

5）4 位（4 档）：电路中未串联鼓风机调速电阻 N23，鼓风机转速最高。

2. 车内空气循环状态电路

空调系统的环境温度开关 F38 装在散热器护圈内，此处温度越高说明发动机负荷越大，当检测到环境温度高于 10℃时，环境温度开关 F38 的触点闭合，进入车内空气循环状态。其电路：C 路电流→熔断器 S14→空调开关 A/C（E30）→环境温度开关 F38（同时空调指示灯 K46 点亮）→新鲜空气电磁阀 N63→搭铁→蓄电池负极。此时，风门关闭车外空气，空调系统进入车内空气循环状态（亦称车内空气循环模式）。

3. 怠速提高电路

C 路电流→熔断器 S14→空调开关 A/C（E30）→环境温度开关 F38→蒸发器出风口温控开关 F33 的闭合触点→怠速电磁阀 N16→搭铁→蓄电池负极。怠速提高装置工作，提高发动机的怠速转速。

4. 电磁离合器电路

C 路电流→熔断器 S14→空调开关 A/C（E30）→环境温度开关 F38（触点闭合）→蒸发器出风口温控开关 F33（触点闭合）→低压保护开关 F73→电磁离合器 N25→搭铁→蓄电池负极，压缩机运转，空调系统工作。

温控开关 F33 位于蒸发器出口处，当出口处温度低于 0℃时，F33 触点断开，制冷系统停止工作。当出口处温度高于 2℃时，F33 触点闭合，制冷系统投入工作。温控开关 F33 的作用是防止蒸发器结霜造成制冷效果降低。

低压保护开关 F73 的触点在压力为 200kPa 时闭合，在压力低于 200kPa 时断开。

在制冷系统工作时，空调继电器 J23 的另一双触点（图中在 S23 下方）闭合，接通鼓风机 V2，此时即使鼓风机变速开关 E6 在空档，也可使鼓风机以一档转速工作，同时还使冷凝

风扇工作，以确保热交换顺利进行，同时还不致损坏空调系统部件。

5. 冷凝器风扇电路

空调系统工作时，空调继电器 J23 触点闭合，于是：A 路电流→熔断器 S23→冷凝器风扇双速直流电动机 V7 的低压端→搭铁→蓄电池负极，冷凝器风扇低速运转。

当系统压力高于 1500kPa 时，位于储液干燥器上的高压保护开关 F23 触点闭合，于是：A 路电流→S23→F23→J26→风扇电动机 V7 高速端→搭铁→蓄电池负极，冷凝器风扇高速运转。

当电动机冷却液温度高于 95℃时，温控开关 F18 的低温开关触点闭合，于是：A 路电流→S1 低速触点→V7→搭铁→蓄电池负极，风扇低速运转。当发动机冷却液温度高于 105℃时，温控开关 F18 的高温开关触点闭合，于是：A 路电流→S1→高速触点→V7→搭铁→蓄电池负极，风扇电动机高速运转。

需要指出的是，不同发动机冷凝风扇启闭情况并不完全相同。有的汽车冷却液风扇与冷凝器风扇共用，有的则单独设置。因此，应对具体车型做具体分析，不能一概而论。

例如，美国通用车系乘用车（如别克凯越）的空调系统关闭时，发动机冷却液温度升至 96℃时，冷却风扇开始低速运转；冷却液温度升至 100℃时，冷却风扇开始高速运转；冷却液温度降至 97℃时，冷却风扇停止高速运转；冷却液温度降至 93℃时，冷却风扇停止低速运转。

空调系统工作时，发动机冷却液温度升至 89℃时，冷却风扇开始低速运转；冷却液温度升至 95℃或空调系统压力升至 182kPa 或冷却液温度传感器故障时，冷却风扇开始高速运转；冷却液温度降至 90℃或空调系统压力降至 120kPa 时，冷却风扇停止高速运转；冷却液温度降至 84℃时，冷却风扇停止低速运转。

6.1.3 自动空调控制电路

对于手动空调而言，驾驶人必须有意控制进气门、模式门、调温门（混风门）、鼓风机档位开关（转速），进而直接拉动或由电动机带动相应阀门工作，实现对空调系统工作状态的控制。

自动空调系统设置有各种传感器、执行器和控制单元。只要驾驶人选定好目标温度，并把功能控制开关调整到"自动"档，则不管外界环境状况（气候）如何变化，自动空调系统都能为达到目标温度自动工作（内外循环空气、冷暖风比例、出风模式、鼓风机转速等均为自动控制）。

另外，自动空调系统还具有故障自诊断功能，能随时监控自动空调系统的工作状况，便于故障的诊断与排除。目前新型乘用车多装备电控自动空调系统。

关于自动空调系统的组成、功能及控制电路请参阅本书第6.2节四温区自动空调控制系统。

6.2 四温区自动空调控制系统

作为德国大众汽车公司旗下的高端 SUV（Sport Utility Vehicle）车型，大众途锐（Touareg）汽车依配置不同，其空调系统有可对四个区域进行空气调节的四温区自动空调系统（4C-Climatronic）、可对两个区域进行空气调节的两温区自动空调系统（2C-Climatronic）以及手动空调系统可供选择。

尽管类型不同，但这三种空调系统都是以前部空调器为基础开发的。因此，这三种型号空调的基本结构都是相同的，其组件（例如空调蒸发器或热交换器等）的位置布置都是相同的。区别之处是伺服电动机的数量和风门的构造不同。

本节以大众途锐汽车自动空调系统为例，介绍四温区自动空调系统的结构组成和控制原理。

6.2.1 四温区自动空调系统的基本结构

1. 前部空调器

前部空调器负责对汽车前部空间（驾驶人区域和前乘员区域）进行空气调节。

如图6-4所示，前部空调器通过两个固定元件固定在安装板上。每个固定元件的一侧都有一个螺柱，另一侧都有一个星形销。螺柱和星形销通过橡胶元件柔性连接在一起。

固定元件带有螺纹的一侧拧在安装板上，而空调器插在销子上。当调整仪表板与车门饰板之间的间隙时，利用橡胶元件的变形，可以补偿可能出现的应力。这样既可防止与空调器连接的空气分配通道承受额外机械负荷，又可以消除可能出现的机械噪声。

2. 空气滤清器

在空调器总成的入口处装有空气滤清器。滤清器滤芯中带有活性炭，可对灰尘及花粉进行有效过滤，确保吹入车室内的空气清新、干净。

空气滤清器紧靠在蒸发器前面，这样即使启用了车内循环空气功能，鼓风机也能使车内空气通过该滤清器过滤。

如图6-5所示，该滤清器可从下侧推入空调器总成内。如此设计的优点在于，在进行检查和维护作业时，即使空调器总成处于安装状态也能更换（即无须拆下空调器总成，即可完成更换作业）。

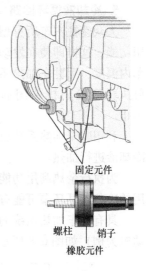

图6-4 前部空调器通过两个固定元件固定在安装板上

3. B柱内的出风口

如图6-6所示，B柱内的出风口有一个栅片是不可调的，该固定位置用于侧窗玻璃除

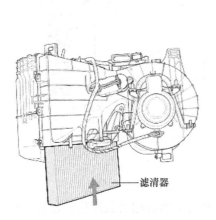

图6-5 空气滤清器可从下侧推入空调器总成内

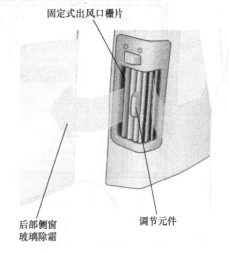

图6-6 B柱内的出风口

霜。其余栅片可以通过调节元件手动调节出风方向。

4. 暖风热交换器

利用暖风热交换器（简称热交换器）可对空气温度进行调节。就是说，发动机冷却液循环回路中的冷却液不断流过暖风热交换器，以便产生暖风，为车内供暖。

即使空调器总成处于安装状态也能更换热交换器（亦即无需拆下空调器总成，就可以单独更换热交换器）。如图 6-7 所示，将空调器壳体部件向下翻开，即可更换或维修热交换器。

5. 冷却液循环回路

大众途锐汽车所有型号的空调系统都具有余热利用功能，这样即使在发动机关闭后也能用热空气调节车内温度。无驻车加热系统（附加水暖）时，该功能可执行到发动机关闭后发动机内储存的热量用完为止。

利用驻车加热系统也可以在发动机温度降低后对冷却液进行加热。

热交换器

图 6-7　热交换器便于拆装和更换

为执行余热利用功能，必须用电动泵使冷却液循环。根据发动机型号和配置不同，所使用的冷却液循环泵可能有所不同。

具有驻车加热系统的 4C-Climatronic 自动空调系统的冷却液循环回路（以 V10 TDI 型发动机为例）如图 6-8 所示。

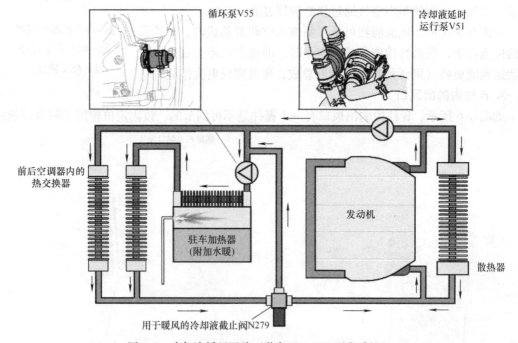

图 6-8　冷却液循环回路（装备 V10 TDI 型发动机）

为了在发动机关闭时不用尽蓄电池电量，余热利用功能启用后鼓风机只以较低的功率运行。但是，鼓风机的这种节能模式不会在鼓风机转速显示屏中显示出来。

途锐自动空调系统的冷却液循环回路中使用了哪些电动泵，一方面取决于车辆装备了哪一型号的发动机，另一方面取决于所用装备具有哪些附加功能，例如冷却液延时运行、暖风辅助功能、余热利用功能、驻车加热系统等。

6. 杂物箱制冷

用于杂物箱制冷的冷空气由前部空调器提供。空调器上的接口位于蒸发器和蒸发器温度传感器 G308 附近。

如图 6-9 所示，杂物箱内的冷空气输送量可以用一个带出风口的旋钮手动调节。

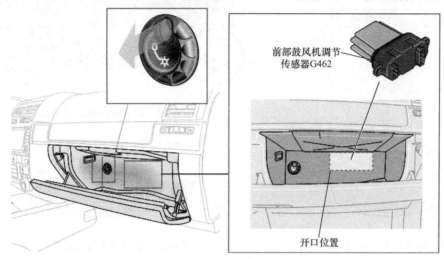

前部鼓风机调节
传感器G462

开口位置

图 6-9　杂物箱制冷

为了在空调器处于安装状态时也能对空调器进行某些维修工作，杂物箱后挡板上预留了一个可打开的开口（图 6-9）。拆下带孔的盖板后即可接近前部鼓风机调节传感器 G462。

维修工作结束后需用盖板将此开口盖住。

7. 空气调节区

4C- Climatronic 自动空调是途锐汽车上装备的最高级的空调系统，可以满足对空调最苛刻的要求，其温度调节范围为 16 ~ 29.5℃。

如图 6-10 所示，通过 4C- Climatronic 自动空调可以将车内空间分为四个空气调节区，在这些空气调节区内能彼此独立地自动或手动调节空气温度、气流分布和风量，形成个性化的空间气候条件。

8. 气流分布

在 4C- Climatronic 自动空调系统中，有两个独立的空调器用于前部和后部座位空间的空气调节。如图 6-11 所示，前部空调器安装在仪表板下，后部空调器位于行李舱内左侧饰板后。

因为使用了前后两个空调器，所以用于前后空气调节区的气流分布部件是彼此分开的。4C- Climatronic 自动空调系统的操作通过位于仪表板内前部操作和显示单元（图 6-12）以及位于后部中控台内的后部操作和显示单元（图 6-13）进行。

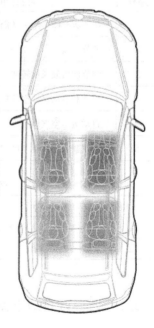

图 6-10　车内空间分为四个独立的空气调节区

　　在前部操作和显示单元上可执行的功能见表6-1，在后部操作和显示单元上可执行的功能见表6-2。

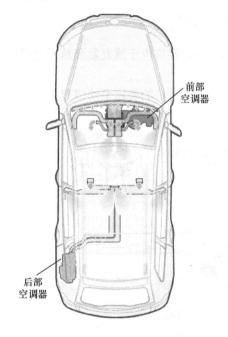

图 6-11　前后两个空调的安装位置

图 6-12　前部操作和显示单元

图 6-13　后部操作和显示单元

表 6-1　在前部操作和显示单元上可执行的功能

序号	可执行的功能	序号	可执行的功能
1	调节所有四个座位（温度区域）的温度	7	后部按钮，用于温度调节、鼓风机转速调节和气流分布调节（两个后部空气调节区）
2	调节气流分布	8	除霜
3	调节前后鼓风机转速	9	Econ（经济模式）
4	手动和自动循环空气功能	10	余热利用功能
5	自动进行空气调节	11	后窗玻璃加热装置
6	与驾驶人空气调节区同步	12	风窗玻璃电气加热装置（选装）

表 6-2　在后部操作和显示单元上可执行的功能

序号	可执行的功能	序号	可执行的功能
1	调节两个后部座位的温度	3	调节后部鼓风机转速
2	调节气流分布	4	自动进行空气调节

6.2.2　四温区自动空调系统的控制项目

1. 制冷循环

　　（1）制冷循环回路　如图6-14所示，由于采用了前后两个空调器总成，4C-Climatronic 空调系统的制冷循环回路有两个蒸发器。与此相适应，装备了两个膨胀阀和两个鼓风机。这两个蒸发器在管路中以并联方式连接，制冷剂的循环工作由一个外部调节的压缩机驱动。

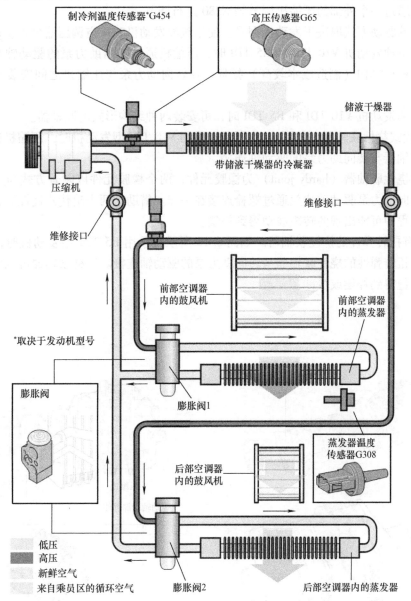

图6-14　四温区自动空调系统4C-Climatronic的制冷循环回路

高度压缩的制冷剂在蒸发器前通过一个膨胀阀卸压。冷凝器装备了一个储液干燥器。制冷循环回路通过专用闭锁接口连接。

为进行调节及识别制冷剂缓慢泄漏（损耗），根据发动机型号不同，制冷系统装有一个制冷剂温度传感器 G454 或一个高压传感器 G65。

当采用 V10 TDI 型发动机时，则安装有可同时检测制冷剂温度和制冷剂压力的组合式传感器。

（2）压缩机的驱动机构　大众途锐四温区自动空调 4C-Climatronic 系统使用的是单侧工作的七活塞摆盘式变排量压缩机。压缩机排量可以动态变化，以使压缩机功率主动适应空调

制冷功率的需求，并达到动态平衡。

压缩机通过一个外部的压缩机调节阀 N280 进行调节。

压缩机的驱动方式取决于发动机型号。使用汽油发动机时，空调压缩机直接通过多楔带驱动；使用柴油发动机 V10 TDI 和 R5 TDI 时，压缩机通过转向助力泵的驱动轴驱动。为防止压缩机的机械机构（制造成本较高）损坏，在转向助力泵与压缩机之间安装了一个挠性联轴器。

使用柴油发动机 V10 TDI 和 R5 TDI 时，可安装两种结构形式的联轴器。

1）哈代式挠性联轴器。如图 6-15 所示，采用 V10 TDI 型发动机时，压缩机通过两个哈代式挠性联轴器与转向助力泵的驱动轴连接。

哈代式挠性联轴器（hardy joint）为橡胶元件，两个橡胶元件以附着方式与压缩机驱动轴法兰和转向助力泵驱动轴法兰通过螺栓连接在一起。借助这两个哈代式挠性联轴器可以使系统工作过程中可能出现的转矩波动得到补偿。

2）具有扭转弹性的挠性联轴器。如图 6-16 所示，采用 R5 TDI 型发动机时，压缩机通过一个具有扭转弹性的挠性联轴器与转向助力泵的驱动轴连接。这种联轴器可以使驱动轴纵向运转不平稳得到补偿或缓冲。

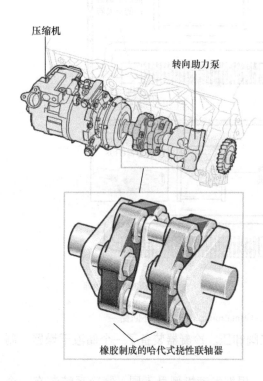

图 6-15　哈代式挠性联轴器

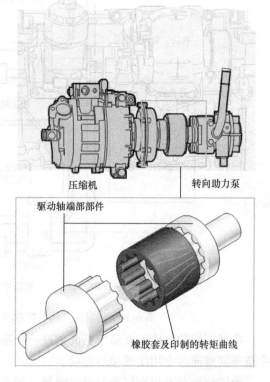

图 6-16　具有扭转弹性的挠性联轴器

具有扭转弹性的挠性联轴器包括两个带齿的金属端部部件，它们通过一个橡胶套以机械方式彼此连接在一起。这种结构的缓冲效果良好，并能提供优异的过载保护功能。

如图 6-17 所示，联轴器所承受的负荷可以通过橡胶套上印制的转矩曲线读出。负荷越大，橡胶套上的转矩曲线变形也就越大。

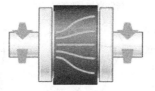

a) 两轴负荷均匀时的转矩曲线   b) 单侧过载时的转矩曲线

图 6-17　联轴器上的转矩曲线

2. 前部乘员区的气流分布

新鲜空气从车辆右侧的排水槽处进入空调器的入口。如图 6-18 所示，空气流经空调器后，通过空气通道（与仪表板的塑料壳体为一体）引至指向风窗玻璃的除霜出风口、仪表板上部用于间接通风的出风口、仪表板中部指向左右乘员的出风口、位于仪表板左右外侧的两个侧向出风口以及左右前部的两个脚舱出风口等处。

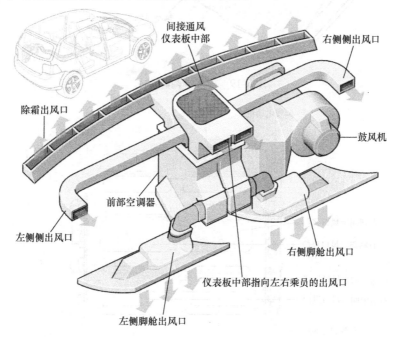

图 6-18　前部乘员区的出风口

如图 6-19 所示，除了前部蒸发器之外，前部空调器还包括带驱动机构的新鲜空气/循环空气风门、鼓风机、鼓风机调节传感器、热交换器、灰尘及花粉滤清器等部件。

1）新鲜空气/循环空气风门。该风门由一个伺服电动机驱动，启用或关闭循环空气功能后可将车内空气或车外空气引入空调器内。

2）鼓风机。空气经过新鲜空气风门进入空调器后，到达鼓风机处。鼓风机由电子调节器驱动，该调节器从外部插入空调器的壳体内。

3）前部空调器上的风门、伺服电动机和温度传感器。如图 6-20 所示，前部空调器的所有风门都由直流伺服电动机驱动。集成在电动机内的电位器用于检测电动机的当前位置和与其相连的风门位置。

如图 6-20 ~ 图 6-23 所示，4C-Climatronic 型空调器上使用了十个伺服电动机。

163

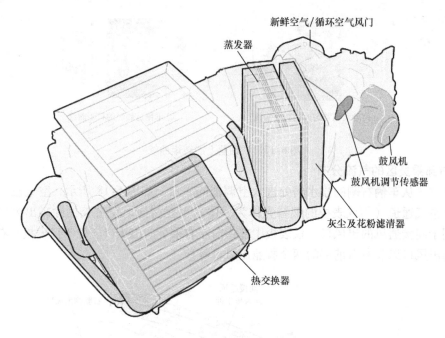

图 6-19　前部空调器总成

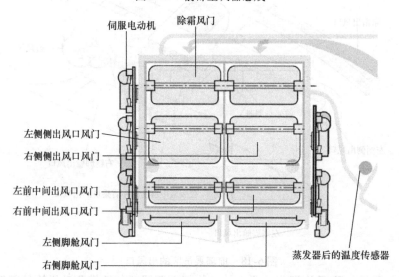

图 6-20　前部空调器上的风门、伺服电动机和温度传感器（俯视图）

为了进行温度调节，4C-Climatronic 空调系统使用了空调器内的新鲜空气进气通道温度传感器 G89、空调器内蒸发器后的温度传感器 G308、空调器内左侧侧出风口温度传感器 G385、空调器内右侧乘员侧出风口温度传感器 G386、前部左侧脚舱温度传感器 G261、前部右侧脚舱温度传感器 G262 共计六个温度传感器。

4）温度风门的功能。如图 6-24 所示，为了实现两个前部空气调节区的温度彼此独立地调节，4C-Climatronic 型空调器采用了彼此独立的左、右温度风门。分别调节左、右温度风门的位置即可调节来自蒸发器的冷空气与来自热交换器的热空气之间的风量比例，进而实现两个前部空气调节区的温度的个性化调节。

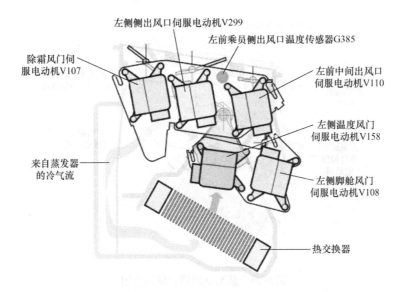

图6-21　前部空调器上的风门伺服电动机和温度传感器（左侧侧视图）

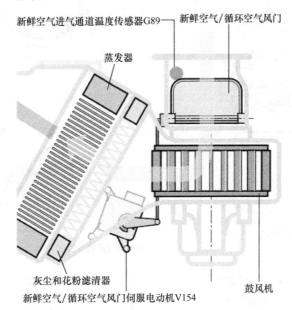

图6-22　前部空调器上的风门伺服电动机、鼓风机和温度传感器

图6-25和图6-26分别为右侧温度风门在"最冷"和"最热"位置时，风门状态和气流状态的示意图。

5）伺服电动机的固定板。如图6-27所示，为了维修时便于拆装伺服电动机，伺服电动机按需要的安装位置预先安装在固定板上。

拆卸伺服电动机前必须用VAS5051车辆故障诊断仪执行维修功能，借此使所有的空调伺服电动机均移动到预先规定的便于组装的位置（与维修和更换隐藏式刮水器的刮水片的操作相类似）。

当通过VAS5051车辆故障诊断仪执行空调伺服电动机维修功能（service function）时，

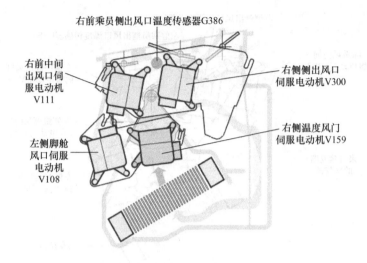

图 6-23 前部空调器右侧侧视图

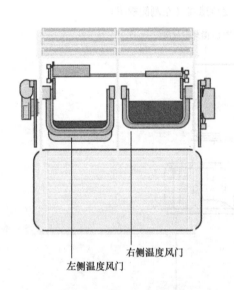

图 6-24 4C-Climatronic 型空调器
采用了彼此独立的左、右温度风门

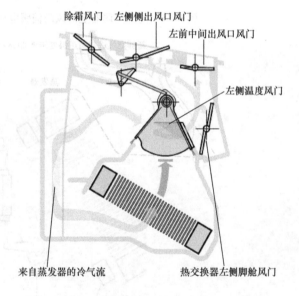

图 6-25 右侧温度风门在"最冷"位置

在驾驶人侧的操作和显示单元的显示屏上会有字母"SF"显示（图 6-28）。

如果风门不再与伺服电动机连在一起，复位弹簧同样会将空调器内的风门拉到初始的安装位置，以便组装时可以很方便地将固定板与伺服电动机推到风门的驱动滑槽上（图6-29）。

3. 后部乘员区的气流分布

如图 6-30 所示，后座区域的空调部件包括后部空调器、左右分配器壳体和各种空气通道（至左右乘员的中部出风口、B 柱内的出风口和后部脚舱出风口）等。

温度传感器用于测量两个后部空气调节区的出风温度，这些传感器位于将空气引至左右分配器壳体以及左右中间出风口的通道内。

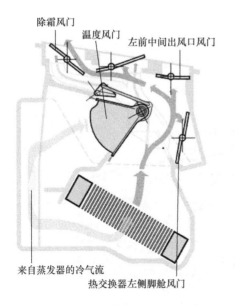

图 6-26 右侧温度风门在"最热"位置

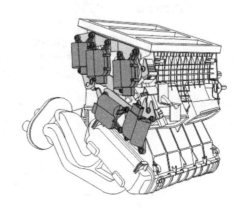

图 6-27 伺服电动机的安装位置

图 6-28 显示屏上的"SF"字母

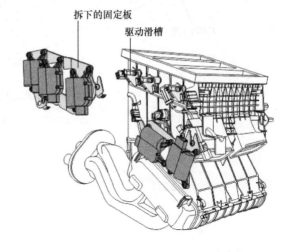

图 6-29 风门的驱动滑槽

后部空调器（图 6-31）是两个后部座位空气调节的关键总成，位于行李舱内左侧侧饰板后。后部空调器吸入乘员区内的空气，其鼓风机的送风功率为前部空调器鼓风机功率的 2/3。

1）温度风门和风量风门。如图 6-32 和图 6-33 所示，后部空调器有两个温度风门和两个风量风门。其中，右后温度风门和右后风量风门用于右侧后部空气调节区；左后温度风门和左后风量风门用于左侧后部空气调节区。用于气流分布的其他风门位于后部中间出风口的分配器壳体内和两个左右后部分配器壳体内。

2）伺服电动机。共有八个伺服电动机用于后部气流分布。其中，后部空调器内有四个伺服电动机，这些伺服电动机与前部空调器的伺服电动机一样配备有内部电位器；其他四个伺服电动机中，有两个位于中控台内后部中间出风口的分配器壳体上，另外两个伺服电动机分别位于左右后部分配器壳体上。

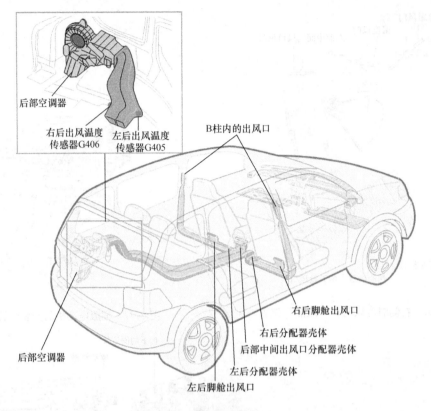

图 6-30 后座区域的空调部件

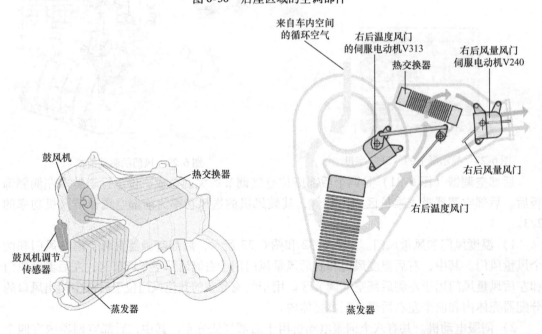

图 6-31 后部空调器　　　　　　　　图 6-32 后部空调器的右侧视图

3）温度风门。与前部空调器一样，后部空调器也有两个温度风门，这样即可对两个后部空气调节区单独调节温度。来自蒸发器的冷空气与来自热交换器的热空气混合后即可产生所需要的空气温度。

如图 6-34 所示，当右后温度风门处于"最热"位置时，右后温度风门只允许来自热交换器的热空气流向出风口，以此实现为车内提供暖风。

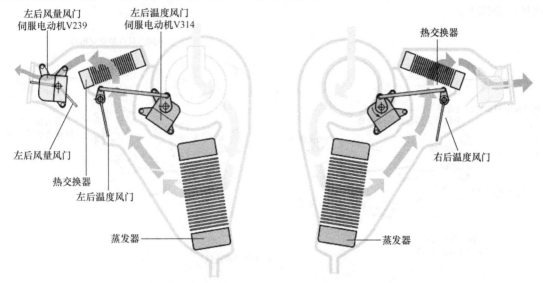

图 6-33 后部空调器的左侧视图　　　　　　　图 6-34 右后温度风门处于"最热"位置

如图 6-35 所示，当右后温度风门处于"最冷"位置时，右后温度风门只允许来自蒸发器的冷空气流向出风口，以此实现为车内提供冷风。

4）热交换器。后部空调器也有一个可在进风侧调节温度的热交换器。该热交换器（图6-36）位于空调器上部区域，损坏时不必拆下整个空调器并将其从制冷循环回路上拆下即可进行更换。

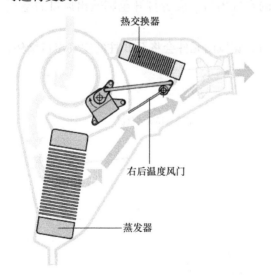

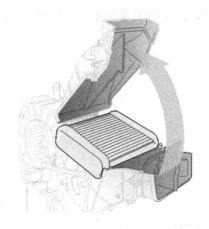

图 6-35 右后温度风门处于"最冷"位置　　　　　图 6-36 后部空调器的热交换器

5）后部空调器的封闭式接口。后部空调器的封闭式接口（图6-37）位于左后车轮罩处的一个公用接口支架上，用于连接到制冷循环回路。冷却液软管同样通过接口支架来支承。

6）后部中间出风口分配器壳体。后部中间出风口分配器壳体（图6-38）用于引导或封闭气流（至中控台内的后部中间出风口）的两个风门分别由一个伺服电动机驱动。左右后部乘员出风口的伺服电动机 V315 和 V316 位于一个公用壳体上，该壳体从下侧连接到中间出风口壳体上。

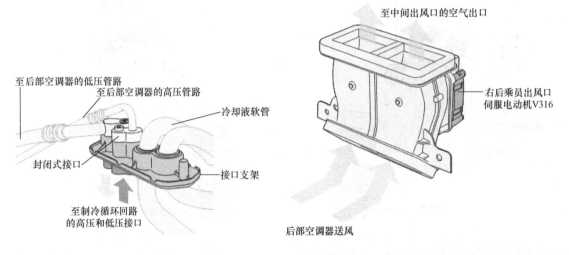

图 6-37　后部空调器的封闭式接口　　　　　　图 6-38　后部中间出风口分配器壳体

7）左、右分配器壳体。如图6-30所示，左、右分配器壳体位于中间通道左、右两侧的地板上。每个壳体内气流再次进入一个带分支的通道，该通道可将气流引至 B 柱内的出风口和脚舱出风口（图6-39）。这两个部位的气流分布通过 B 柱和脚舱截止风门实现（风门由伺服电动机驱动）。

截止风门有两个风门元件，使用一个公用轴驱动。选择两个风门元件之间的角度时，应保证风门移到极限位置或者打开至 B 柱出风口的空气出口，或者打开至脚舱出风口的空气出口。

如图6-40所示，如果让空气流向脚舱出风口，宽风门元件会将至 B 柱的空气出口堵住，窄风门元件会将至脚舱出风口的空气出口打开。

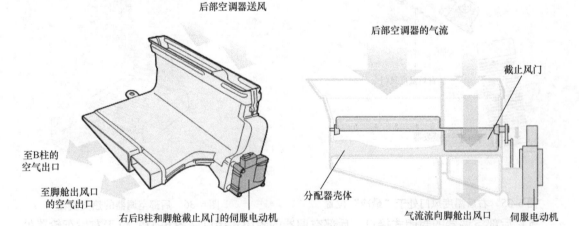

图 6-39　右分配器壳体　　　　　　图 6-40　处于"脚舱出风口"位置的截止风门

如图 6-41 所示，如果让空气流向 B 柱的出风口，宽风门元件会打开至 B 柱的空气出口，同时窄风门元件会关闭至脚舱的空气出口。

4. 传感器和执行机构

（1）空气质量传感器 G238

1）作用。如图 6-42 所示，空气质量传感器 G238 安装在左侧的排水槽内，用于检查至空调器的新鲜空气中的有害物质含量。

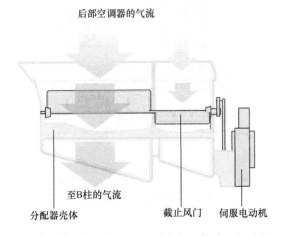

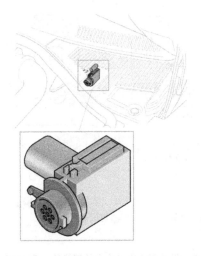

图 6-41　处于 B 柱位置的截止风门　　　　图 6-42　空气质量传感器 G238 及其安装位置

空气质量传感器 G238 用于探测可氧化和可还原的气体，如一氧化碳和氮氧化物。该传感器不是气味传感器，因此只能探测可氧化和可还原气体引起的不舒适气味。

空气质量传感器 G238 的输出信号用于自动循环空气控制功能，即用于车内循环风和车外新鲜空气的自动切换控制。空气质量传感器 G238 失灵时，自动循环空气控制功能会受到较大的限制。

2）工作原理。空气质量传感器的检测元件由混有钨的氧化物或混有锡的氧化物组成。当两种化合物接触到可氧化或可还原的气体时，它们都会改变各自的电学特性。

简而言之，当一种元素吸收氧时就发生氧化反应（图 6-43），当一种化合物释放氧时就发生还原反应（图 6-44）。因此，可氧化气体试图吸收氧并形成化学键。在另一方面，可还原气体试图让氧与其他元素或化合物结合。

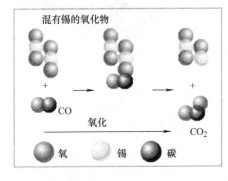

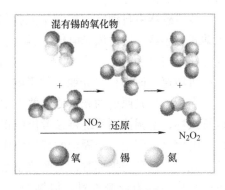

图 6-43　氧化反应　　　　　　　　　　　　　图 6-44　还原反应

可氧化气体包括一氧化碳（CO）、苯蒸气、汽油蒸气、碳氢化合物与未燃烧的或者燃烧不充分的燃油成分，可还原气体包括氮氧化物 NO_x。

如图 6-45 所示，若空气质量传感器的混合氧化物接触到可氧化气体，则该气体会从混合氧化物上吸收氧，从而改变了该混合氧化物的电学特性，使其阻抗降低；如图 6-46 所示，若空气质量传感器接触到可还原气体，该混合氧化物从气体中吸收氧，从而改变了该传感器的电学特性，使其阻抗升高。

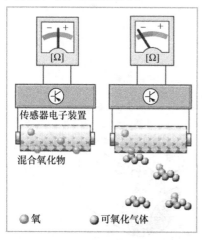
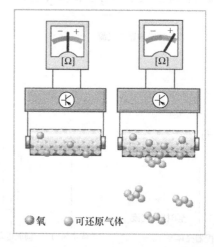

图 6-45　测量可氧化气体中的污染物（阻抗降低）（见彩图）　　　图 6-46　测量可还原气体中的污染物（阻抗升高）（见彩图）

基于混合氧化物的化学、物理特性，它可以在可氧化与可还原气体同时出现时检测其中的污染物。

简而言之，若传感器的阻抗升高，说明被检测的污染物中一定含有可氧化气体；若传感器的阻抗降低，说明被检测的污染物中一定含有可还原气体，空气质量传感器就是基于这一原理工作的。

（2）用于日光照射的光电传感器 2（G134）

1）作用。如图 6-47 所示，用于日光照射的光电传感器 2（简称日照传感器）位于仪表板中部除霜出风口前的一个盖板下方。

该传感器由自动空调控制单元提供 5V 电压，属于主动式传感器。通过该光电传感器的信号，空调控制系统可在车内空间进行空气调节（例如调节温度风门和鼓风机转速）时考虑日光照射的影响。

在用于日光照射的光电传感器 2 中，若某个光敏二极管损坏，空调控制系统将参考仍能正常工作的光敏二极管的信号，调用一个固定的替代值作为控制参量；若两个光敏二极管均损坏时，空调控制系统将调用两个固定的替代值作为控制参量，以维持空调系统的正常工

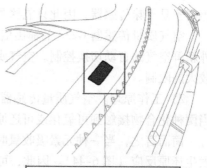
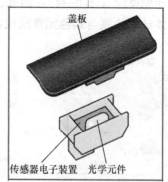

图 6-47　用于日光照射的光电传感器 2（G134）及其安装位置

作。不过，此时空调控制系统的控制精度会有一定程度的劣化。

2）工作原理。如图 6-48 和图 6-49 所示，日照传感器壳体中含有两个光敏二极管与一个光学元件。该光学元件分为两个腔室，每个腔室各含一个光敏二极管。

如图 6-48 所示，当阳光从左侧照射到传感器上时，光学元件本身的特性会使射线集中到左侧光敏二极管上。因而，左侧光敏二极管上产生的电流会明显地大于右侧光敏二极管上产生的电流。

如图 6-49 所示，当阳光从右侧照射，那么右侧光敏二极管上产生的电流会明显地大于左侧光敏二极管上产生的电流。借此，自动空调控制单元就可以判断出车内的哪一侧正在受到日光照射的影响而升温，并采取相应的控制措施。

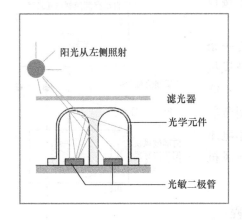

图 6-48　阳光从左侧照射

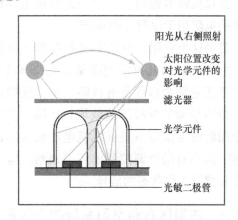

图 6-49　阳光从右侧照射

（3）制冷剂温度传感器 G454　制冷剂温度传感器 G454（图 6-50）的使用取决于车辆发动机的型号。它安装在压缩机旁制冷循环回路的高压管路内（在该管路内，制冷剂的正常工作温度为 40 ~ 130℃）。

制冷剂温度传感器 G454 是一个具有负温度系数（NTC）的热敏电阻型传感器，用于检测制冷剂的温度，其检测范围为 −20 ~ 150℃。

借助制冷剂温度传感器 G454 的温度信号和高压传感器 G65 的压力信号，自动空调控制单元可以判断制冷剂是否在缓慢泄漏（如因密封件损坏而引发的制冷剂泄漏）。当制冷剂的泄漏严重到一定程度时，为保护压缩机，自动空调控制单元会主动关闭空调系统的制冷功能。

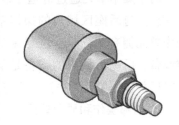

图 6-50　制冷剂温度传感器 G454

如果自动空调控制单元没有得到由该传感器传来的制冷剂温度信号，就会在故障存储器内存储一条记录。

在制冷剂温度传感器 G454 和高压传感器 G65 中，只有某一个传感器损坏时，自动空调控制单元无法判断制冷剂是否存在缓慢泄漏，制冷系统仍会继续工作。因此，制冷循环回路发生泄漏故障时，可能导致空调压缩机因润滑不足而损坏。

（4）前部鼓风机调节传感器 G462　有别于手动空调的串联电阻调速法（有级调速），自动空调的鼓风机调速采用的是脉冲宽度调制调速法（无级调速）。前部鼓风机调节传感器

G462（图 6-51）紧靠鼓风机旁插在空调器壳体内，用两个螺栓固定。

如图 6-52 所示，鼓风机调节传感器 G462 由自动空调控制单元供电，并由自动空调控制单元通过脉冲宽度调制（Pulse Width Modulation，PWM）信号控制，根据控制单元的指令调节鼓风机电动机的转速。

鼓风机损坏时空调系统的暖风和制冷功能均会失灵。鼓风机调节器和鼓风机故障只能通过诊断间接确定。鼓风机调节器内有一个与鼓风机电动机负极接口连接的电阻用于诊断（图 6-52）。

借助这个电阻，自动空调控制单元可以获得一条"反馈信息"，由此可以判断是传感器有故障、鼓风机有故障还是两个部件都有故障。该"反馈信息"不能直接指明是调节器故障或鼓风机故障。鼓风机调节器内电阻的电压信号不是鼓风机电动机实际的工作电压信号，而是自动空调控制单元"观察、监视"鼓风机调节传感器工作状态的信号。

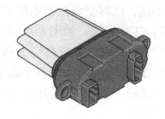

图 6-51　前部鼓风机调节
传感器 G462

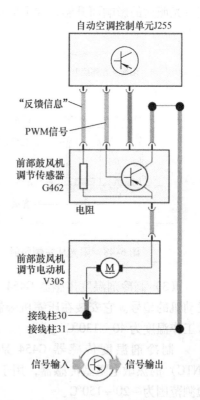

图 6-52　鼓风机调节传感器
G462 的控制及诊断电路

6.2.3　四温区自动空调系统的空气调节过程

4C-Climatronic 四温区自动空调系统在仪表板内有一个操作和显示单元，在后部中控台内中间乘员出风口下还有一个操作和显示单元。

两个操作单元通过舒适系统 CAN 数据总线彼此交换信息。与后座区域内的操作单元相比，仪表板内的操作单元拥有优先权。这意味着仪表板内的设备是主控设备，后座区域内的设备是从属设备。没有主控设备时后部操作单元无法执行相应功能。

1. 前部操作和显示单元

前部操作和显示单元（内部集成有自动空调控制单元 J255）的操作面板如图 6-53 所示。

如图 6-54 所示，当车辆装备了风窗玻璃电气加热装置时，则其前部操作和显示单元的按钮布置略有变化。此时，自动和手动循环空气功能通过一个按钮打开。按压一次按钮启用手动循环空气功能，再按压一次启用自动循环空气功能，第三次按压则关闭循环空气功能。

2. 后部操作和显示单元 E265

后部操作和显示单元 E265 位于中控台的乘员出风口下方，可用于调节两个后部空气调节区，其操作面板如图 6-55 所示。与前部操作单元相比，只有部分功能可供使用。前部空气调节区的设置无法在后部操作和显示单元处更改。

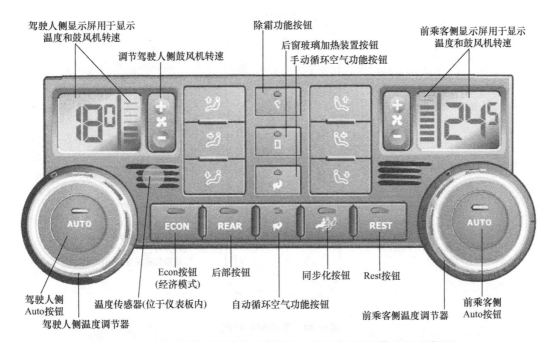

驾驶人侧显示屏用于显示
温度和鼓风机转速

调节驾驶人侧鼓风机转速

除霜功能按钮

后窗玻璃加热装置按钮

手动循环空气功能按钮

前乘客侧显示屏用于显示
温度和鼓风机转速

Econ按钮
(经济模式)

后部按钮

同步化按钮

Rest按钮

驾驶人侧
Auto按钮

温度传感器(位于仪表板内)

自动循环空气功能按钮

前乘客侧温度调节器

前乘客侧
Auto按钮

驾驶人侧温度调节器

图6-53 四温区自动空调系统前部操作和显示单元的操作面板(彩图)

3. 四个不同乘员区域的空气调节过程

4C-Climatronic 自动空调系统的整个温度范围为 $16 \sim 29.5℃$。

必须考虑针对四个不同乘员区域单独进行空气调节的可行性,因为四个不同乘员区域之间并没有用隔板、幕布等实体彼此隔离开来。

假设目前车外阳光明媚、日照充足,车内温度约为 $24℃$。四个空气调节区内分别坐有一个成年人,且按自己的需要调节了温度和气流分布。以上述假设条件为前提,对四温区自动空调系统的空气调节过程进行分析。

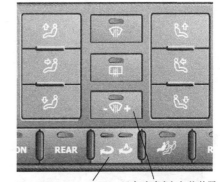

手动和自动循环空气功能　风窗玻璃电气加热装置

图6-54 前部操作单元的按钮布置
(车辆装备了风窗玻璃电气加热装置)

1)初始状况。系统初始状况如图6-56所示。

2)驾驶人空气调节区。如图6-57和图6-58所示,

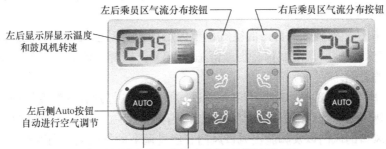

左后乘员区气流分布按钮

右后乘员区气流分布按钮

左后显示屏显示温度
和鼓风机转速

左后侧Auto按钮
自动进行空气调节

左后侧温度调节器　调节左后乘员区的鼓风机转速

图6-55 后部操作和显示单元 E265 的操作面板

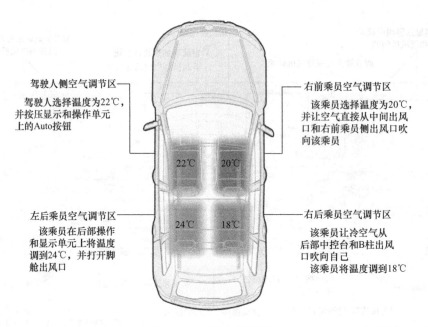

图 6-56 系统初始状况

驾驶人侧空气调节区——
驾驶人选择温度为22℃,
并按压显示和操作单元
上的Auto按钮

右前乘员空气调节区
该乘员选择温度为20℃,
并让空气直接从中间出风
口和右前乘员侧出风口吹
向该乘员

左后乘员空气调节区——
该乘员在后部操作
和显示单元上将温度
调到24℃,并打开脚
舱出风口

右后乘员空气调节区
该乘员让冷空气从
后部中控台和B柱出风
口吹向自己
该乘员将温度调到18℃

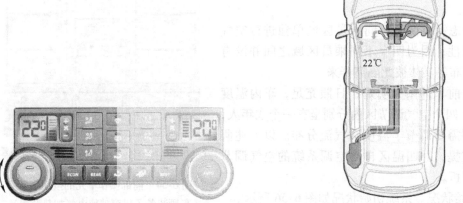

图 6-57 驾驶人空气调节区的设定温度为22℃
（启用了自动空气调节功能）

图 6-58 驾驶人空气调节区的设定温度为22℃

通过按压 Auto 按钮,驾驶人为自己的空气调节区启用了自动空气调节功能。前部操作和显示单元自己决定如何使所调温度保持在最舒适的 22℃。选择气流分布和鼓风机转速时也会顾及日光照射的影响。

如图 6-59 所示,前部操作和显示单元通过伺服电动机打开右侧温度风门以挡住来自热交换器的部分热空气,这样即可将该空气调节区内的温度调到约 22℃。通过驾驶人侧中间出风口和侧出风口的风门以及脚舱出风口风门,经过调节的气流被引向驾驶人。哪些风门打开,开启角度多大,均由控制单元根据环境条件自己决定。

3）右前乘员空气调节区。如图 6-60 和图 6-61 所示,通过按压 Auto 按钮,右前乘员为自己的空气调节区启用了自动空气调节功能。

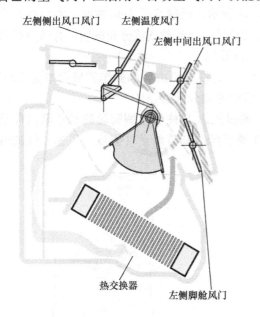

图6-59 风门的动作情况（驾驶人空气调节区）

图6-60 右前乘员空气调节区的设定温度为
20℃（启用了自动空气调节功能）

　　右前乘员将温度调到20℃并提高鼓风机转速。通过按压按钮"中间气流分布"取消以前的运行状态并指示前部操作和显示单元打开右前乘员出风口风门。

　　如图6-62所示，为确保进行这项设置后提供足够的冷气流，右侧温度风门将进一步关闭以挡住热空气。根据所调温度值（20℃），鼓风机转速将提高。因为驾驶人空气调节区和右前乘员空气调节区共用一个鼓风机送风，所以，前部操作和显示单元必须重新调整驾驶人空气调节区自动运行模式的设置，以便使驾驶人空气调节区的调节参量（温度、风速、气

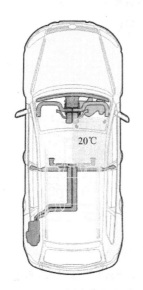

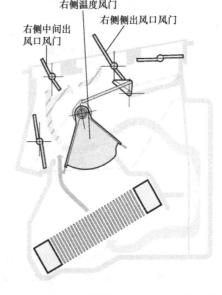

图6-61 右前乘员空气调节区的设定温度为20℃　图6-62 风门的动作情况（右前乘员空气调节区）

流分布）不偏离原来的设定值。

4）左后乘员空气调节区。如图 6-63 和图 6-64 所示，通过按压 Auto 按钮，左后乘员为自己的空气调节区启用了自动空气调节功能。左后乘员按压脚舱气流分布按钮，并通过后部操作和显示单元 E265 的旋钮调到所需要的温度（24℃）。

与前部空调器的控制原理相似，热空气与冷空气的混合比由后部操作和显示单元 E265 通过一个温度风门来确定。后部空调器将热气流引向左侧分配器壳体。

如图 6-65 所示，后部操作和显示单元 E265 通过操纵 B 柱和左侧脚舱的截止风门使热空气能从脚舱出风口吹出，以便使左后乘员空气调节区的调节参量（温度、风速、气流分布）维持在设定值不变。

图 6-63　左后乘员空气调节区的设定温度
为 24℃（启用了自动空气调节功能）

图 6-64　左后乘员空气
调节区的设定温度为 24℃

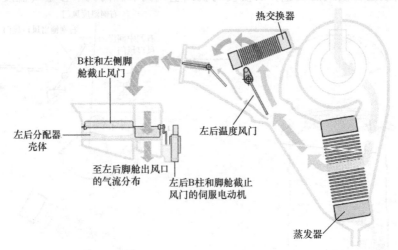

图 6-65　风门的动作情况（左后乘员空气调节区）

5）右后乘员空气调节区。如图 6-66 和图 6-67 所示，通过按压 Auto 按钮，右后乘员为自己的空气调节区启用了自动空气调节功能。右后乘员通过后部操作和显示单元 E265 的旋钮调到所需要的温度（18℃），然后按压侧窗玻璃和中间气流分布的按钮。

如图 6-68 所示，后部操作和显示单元 E265 进一步打开右侧温度风门以提高来自蒸发器的冷空气流量，这样即可使该空气调节区内的温度保持在 18℃。为了将空气引向中间出风口，控制单元将操纵右后乘员出风口风门。因

图 6-66　右后乘员空气调节区的设定温度为 18℃（启用了自动空气调节功能）

为 B 柱内的出风口也直接送风，所以控制单元也会操纵 B 柱和右侧脚舱的截止风门，以便空气能流入 B 柱内。

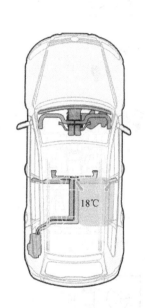

图 6-67　右后乘员空气调节区的设定温度为 18℃

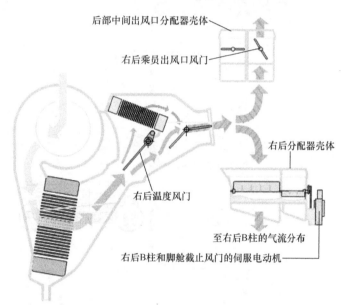

图 6-68　风门的动作情况（右后乘员空气调节区）

6.2.4　四温区自动空调系统的控制电路

1. 系统控制框图

系统控制框图如图 6-69 所示。

在图 6-69 中，用于前部气流分布的温度传感器包括新鲜空气进气通道温度传感器 G89、左侧脚舱出风温度传感器 G261、右侧脚舱出风温度传感器 G262、蒸发器温度传感器 G308、左前乘员出风口温度传感器 G385 和右前乘员出风口温度传感器 G386。

前部气流分布伺服电动机内的电位器包括除霜风门伺服电动机内的电位器 G135、左侧脚舱风门伺服电动机内的电位器 G139、右侧脚舱风门伺服电动机内的电位器 G140、循环空气风门伺服电动机的电位器 G143、左侧温度风门伺服电动机的电位器 G220、右侧温度风门伺服电动机的电位器 G221、除霜和右前乘员出风口截止风门伺服电动机的电位器 G317、除霜和左前乘员出风口截止风门伺服电动机的电位器 G318、左前乘员出风口电位器 G387 和右前乘员出风口电位器 G388（注意：某一电位器损坏时，故障诊断检测仪无法判断出该电位

器损坏，而是显示为与该电位器对应的伺服电动机有故障）。

用于后部气流分布的温度传感器包括左后出风温度传感器 G405 和右后出风温度传感器 G406。

后部气流分布伺服电动机内的电位器包括右侧 B 柱和脚舱截止风门伺服电动机的电位器 G328、左侧 B 柱和脚舱截止风门伺服电动机的电位器 G329、左后风量风门的电位器 G389、右后风量风门的电位器 G390、左后温度风门的电位器 G391、右后温度风门的电位器 G392、左后乘员出风口的电位器 G471 和右后乘员出风口的电位器 G472。

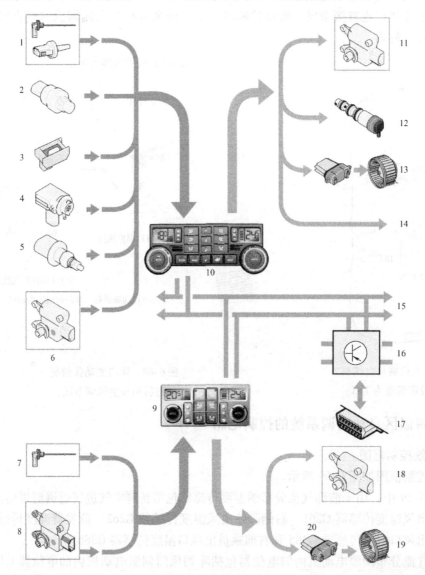

图 6-69　系统控制框图

1—用于前部气流分布的温度传感器　2—高压传感器 G65　3—用于日光照射的光电传感器 2（G134）　4—空气质量传感器 G238　5—制冷剂温度传感器 G454（取决于发动机型号）　6—前部气流分布伺服电动机内的电位器　7—用于后部气流分布的温度传感器　8—后部气流分布伺服电动机内的电位器　9—后部的自动空调操作和显示单元 E265　10—前部自动空调控制单元 J255　11—用于前部气流分布的伺服电动机　12—空调压缩机的调节阀 N280　13—前部鼓风机调节传感器 G462 和前部鼓风机调节电动机 V305　14—其他输出信号　15—舒适系统 CAN 数据总线　16—网关 J533　17—故障诊断接口 T16　18—用于后部气流分布的伺服电动机　19—后部鼓风机调节传感器 G463　20—后部鼓风机调节电动机 V306

　　用于前部气流分布的伺服电动机包括除霜风门伺服电动机 V107、左侧脚舱风门伺服电动机 V108、右侧脚舱风门伺服电动机 V109、左侧中间出风口伺服电动机 V110、右侧中间出风口伺服电动机 V111、新鲜空气/循环空气风门伺服电动机 V154、左侧温度风门伺服电动机 V158、右侧温度风门伺服电动机 V159、左侧侧出风口伺服电动机 V299 和右侧侧出风口伺服电动机 V300。

　　用于后部气流分布的伺服电动机包括右侧 B 柱和脚舱截止风门的伺服电动机 V211、左侧 B 柱和脚舱截止风门的伺服电动机 V212、左后风量风门的伺服电动机 V239、右后风量风门的伺服电动机 V240、右后温度风门的伺服电动机 V313、左后温度风门的伺服电动机 V314、左后乘员出风口的伺服电动机 V315 和右后乘员出风口的伺服电动机 V316。

2. 电路原理图

4C- Climatronic 自动空调系统电路原理如图 6-70 ~ 图 6-73 所示。

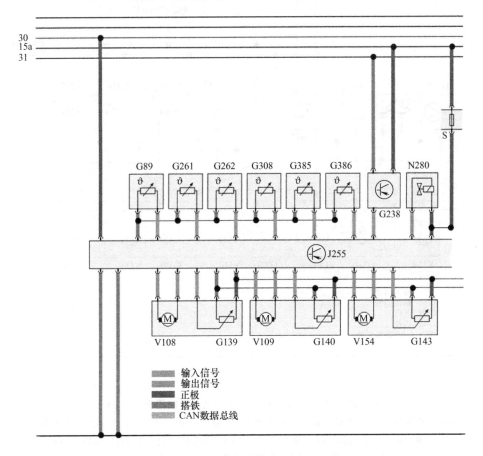

图 6-70　4C- Climatronic 自动空调系统电路原理图（a）

G89—温度传感器（用于新鲜空气进气通道）　G139—伺服电动机内的电位器（用于左侧脚舱风门）
G140—伺服电动机内的电位器（用于右侧脚舱风门）　G143—伺服电动机的电位器（用于循环空气风门）　G238—空气质量传感器　G261—出风温度传感器（左侧脚舱）　G262—出风温度传感器（右侧脚舱）　G308—蒸发器温度传感器　G385—乘员出风口温度传感器（左前侧）　G386—乘员出风口温度传感器（右前侧）　J255—前部自动空调控制单元　N280—空调压缩机的调节阀　S—熔断器　V108—左侧脚舱风门伺服电动机　V109—右侧脚舱风门伺服电动机　V154—新鲜空气/循环空气风门伺服电动机

3. CAN 数据总线联网

自动空调控制单元 J255 集成在前部操作和显示单元内部。如图 6-74 所示，自动空调控制单元 J255 连接在舒适系统 CAN 数据总线内，在这个数据总线内它与相应控制单元交换用于调节暖风和空调的信息。与驱动系统（亦称动力系统或传动系统）CAN 数据总线和信息娱乐系统 CAN 数据总线的信息交换通过网关 J533（位于组合仪表内显示单元的控制单元 J285 中）进行。

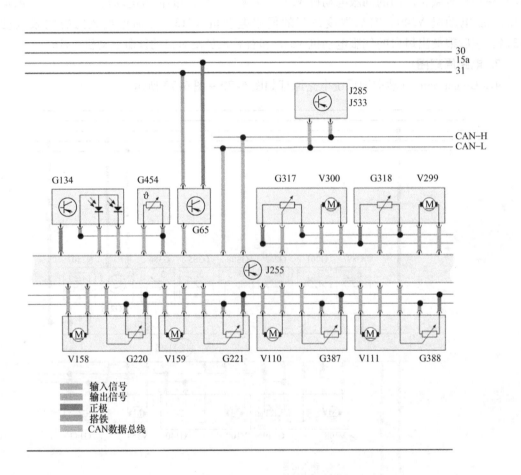

图 6-71　4C-Climatronic 自动空调系统电路原理图（b）

G65—高压传感器　G134—光电传感器 2（用于检测日光照射）　G317—除霜和左前乘员出风口截止风门伺服电动机的电位器　G318—除霜和右前乘员出风口截止风门伺服电动机的电位器　G220—伺服电动机的电位器（用于左侧温度风门）　G221—伺服电动机的电位器（用于右侧温度风门）　G387—乘员出风口电位器（左前侧）　G388—乘员出风口电位器（右前侧）　G454—制冷剂温度传感器　J255—前部控制单元　J533—网关　J285—带显示单元的控制单元（位于组合仪表内）　V110—中间出风口伺服电动机（左侧）　V111—中间出风口伺服电动机（右侧）　V158—温度风门伺服电动机（左侧）　V159—温度风门伺服电动机（右侧）　V299—左侧侧出风口伺服电动机　V300—右侧侧出风口伺服电动机

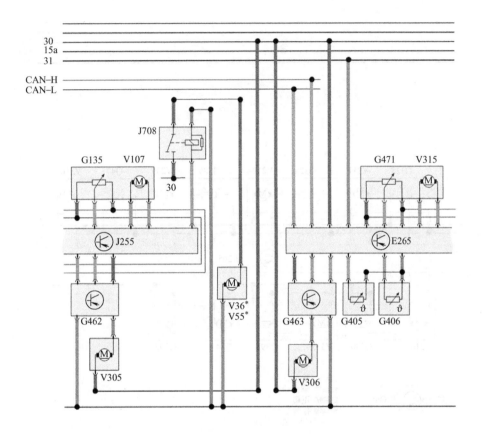

30
15a
31
CAN-H
CAN-L

J708

G135　V107
30

G471　V315

J255

E265

V36*
V55*

G462

G463　G405　G406

V305

V306

图 6-72　4C-Climatronic 自动空调系统电路原理图（c）

E265—操作和显示单元（用于后部自动空调）　G135—伺服电动机内的电位器（用于除霜风门）

G405—左后出风温度传感器　G406—右后出风温度传感器　G462—前部鼓风机调节传感器

G463—后部鼓风机调节传感器　G471—左后乘员出风口的电位器　J255—前部自动空调控制单元

J708—余热利用继电器　V36—水泵（依具体配置不同，可能略有差异，请以实车电路图为准）

V55—循环泵（依具体配置不同，可能略有差异，请以实车电路图为准）　V107—除霜风门伺服电动机

V305—前部鼓风机调节电动机　V306—后部鼓风机调节电动机　V315—乘员出风口伺服电动机（左后侧）

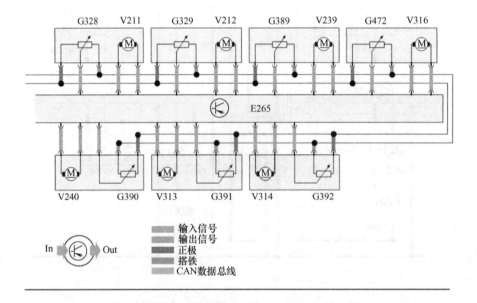

图 6-73　4C- Climatronic 自动空调系统电路原理图（d）

E265—操作和显示单元（用于后部自动空调）　G328—右侧 B 柱和脚舱截止风门伺服电动机的电位器
G329—左侧 B 柱和脚舱截止风门伺服电动机的电位器　G389—风量风门电位器（左后侧）　G390—风
量风门电位器（右后侧）　G391—温度风门电位器（左后侧）　G392—温度风门电位器（右后侧）
G472—右后乘员出风口的电位器　V211—右侧 B 柱和脚舱截止风门伺服电动机　V212—左侧
B 柱和脚舱截止风门伺服电动机　V239—风量风门伺服电动机（左后侧）　V240—风量风门
伺服电动机（右后侧）　V313—温度风门伺服电动机（左后侧）　V314—温度风门伺服电动机
（右后侧）　V316—乘员出风口伺服电动机（右后侧）

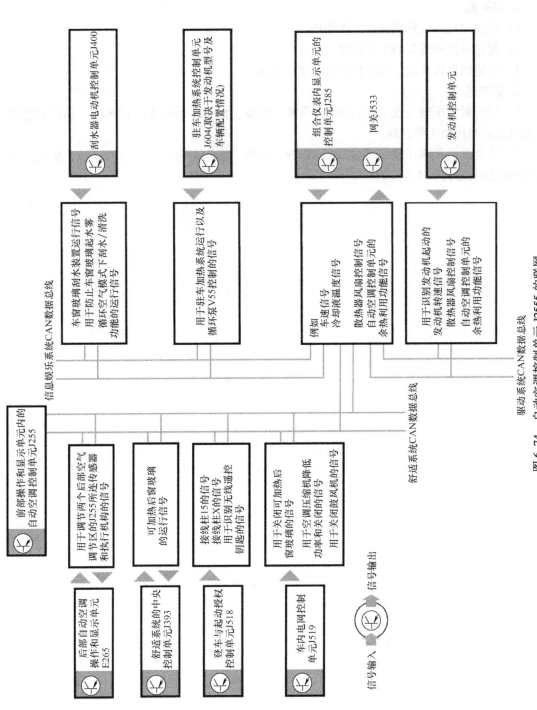

图 6-74 自动空调控制单元 J2555 的联网

思考与实训

1. 问答题

1）简述空气质量传感器的工作原理。

2）简述日照传感器的工作原理。

3）简述四温区自动空调系统的空气调节过程。

2. 实操题

1）结合教学车辆（或实训台架），分解、组装、操作手动汽车空调系统，借此熟悉其控制电路的结构和工作原理。

2）结合教学车辆（或实训台架），分解、组装、操作全自动汽车空调系统，借此熟悉其控制电路的结构和工作原理。

第7章

Chapter 7

汽车空调系统的布置

学习目标
- 了解决定汽车空调系统总体布置的影响因素；
- 熟悉汽车空调系统常见的布置形式；
- 能够对各种汽车空调系统布置形式的特点及其适用范畴进行分析和点评。

汽车空调系统的布置应考虑压缩机、冷凝器、蒸发器、加热器等总成的工作原理和工作要求，最大限度地发挥其功效。同时，还要兼顾整车的布置设计、车身外观造型、车室内装饰设计、整车轴荷分配、乘坐舒适性以及车室内的噪声要求等。

由此可见，汽车空调系统的布置是非常重要的，汽车空调系统的总体布置是否合理，不仅影响汽车空调系统自身的工作性能，而且还会对汽车的动力性、经济性、舒适性产生直接影响。

7.1 乘用车空调系统的布置

目前，绝大多数乘用车都属于单蒸发器空调系统，即空调系统只有一个蒸发器，车室内的冷风均由一个蒸发器提供。但也有一些高档乘用车，为了进一步改善后排乘客的舒适性，装备了两个蒸发器，形成双蒸发器空调系统。

7.1.1 单蒸发器乘用车空调系统的布置

1. 总体布置

乘用车由于其自身空间限制，一般采用非独立式空调系统，压缩机由汽车发动机驱动。典型单蒸发器乘用车空调系统的总体布置如图7-1和图7-2所示。

2. 主要部件的布置

如图7-1和图7-2所示，压缩机通过支架固定在乘用车发动机侧面，由汽车发动机通过传动带和电磁离合器驱动。冷凝器布置在散热器前面，由冷凝器风扇进行冷却，利用乘用车行驶时迎面风增加冷却效果。

蒸发器布置在仪表板下方，冷风经由蒸发器、冷风送风格栅吹入车厢内。采暖时制冷系统停止运行，高温冷却液（热水）通过冷却液控制阀（热水阀）进入暖风散热器，鼓风机将吸热后升温的外界空气从热风送风格栅送入车厢内供暖。连接管路过长会增加流动阻力且增大能耗，因此安装时管路应尽量短，并力求调试维修方便。

早期生产的乘用车空调系统，其冷凝器大都安装在发动机散热器前面，并与发动机散热

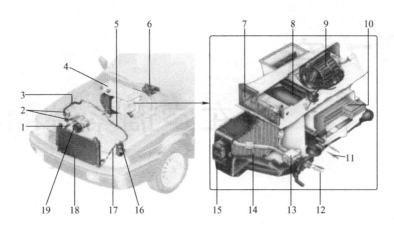

图 7-1 单蒸发器乘用车空调系统的典型布置方案（整车背景）

1—压缩机出口制冷剂管路（D 管路） 2—制冷剂消声器 3—压缩机入口制冷剂
管路（S 管路） 4—暖风加热器总成 5—蒸发器入口制冷剂管路（L 管路） 6—空
调控制面板 7—暖风入口空气滤清器 8—真空控制阀 9—鼓风机 10—暖风加
热器（暖风热交换器） 11—暖风加热器连接发动机散热器的冷却液管路（水管）
12—连接蒸发器的制冷剂管路 13—膨胀阀 14—蒸发器 15—温控器 16—储
液干燥器 17—冷凝器出口制冷剂管路（C 管路） 18—冷凝器 19—压缩机

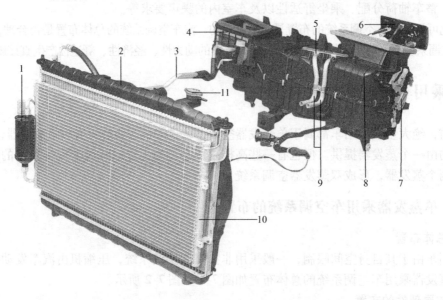

图 7-2 单蒸发器乘用车空调系统的典型布置方案（散件）

1—储液干燥器 2—发动机散热器 3—制冷剂管路 4—蒸发器总成 5—暖风加热器总成
6—空调控制面板 7—风门驱动机构（风门伺服机构） 8—空调器总成 9—连接暖风加
热器的冷却液管路 10—冷凝器 11—发动机散热器盖

器共用一个冷却风扇。因此，发动机散热器的散热效果会受到影响，散热器容易因冷却液温
度过高而"开锅"，安装时应考虑两者之间的距离。此外，冷凝器护风圈间隙要小，以防止
风量损失。

目前，多采用为冷凝器单独设置冷却风扇的方式，不但能增大扇风量，而且还使冷凝器
的冷却效果不受汽车行驶速度的影响。同时，发动机散热器风扇和冷凝器冷却风扇还可以协

同工作，有效避免发动机散热器"开锅"。

如图7-3所示，蒸发器一般装在仪表板下方、防火墙后边，并由仪表板出风口和风窗玻璃出风口以及脚部出风口实现出风。某些车型（如大众迈腾、途安汽车）还设有向后排乘客送风的风道及出风口。设计安装蒸发器时，要考虑设法降低蒸发器及鼓风机出风阻力，以减少风量损失并降低送风噪声。

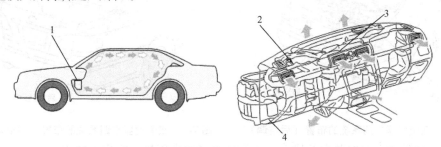

图7-3　典型单蒸发器乘用车空调系统的气流分布
1、2—蒸发器总成　3—暖风加热器总成　4—鼓风机

膨胀阀大多安装在蒸发器入口处，随同蒸发器一起布置。一般情况下膨胀阀出厂前已调试完毕，不用再行调整。

空调系统管路（管道）通常采用高、低压气液通用软管。主要考虑车辆行驶时振动对制冷系统的影响，以及便于连接布置。图3-14为典型乘用车空调制冷系统的布置。

7.1.2　双蒸发器乘用车空调系统的布置

1. 总体布置

某些高档乘用车，为了进一步提高后排乘客的舒适性，装备了两个蒸发器，形成双蒸发器空调系统。其中，一个蒸发器布置在仪表板下方，另一个蒸发器布置在行李舱内。后面布置的蒸发器主要作为前蒸发器的补充，提升后排区域的制冷效果。图7-4～图7-6为丰田皇冠乘用车双蒸发器空调系统的布置情况。

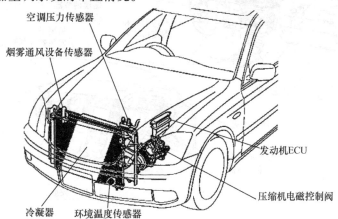

图7-4　双蒸发器空调系统的布置（发动机舱）

丰田皇冠乘用车双蒸发器空调系统采用紧凑、高效的蒸发器和铝制暖风加热器以及平流式过冷冷凝器，显著减轻了空调装置的质量。大量应用汽车网络技术，空调ECU和伺服

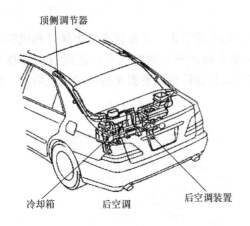

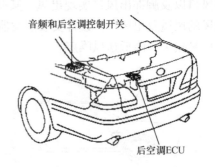

图 7-5　双蒸发器空调系统的布置（后空调）　　图 7-6　双蒸发器空调系统的布置（后空调 ECU）

电动机之间的控制电路安装在总线上，大大减少了线束用量，简化了结构。

基于汽车网络技术，将仪表板调整 ECU 的功能分为空调 ECU、车身 ECU 和仪表 ECU 三部分，进一步"简政放权"，使控制系统的灵活性和适应性更好。

后空调开关、后电动座椅开关和音响系统操作开关集中安装到后中央扶手上，使操作方便性大为提升。采用变排量的 6SBU16C 型压缩机以改进空调性能和节约能源。采用神经网络技术和左右独立的垂直温度控制技术，构成双蒸发器、多温区自动空调系统，进一步提升了舒适性和整车的燃油经济性。

2. 前部空调装置的布置

丰田皇冠乘用车双蒸发器空调系统前部空调装置的布置如图 7-7 所示。

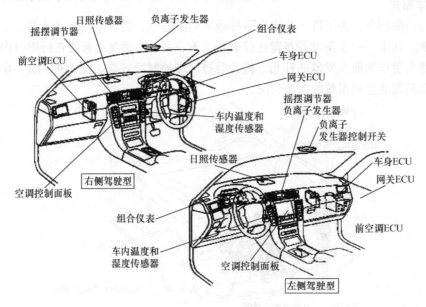

图 7-7　前部空调装置的布置

在前部鼓风机及蒸发器中采用超细型空气滤清器（图 7-8），在顶置控制台上采用负离子发生器（选配装置），以便为车内提供新鲜的空气。此外，还采用了能控制前中央调节器的摇摆调节器以改进舒适性。

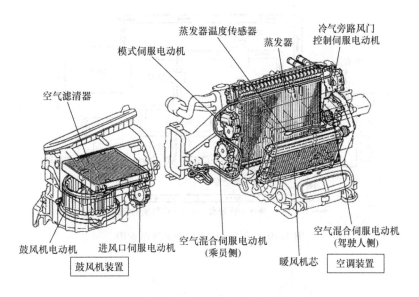

图 7-8　前部鼓风机及蒸发器的结构

7.2　客车空调系统的布置

7.2.1　客车空调采暖系统的布置

1. 汽车发动机冷却液余热采暖系统的布置

对于长期在温带地区行驶的客车，由于其冷负荷较小，为简化结构，多采用与乘用车类似的汽车发动机冷却液余热采暖系统（图7-9），其布置方式也与乘用车采暖系统的布置相似，只不过送风风道要长，出风口的数量较多。

2. 燃料燃烧加热冷却液采暖系统的布置

在大、中型客车上，特别是长期在寒带地区行驶的大、中型客车上，仅靠发动机冷却液的余热采暖是远远无法满足需求的。为此，在大客车中常采用燃气采暖系统。

燃气水暖式采暖系统的示意图如图7-10所示，燃油和空气在燃烧室中混合燃烧，加热发动机的冷却液，加热后的冷却液（热水）进入加热器芯向外散热，降温后返回发动机再进行循环。

燃气水暖式采暖系统的总体布置如图7-11所示。

7.2.2　客车空调系统常见布置形式

中型以上的客车空调系统一般以独立式空调系统为主，压缩机和独立发动机以及空调器总成多置于车厢地板下部，也有安装在汽车后部车架上的，而冷凝器和蒸发器布置则较为灵活，无论整体式空调还是分体式空调，都具有不同的布置形式，如裙置、后置、内置、顶置等。

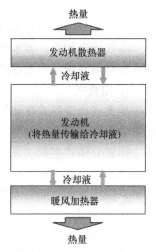

图 7-9　汽车发动机冷却液余热采暖系统原理图

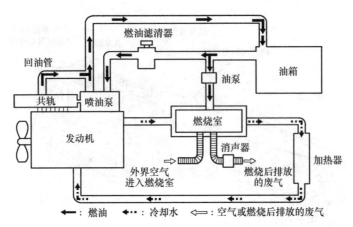

图 7-10 燃气水暖式采暖系统示意图

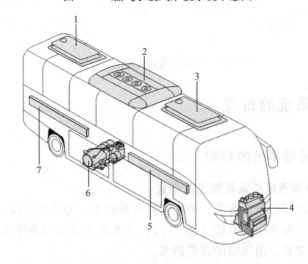

图 7-11 燃气水暖式采暖系统的总体布置

1、3—电动天窗 2—空调器总成 4—燃油泵 5、7—风道 6—独立式燃烧器

应该指出的是，客车空调系统的布置要比乘用车复杂，且空调种类也比乘用车多。常见的客车空调系统的布置形式如图 7-12 所示。

1. 裙置式

裙置式布置形式在整体式空调中应用较多，机组安装之处通风良好，便于独立式发动机及各轴承部位散热，且整车载荷分布均匀。

裙置分体式空调（图 7-13）一般将冷凝器、独立式驱动装置裙置，这样便具有了良好的通风条件，蒸发器则很少裙置，否则管路加长，阻力增大，送风均匀性差，有灰尘吸入蒸发器，使蒸发器不能有效换热。

2. 后置式

对于分体式汽车空调系统而言，后置式是将冷凝器布置在车身前部，而蒸发器则置于后部（图 7-14）。这种布置系统结构简单，流通和传热效果均优于裙置，安装维护也很方便。同时，也有利于轴荷的均匀分布。

对于后置整体式汽车空调系统（图 7-15），因车体后部开窗往往不能很好地解决机组散热问题，而且还会带进大量灰尘，影响空调系统的正常工作，因此常在冷凝器和车身之间增

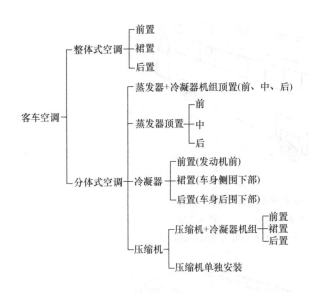

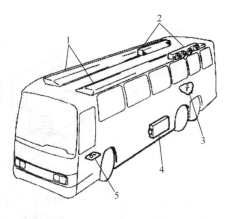

图 7-13 裙置分体式空调系统的布置
1—风道 2—蒸发器单元（置于车顶后部）
3—压缩机（置于车辆后部） 4—冷凝器单元
（置于裙部地板下） 5—空调系统控制面板
（置于驾驶人座椅附近）

图 7-12 常见的客车空调系统的布置形式

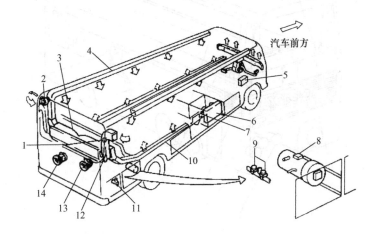

图 7-14 后置分体式空调系统的布置
1—外部环境空气质量传感器 2—排风电动机 3—空调器总成
4—顶部风道 5—空调系统控制面板 6—冷凝器单元
7—压力保护开关 8—预热器 9—热水阀（电磁控制阀）
10—地板风道 11—热水泵滤清器 12—外部空气风道
13—1 号压缩机 14—2 号压缩机

设导流板，以加强冷凝器、散热器的散热效果。发动机吸气口也可布置在冷凝器两侧以降低发动机的吸气温度，从而提高发动机功率。

后置整体式汽车空调系统由于系统组件相对集中，可为车内空间的布置留有较大的余地，因此，在双层客车（图7-16）以及双层卧铺客车上应用较多。

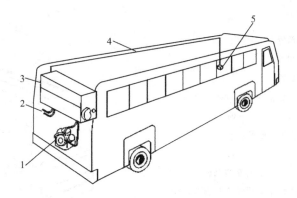

图 7-15 后置整体式汽车空调系统的布置
1—压缩机 2—加热器热风管 3—空调器总成
4—空调系统控制线束 5—驾驶人附近的空调控制面板

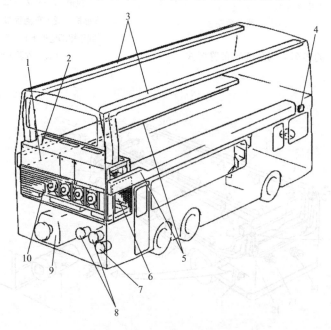

图 7-16 双层客车空调系统的布置
1—冷凝器排风口 2—蒸发器单元 3—为顶层送风的风道 4—空调系统控制面板
5—为底层送风的风道 6—冷凝器进风口 7—为底层制冷的压缩机
8—为顶层制冷的压缩机 9—主发动机（即汽车后置式发动机）
10—观察窗口

3. 顶置式

顶置式布置方式（图7-17）一般是将冷凝器、蒸发器及其风机（风扇）制成一个整体，称为空调器总成（图7-18），或分成冷凝器总成和蒸发器总成两部分，布置在汽车的顶部。按照具体的安装位置不同，又可细分为前顶置、中央顶置和后顶置三种方式。

一般顶置式便于送风、配气（图7-19），温度可均匀分布。顶置式适用于车速低、路面质量差、灰尘多的道路情况，同时安装维修也方便。但提高了整车高度和重心，车身外形不够平整。

如图 7-20 所示，对于采用辅助发动机的独立式制冷系统，为了降低整车重心并平衡轴荷，一般将辅助发动机布置在地板之下、前后车桥之间。

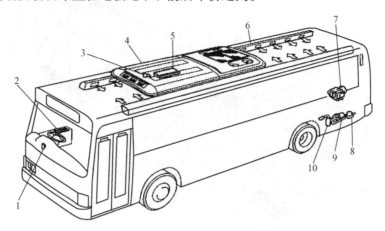

图 7-17　顶置式客车空调系统的布置
1—外部环境温度传感器　2—空调系统控制面板　3—车内温度传感器
4—顶置空调器总成　5—继电器盒　6—风道　7—压缩机
8—电磁控制阀　9—冷却液循环泵（水泵）
10—过滤器（滤网）

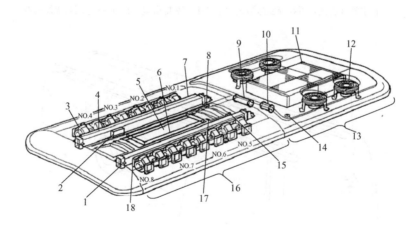

图 7-18　空调器总成
1、4—蒸发器　2—伺服电动机　3—鼓风机　5—继电器盒　6—风道（冷却后吹向车内的冷风风道）
7、18—复热器（reheat core，对冷却后的空气进行再次加热）
8、15—膨胀阀　9—储液罐　10—干燥器　11—冷凝器（和/或过滤器）
12—冷凝器风扇及其驱动电动机　13—冷凝器单元　14、17—观察窗口　16—蒸发器单元

前顶置式（图 7-21）可以减轻后轮负荷，车辆后部座位的舒适性得到改善。缺点是噪声大、管路较长。

中央顶置式（图 7-20）是较为理想的布置形式，它可以克服噪声大、管路长、车辆后部座位舒适性差、后轮负荷加大等缺点。

后顶置式可以缩短连接管路和送风管路，适用于后置发动机客车的非独立式空调制冷系统的布置。缺点是后轮负荷加大，车厢后部由于有气流涡流，舒适性得不到保证。但在一些

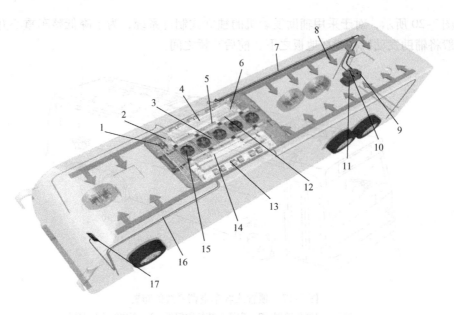

图 7-19　顶置式客车空调的布置及风道

1—干燥过滤器　2—节流膨胀阀　3—冷凝器　4—蒸发器　5—空气滤清器　6—继电器盒
7—液态制冷剂管路　8—风道　9—压缩机电磁离合器　10—压缩机　11—压力保护开关
12—空气净化器　13—蒸发器鼓风机　14—温度传感器　15—冷凝器风扇
16—排水管（将蒸发器在降温除湿过程中产生的水排出车外）　17—空调系统控制器

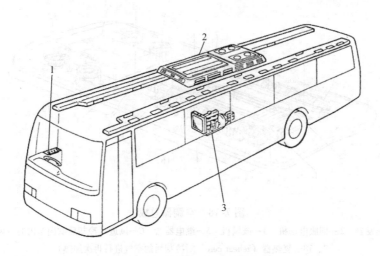

图 7-20　辅助发动机的布置

1—空调系统控制面板　2—顶置空调器总成
3—辅助发动机（用于单独驱动制冷压缩机的发动机）

轻型客车上，后顶置式却得到了较为广泛的应用（图 7-22 和图 7-23）。

如图 7-24 所示，有一些中型高档客车，为了更好地平衡轴荷，将蒸发器总成和冷凝器总成分开布置，蒸发器总成布置在车顶前部，冷凝器总成布置在车顶后部。

4. 内置式

内置式是将蒸发器置于车厢内的布置形式。冷凝器裙置，且可根据车厢长度安装不同数

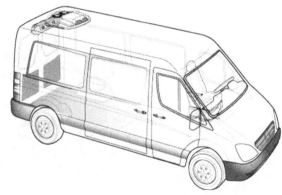

图 7-21　前顶置式客车空调系统的布置　　　　图 7-22　后顶置式客车空调系统的布置（一）

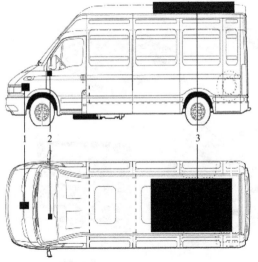

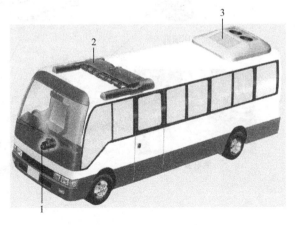

图 7-23　后顶置式客车空调系统的布置（二）
1—压缩机　2—空调系统
控制面板　3—顶置空调器总成

图 7-24　蒸发器总成和冷凝器总成分开布置
1—压缩机　2—蒸发器总成
3—冷凝器总成

量蒸发器组。车厢不太长时可在车厢内顶两侧各布置一组蒸发器；如果车厢较长，则两侧各装 3~4 组蒸发器。其优点是冷风管路短、阻力小、效率高；缺点是占用了车厢内顶两侧部分空间，不便安装行李架。

内置整体式（图 7-25）则可以避免上述问题，虽然在一定程度上占据了车底行李舱的空间，但能显著降低车身重心，有利于车辆行驶稳定性的改善。

7.2.3　典型顶置式客车空调系统的布置

韩国现代客车采用顶置非独立式空调系统，其总体布置如图 7-26 所示。

在顶置式空调系统（roof on air conditioning system）中，汽车发动机通过传动带驱动压缩机工作，蒸发器单元和冷凝器单元均布置在汽车顶部，蒸发器鼓风机和冷凝器风扇均由电

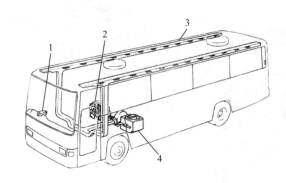

图 7-25　内置整体式客车空调系统的布置
1—空调系统控制面板　2—辅助发动机（用于单独驱动制冷压缩机的发动机）
3—风道　4—空调器总成

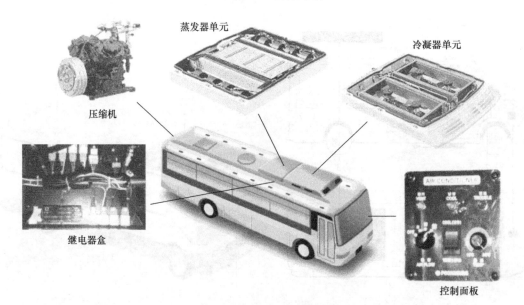

图 7-26　韩国现代客车顶置非独立式空调系统的总体布置

动机直接驱动。由于采用非独立式驱动，没有辅助发动机，其维修费用大大降低，噪声、振动也较小，乘坐舒适性也好。

该车的暖风热源直接来自汽车发动机的冷却液余热，没有装备独立的热源系统。

1. 压缩机

压缩机安装在发动机舱内、发动机的侧面，由汽车发动机通过传动带及电磁离合器驱动（图 7-27）。如图 7-28 所示，在压缩机机体的侧面，装有一个观察窗口，用于观察冷冻机油的品质和颜色，以确保润滑可靠。

如图 7-29 和图 7-30 所示，低压压力开关安装在压缩机吸气管路上，高压压力开关安装在压缩机排气管路上。当系统运行压力出现异常时，会自动停止压缩机的工作。与此同时，控制面板上的故障警告灯会自动点亮，向驾驶人发出警告信息。

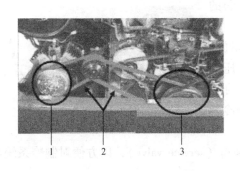

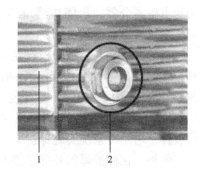

图 7-27 压缩机由汽车发动机驱动

1—压缩机带轮 2—传动带 3—发动机曲轴带轮

图 7-28 观察窗口

1—压缩机机体 2—观察窗口

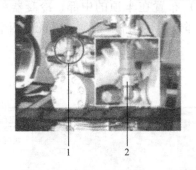

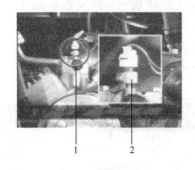

图 7-29 低压压力开关的安装位置

1—低压压力开关远景 2—低压压力开关近景

图 7-30 高压压力开关的安装位置

1—高压压力开关远景 2—高压压力开关近景

2. 冷凝器单元

如图 7-31 所示，冷凝器单元（亦称冷凝器总成）布置在车顶的前部。五个电动冷凝器风扇（轴流风机）布置在冷凝器上方，以增强冷却效果。

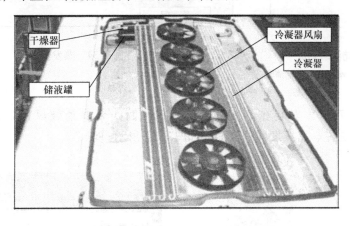

图 7-31 冷凝器单元

在冷凝器单元内，还装有干燥器和储液罐。干燥器（图 7-32）内装有由沸石制成的干燥剂，以去除混入制冷剂中的水分，并过滤杂质，确保节流膨胀阀不致堵塞。

储液罐（图 7-33）用于存储流向节流膨胀阀的液态制冷剂。在储液罐罐体上安装有易熔塞。当制冷系统工作出现故障，压力出现异常升高时，如果高压压力开关因故障未能及时

切断电磁离合器，压缩机将继续工作。此时，脆弱的
制冷系统有可能遭到破坏。

易熔塞就是基于这种极端情况而设置的保护措施。
易熔塞装有易熔合金，当制冷剂的温度因异常高压而
急剧升高，达到105℃（对应的制冷剂压力约为
3.56MPa）时，易熔合金可以迅速熔化，将高压制冷剂
泄放掉，对制冷系统实施保护。

图7-32 干燥器

此外，在储液罐的外部管路上，还安装有维修阀（service valve），以方便对制冷系统实施维修作业。

3. 蒸发器单元

如图7-34所示，蒸发器单元（又称蒸发器总成）布置在车顶的中部、冷凝器单元后部。为增强蒸发效果，蒸发器分为左、右两部分，每部分各有一个膨胀阀，并配备四个电动鼓风机进行强制通风。

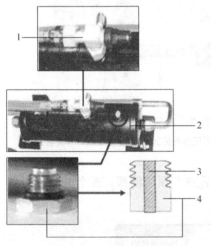

图7-33 储液罐总成
1—维修阀（service valve） 2—储液罐
3—易熔合金 4—易熔塞

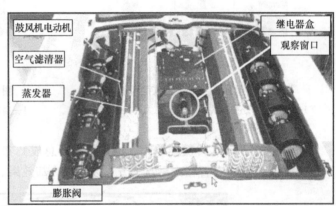

鼓风机电动机
空气滤清器
蒸发器
继电器盒
观察窗口
膨胀阀

图7-34 蒸发器单元

膨胀阀（图7-35）安装在蒸发器的入口处，而四个电动鼓风机（离心式鼓风机，图7-36）则安装在左、右蒸发器的侧面，如图7-37所示。

图7-35 膨胀阀

图7-36 离心式鼓风机

在左、右蒸发器之间，安装有用于观察制冷剂流动情况的观察窗口（图7-38）和继电器盒。继电器盒（图7-39）内安装有控制空调系统工作的各种控制器件，如电路熔断器、压缩机电磁离合器继电器、冷凝器风扇继电器、蒸发器鼓风机继电器及温控器等。检修或更换这些器件以及观察制冷剂流动情况时，无须爬到车顶，只要打开位于车内顶部的继电器盒盖板（图7-40）即可。

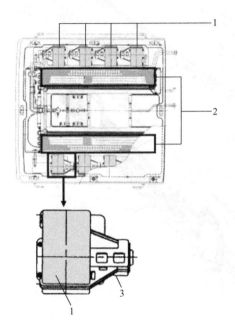

图7-38　观察窗口

图7-37　左、右蒸发器及鼓风机

1—鼓风机　2—左、右蒸发器　3—鼓风机电动机

图7-39　继电器盒

1—熔断器　2—继电器　3—温控器

4. 控制面板

控制面板（图7-41）位于车内驾驶人座椅的侧面，用于实现对空调系统的操作和控制。

图7-40　车内顶部的继电器盒盖板

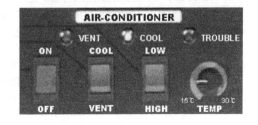

图7-41　控制面板

7.2.4　高档客车智能电控空调系统的布置

美国冷王（THERMO KING）公司开发的第三代智能电控空调系统——Intellig AIRE® Ⅲ型客车智能电控空调系统采用微控制器技术和远程无线通信技术，不但可以实现车内的多温区、个性化的温度调节，而且可以实现远程遥控设置。车内空调系统各个构件之间采用网络

技术传输信息，实现了信息共享，大大减少了线束用量，提高了可靠性。同时，还具有故障自诊断功能，可显著缩短诊断、维修工时。

Intellig AIRE®III型客车智能电控空调系统的布置如图7-42所示。

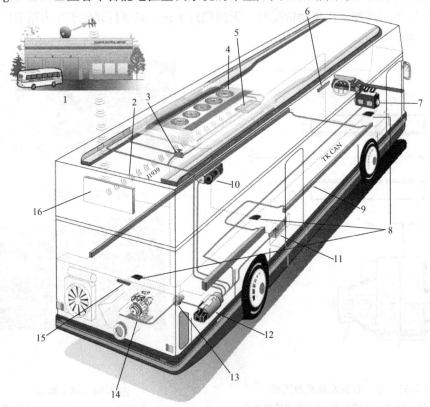

图7-42　美国冷王（THERMO KING）公司第三代智能电控空调系统总体布置示意图

1—空调控制中心（Climate Control Center）　2—基于J1939网络的无线广播（J1939 NETWORK WIRELESS BROADCAST）　3—热水阀（WATER VALVE）　4—位于车顶部的空调器加热单元（ROOF TOP A/C HEAT UNIT）　5—第三代智能电控空调系统主控模块（Intellig AIRE III Main MODULE）　6—驾驶人侧显示屏控制模块（DRIVER'S DISPLAY MODULE）　7—驾驶人侧空调器的加热/除霜器（DRIVER A/C HEATER/DEFROSTER）　8—内部输入/输出接口模块（INTERNAL I/O MODULE）　9—热水对流循环加热器（CONVECTOR HEATER）　10—热导管（DUCT HEATER）　11—入口段加热器（ENTRANCE HEATER）　12—以柴油为燃料的燃烧式加热器（辅助）〔DIESEL FUELED HEATER(AUX)〕　13—热水循环泵（BOOST PUMP）　14—制冷系统压缩机（COMPRESSOR）　15—压力显示屏控制模块（PRESSURE DISPLAY MODULE）　16—车载计算机（ON-BOARD COMPUTER）

7.3　其他商用车空调系统的布置

7.3.1　载货汽车空调系统的布置

1. 载货汽车空调系统的特点

载货汽车主要以中、长途运货为主要用途。与乘用车相比，载货汽车的空调系统有如下特点：

1）热负荷大。重型载货汽车多采用具有大曲面风窗玻璃的平头驾驶室（接受的太阳辐射热量多），其驾驶室的容积是乘用车的 1.4～1.7 倍，且发动机布置在驾驶室下面，由发动机传入驾驶室的热量也要比乘用车多。因此，载货汽车的热负荷远比乘用车大。

2）平均行驶车速低。载货汽车行驶的平均速度要比乘用车低，因此压缩机与发动机的转速比与乘用车不同，需采用小直径带轮，以提高压缩机转速。

3）耐久性好。载货汽车的工作条件比较差，行驶工况多变，因此要求空调机组具有很好的耐振性和耐久性。

4）舒适性要求不同。载货汽车安装空调主要用于改善工作环境，提高行驶安全性，而乘用车是以改善舒适性为目的的。载货汽车驾驶室内的推荐参数：在相对湿度 50%～60% 条件下，车内温度应保持 24～28℃，车内换气量为 30～45m³/h，噪声应控制在 60dB 以下；中、小型载货汽车的制冷能力一般在 2.1～2.9kW，大型载货汽车在 3.2～4.2kW，制热能力一般在 4.3～5.8kW。

载货汽车的采暖和制冷都是非独立式的，制冷空调装置由整车发动机驱动。制冷空调系统的布置有内置混合式和顶置式两种。

2. 内置混合式载货汽车空调系统的布置

内置混合式的布置形式和乘用车一样，压缩机通过支架固定在发动机旁，由发动机通过带轮驱动，冷凝器安装在发动机散热器前面，蒸发器和加热器组成的机组安装在仪表板之下，具有采暖、降温和通风等功能，可以像乘用车一样切换调整各种风门和气源，也具有除雾和除霜的功能。

载货汽车内置混合式空调系统的布置如图 7-43 所示。

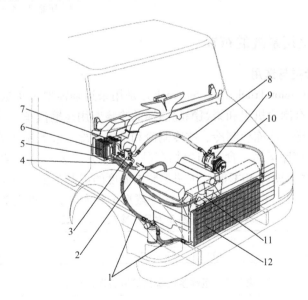

图 7-43　载货汽车内置混合式空调系统的布置

1—制冷剂液体管路　2—发动机冷却液流量控制阀（热水阀）　3—膨胀阀　4—发动机冷却液管路（回水管）
5—发动机冷却液管路（来水管）　6—暖风加热器（热交换器）　7—蒸发器　8—制冷剂吸气管路（气体管路）
9—压缩机　10—制冷剂排气管路（气体管路）　11—发动机冷却液泵（水泵）　12—冷凝器

3. 顶置式载货汽车空调系统的布置

很多平头重型载货汽车和工程车辆多采用顶置式制冷空调系统。如同顶置式的客车空调一样，将蒸发器和冷凝器组成一个总成，安装在车顶上，室外新鲜空气从车顶进入，由上至下供冷风，在仪表板的下方为非独立式的水暖系统。冷凝器有足够的迎面风冷却，冷凝散热效果好。但需要加大驾驶室顶盖的刚度，以防顶盖变形影响制冷装置正常工作。图7-44所示为载货汽车顶置式布置。

如图7-45所示，在某些长头载货汽车上，由于发动机舱内部空间宽敞，多将冷凝器布置在发动机舱内，而将蒸发器及鼓风机总成布置在车顶。

图7-44　平头载货汽车顶置式空调系统的布置

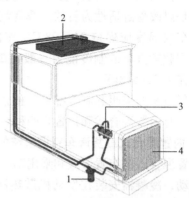

图7-45　长头载货汽车顶置式空调系统的布置
1—储液干燥器　2—蒸发器及鼓风机总成
3—压缩机　4—冷凝器

7.3.2　冷藏汽车空调系统的布置

1. 冷藏汽车的分类与选用

冷藏汽车（Refrigerator Truck，Reefer truck）是用来运输需要冷冻或保鲜货物的封闭式厢式运输车，属于装有制冷机组和聚氨酯隔热厢的冷藏专用运输汽车。冷藏汽车的制冷方式较多，有蒸气压缩制冷、冷冻板制冷、冰冷制冷和干冰制冷、液氮制冷等。

现行国家标准《道路运输、食品与生物制品冷藏车安全要求及试验方法（GB 29753—2013）》规定，当环境温度为30℃时，按照车厢内温度的可调范围，将运输易腐食品的冷藏汽车分为六级，见表7-1；将运输生物制品的冷藏汽车分为两级，见表7-2。

表7-1　运输易腐食品的冷藏汽车分级

级别	A	B	C	D	E	F
调温范围/℃	12~0	12~-10	12~-20	≤0	≤-10	≤-20

表7-2　运输生物制品的冷藏汽车分级

级别	G	H
调温范围/℃	8~2	≤-20

应根据货物对温度和相对湿度的不同要求，选用不同级别的冷藏汽车。

对于冷冻食品（如冷冻肉类、水产类、速冻食品等）应选用F级冷藏汽车运输。这类食品一般要求储存温度在-18℃以下，可以储存几个月到十几个月。冷冻食品在以小时计的运输过程中，只需要将车厢内的设定温度设定在 −18℃即可，并不需要严格控制温度波动的精度。

对于冷藏食品（如冷鲜肉、水产品、禽蛋等）应视情选择、区别对待。冷藏食品的运输温度要求是在保证食品不冻结的前提下，温度越低越好，亦即车厢内温度接近 0℃或更低一些。绝大多数冷藏食品可以选择 D、E、F 级别的冷藏汽车运输。某些罐头食品要求的运输温度在 −5℃左右，则应选用 E 或 F 级冷藏汽车运输。

对于蔬菜、水果类食品的运输，则较为复杂，具体原因如下：①各种蔬菜、水果的运输温度要求不一样；②大多数蔬菜、水果对运输温度的波动比较敏感，对运输温度的稳定性要求较高；③由于蔬菜、水果在采摘以后还是要进行呼吸的，会产生呼吸热，因此要求制冷机组提供更多的冷量；④蔬菜、水果类食品对运输过程中车厢内的相对湿度也有要求。所以，虽然从 A 到 F 各级冷藏汽车原则上都可以用于蔬菜、水果的运输，但仍然要按照货物具体的运输要求区别对待，审慎选择冷藏汽车的级别。

对于疫苗、药品等生物制品的运输，应按照货物具体的运输要求，选择 G 或 H 级冷藏汽车。

2. 冷藏汽车蒸气压缩制冷系统的布置

冷藏汽车安装空调可以明显改善驾驶人的工作环境，提高工作效率，确保行车安全。

当驾驶室和冷藏车厢均采用蒸气压缩方式实现制冷时，为简化结构，一般中小型冷藏汽车均采用所谓"一拖二"的结构形式，即用一个压缩机和冷凝器，拖动两套不同的蒸发器（驾驶室蒸发器和冷藏厢蒸发器）；也有采用一个压缩机，拖动两套不同的空调器总成（驾驶室蒸发器、冷凝器和冷藏厢蒸发器、冷凝器）的。

显然，在"一拖二"制冷系统中，两套蒸发器制冷量大小不同，蒸发压力和蒸发温度也不相同，冷藏厢内的蒸发器经常处于带霜工作状态，因此冷藏厢内的蒸发器还要有除霜系统。两套蒸发器的管路并联，但其控制方法不尽相同。

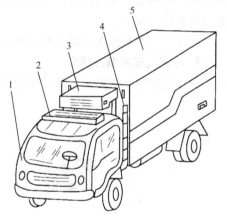

"一拖二"制冷系统的总体布置主要取决于制冷机组主要部件的安装位置。制冷机组主要由动力装置、压缩机、冷凝器和蒸发器四大部件组成。四大部件组装成一体，则称整体式，如图 7-46 所示。

图 7-46 整体式机械冷藏汽车
1—车头及驾驶室 2—驾驶室顶部工作平台
3—制冷机组 4—工作梯 5—冷藏车厢

四大部件分别安装在汽车的不同部位，彼此用管路相连，则称分体式。分体式冷藏汽车按冷凝器的位置不同，又可分为顶置式、前置式和下置式三种，如图 7-47 所示。

顶置式和前置式的冷凝器处于汽车的迎风位置，冷凝效果好，但比下置式质心位置高。下置式的冷凝器散热片间易进入灰尘，影响冷凝效果，且冷凝器布置在汽车车架纵梁的外侧也比较困难。分体式比整体式的制冷量小，主要用于轻型或微型冷藏汽车。无论是整体式还是分体式，压缩机一般靠近汽车发动机，由动力装置通过带传动机构进行驱动。

制冷机组按驱动方式不同，可分为独立式（自带动力装置）和非独立式（不带动力装置）两种。独立式动力装置采用内燃机或电动机。有的两种装置同时装备，以其中一种为

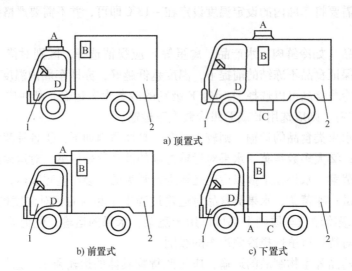

图 7-47   分体式机械冷藏汽车布置

1—汽车底盘   2—冷藏车厢

A—冷凝器   B—蒸发器   C—电动机及备用压缩机   D—压缩机

主，另一种备用，以提高工作可靠性。非独立式利用汽车发动机作为动力装置，取力方式分两类：一类利用带传动，直接从发动机前端取出；二类利用变速器的取力窗口，从中间轴上通过齿轮传动取出。

蒸发器一般布置在冷藏车厢内前壁中上方，但也有布置在左（右）上方的。

3. 冷藏汽车的制冷循环

冷藏运输汽车空调、冷藏并用的"一拖二"制冷循环工作原理如图 7-48 所示。

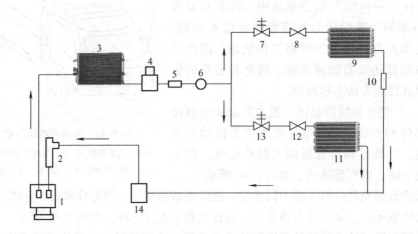

图 7-48   空调、冷藏并用的"一拖二"制冷循环工作原理

1—压缩机   2—吸入压力调节阀   3—公用冷凝器   4—储液器   5—干燥器   6—视液镜

7—驾驶室制冷系统电磁阀   8—驾驶室制冷系统膨胀阀   9—驾驶室蒸发器

10—蒸发压力调节阀   11—冷藏车厢蒸发器   12—冷藏车厢制冷系统膨胀阀

13—冷藏车厢制冷系统电磁阀   14—气态制冷剂存储器

车厢冷藏系统的制冷循环：高压制冷蒸气从压缩机 1 排出→公用冷凝器 3（实现冷凝放热）→储液器 4→干燥器 5→视液镜 6→冷藏车厢制冷系统电磁阀 13→冷藏车厢制冷系统膨胀阀 12→冷藏车厢蒸发器 11（实现蒸发吸热，完成冷藏车厢制冷）→气态制冷剂存储器 14→吸入压力调节阀 2（调节吸气压力）→压缩机 1。如此周而复始，实现冷藏车厢制冷循环。

驾驶室空调系统的制冷循环：高压制冷蒸气从压缩机 1 排出→公用冷凝器 3（实现冷凝放热）→储液器 4→干燥器 5→视液镜 6→驾驶室制冷系统电磁阀 7→驾驶室制冷系统膨胀阀 8→驾驶室蒸发器 9（实现蒸发吸热，完成驾驶室制冷）→蒸发压力调节阀 10→气态制冷剂存储器 14→吸入压力调节阀 2（调节吸气压力）→压缩机 1。如此周而复始，实现驾驶室制冷循环。

驾驶室蒸发器的蒸发温度由蒸发压力调节阀 10 控制，目的是使其温度高于冷藏温度。冷藏车厢蒸发器的蒸发温度由装在蒸发器与压缩机吸入口之间的吸入压力调节阀 2 来控制，其作用是限制压缩机吸入制冷剂蒸气的流量，以防止压缩机工作时吸入过量制冷剂蒸气而引起压缩机超负荷工作，使电磁离合器打滑或传动带打滑，增大功率消耗，损坏电磁离合器。

当外界环境温度较低时，驾驶室内不必启用空调制冷系统，而冷藏车厢需要照常冷藏货物，此时控制系统的温控器通过室外热敏电阻温度传感器（图中未示出），可以自动关闭驾驶室制冷系统电磁阀（也可手动关闭该电磁阀），驾驶室空调系统的制冷循环停止，但冷藏车厢的制冷循环可照常工作，不受其影响。

思考与实训

1. 选择题

1）乘用车由于其自身空间限制，一般采用_____空调系统，压缩机由_____驱动。

    A. 独立式   B. 非独立式   C. 专用发动机   D. 汽车发动机

2）中型以上的客车空调系统一般以独立式空调系统为主，压缩机和独立发动机多置于车厢地板下部，也有安装在汽车后部车架上的，而_____和_____的布置则较为灵活。

    A. 压缩机   B. 冷凝器   C. 蒸发器   D. 膨胀阀

3）目前，高档客车智能电控空调系统广泛采用微控制器技术和_____技术，不但可以实现车内的_____、个性化的温度调节，而且可以实现_____设置。

    A. 多温区   B. 远程无线通信   C. 单一制冷或采暖   D. 远程遥控

2. 问答题

1）决定汽车空调系统总体布置的影响因素有哪些？

2）简述汽车空调系统常见的布置形式。

3）简述乘用车空调系统总体布置的类别和特点。

4）简述冷藏运输汽车空调、冷藏并用的"一拖二"制冷循环的工作原理。

3. 实操题

1）结合教学车辆（或实训台架），指出乘用车空调系统的布置情况。

2）结合教学车辆（或实训台架，或去本地大型汽车货运站实地调查），指出各种载货汽车空调系统的布置情况。

3）结合教学车辆（或实训台架，或去本地大型汽车客运站实地调查），指出各种客车空调系统的布置情况。

第8章

汽车空调系统检修

学习目标

- 熟悉汽车空调系统的使用与维护方法；
- 熟练掌握汽车空调系统检修工具的使用方法；
- 熟练掌握汽车空调系统制冷剂的充注方法；
- 掌握汽车空调系统检修的基本技能。

8.1 汽车空调系统的使用与维护

8.1.1 汽车空调的正确使用

1. 注意事项

（1）确保系统清洁　确保空调制冷系统清洁，不混入水分、空气和脏物。如果空气、水分和脏物混入制冷系统，不仅会影响制冷效率，还会使制冷设备损坏，其影响见表8-1。

表8-1　制冷系统中的异物及其影响

制冷系统中的异物	影　响
水分	压缩机气门结冰；膨胀阀发生"冰堵"，紧闭不开；生成盐酸和硝酸；腐蚀生锈
空气	造成高温高压；使制冷剂不稳定；使润滑油变质；使轴承损坏
脏物	堵住滤网，生成酸性物；腐蚀零件
其他油类	形成蜡或渣，堵住滤网；润滑不良；使润滑油变质
金属屑	卡住或粘住运动零件
酒精	腐蚀锌和铝；使铜片起麻点；使制冷剂变质；影响制冷效果

（2）防止腐蚀　要防止制冷装置生锈及化学变化的侵蚀，这些现象会使气门、活塞、活塞环、轴承等受到腐蚀，若遇到了高温、高压，腐蚀将会加剧。

（3）防止高温高压　在正常运转情况下，压缩机的温度是不会过高的。如果冷凝器堵塞，压缩机的温度会越来越高，温度高使气体发生膨胀，产生高压，高温和高压两个因素互为因果，形成恶性循环。

此外，如果冷凝器由于某种原因通风不好，散热不良，也会增加压缩机的负荷，使压缩机温度升高。

高温会使制冷剂橡胶软管变软，压缩机磨损加剧，使腐蚀零件的化学反应加速，零件容

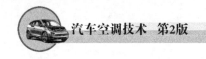
易损坏。同时，高温使气体压力变大，制冷系统管路容易爆破，由于压缩机内部压力超过正常范围，压缩机的气门容易产生变形而影响密封。

（4）保护好控制系统　制冷系统中的风管、控制风向的阀门、电磁离合器等，每一零部件的失灵，都会影响制冷装置的正常运转。所以控制系统的风管、开关等部件，都要保护好，才能使制冷装置正常工作。

2. 正确使用

使用空调系统时应注意以下几点：

1）起动发动机时，空调开关应处于关闭位置，发动机熄火后，也应关闭空调，以免蓄电池电量耗尽。

2）夏季应避免直接在阳光下停车暴晒，尽可能把车停在树荫下，在长时间停车后车厢内温度很高的情况下，应先开窗通风，用风扇将车内热空气排出车厢，再开空调，开空调后车厢门窗应关闭，以降低热负荷。

3）不使用空调的季节，也应经常开动压缩机，避免压缩机轴封处因缺油而泄漏，亦可避免压缩机轴因缺油而卡死。一般一个月应运转 1~2 次，每次 10min 左右。冬季气温过低时，可将保护开关导线短路，待维护运行完毕，再将电路恢复原样。

4）长距离上坡行驶时，应暂时关闭空调，以免发动机散热器"开锅"。超车时，若本车空调无超车自动停转装置，则应暂时关闭空调。

5）使用空调时，若鼓风机开在低速档，则冷风温度开关不宜调得过低。否则易使蒸发器结霜，产生风阻，而且容易引发压缩机液击现象。

6）在空调运行时，若听到空调装置有异常响声，如压缩机响、鼓风机响、管路爆裂等，应立即关闭空调，并及时请专业维修人员检修。

8.1.2　汽车空调的检查维护

1. 主要检查内容和方法

为了保证空调系统正常运行，可进行下列常规检查工作。检查时应将汽车停放在通风良好的场地上，如果需要开动压缩机，则应保持压缩机转速为 2000r/min 左右，空调鼓风机开最高速，车内空气为内循环。制冷系统的高压部分温度是很高的，注意不要烫伤，检查时汽车附近不能有明火。

（1）主要检查和维护内容

1）制冷剂是否存在泄漏。

2）制冷剂存量是否正常。

3）各控制元件工作是否正常，控制电路是否正常。

4）冷凝器是否通畅，冷凝器翅片缝隙中是否有污垢、杂物。

5）制冷系统管路是否正常，各连接处连接是否牢固、可靠。

6）压缩机传动带张力是否合适。

7）系统运行时是否有异常响声和气味。

（2）主要检查方法　汽车空调系统主要检查方法包括：用手感检查各部分温度是否正常；用肉眼检查泄漏部位及表面情况；从视液镜（观察窗口）判断系统状况；用断开和接合电路方法检查电器部件；用耳听和鼻嗅的方法检查是否有异常响声和气味等。

1）用手感检查温度。用手触摸空调系统管路及各部件，检查表面温度。正常情况下，低压管路是低温状态，高压管路是高温状态。

① 高压区。从压缩机出口→冷凝器→储液干燥器→膨胀阀进口处，这一部分是制冷系统的高压区，这部分部件应该先烫后热，温度是很高的，手摸时应特别小心，以免被烫伤。如果在其中某一部分（例如在冷凝器表面）发现有特别热的部位，则说明该部分有问题，散热不良。如果某一部位（如膨胀阀入口处）特别凉或者结霜，也说明该部分有问题，可能存在堵塞。储液干燥器进出口之间若有明显温差，则说明该处有堵塞，或者制冷剂存量不正常。

② 低压区。从膨胀阀出口→蒸发器→压缩机进口处，这部分低压区部件表面应该是冰凉的，但膨胀阀处不应发生霜冻现象。

③ 压缩机高低压侧。高低压侧之间应该有明显温差，若没有则说明几乎没有制冷剂流过压缩机，系统存在泄漏点，制冷剂早已逸失。

2）用肉眼检查渗漏部位。所有连接部位或冷凝器表面一旦出现油渍，就说明该处有制冷剂渗漏。但压缩机前轴处漏油，有可能是轴承漏油，应区别对待。一旦发现渗漏，应尽快采取措施修理，也可用较浓的肥皂水涂在可疑之处，观察是否有气泡出现，以资判断。

重点检查渗漏的部位如下：

① 各个管路接头及阀门连接处。

② 全部软管，尤其在管子接头附近察看有否鼓包、裂纹、油渍。

③ 压缩机轴封、前后盖板、密封垫、检修阀等处。

④ 冷凝器表面被刮坏、压扁、碰伤处。

⑤ 蒸发器表面被刮坏、压扁、碰伤处。

⑥ 膨胀阀的进、出口连接处，膜盒周边焊接处以及感温包与膜盒焊接处。

⑦ 储液干燥器的易熔塞、视液镜（检视窗）、高低压阀连接处。

⑧ 歧管压力表（如果安装的话）的连接部位、手动阀及软管处。

3）从视液镜判断系统工况。视液镜大多安装在储液干燥器上（图8-1），个别也有安装在从储液干燥器到膨胀阀之间或冷凝器到储液干燥器之间的管路上的（图8-2）。从视液镜判断工况要在发动机运转、空调制冷系统工作时才能进行。

图8-1　装在储液干燥器上的视液镜（观察窗）　　图8-2　装在高压管上的视液镜（观察窗）

从视液镜中看到的制冷剂情况如图8-3所示。

① 清晰、无气泡，说明制冷剂适量。制冷剂过多或完全漏光，可用交替开关压缩机的

办法检查。若开、关压缩机的瞬间制冷剂起泡沫，接着就变澄清，说明制冷剂适量；如果开、关压缩机时从视液镜内看不到变化，而且出风口不冷，压缩机进出口之间没有温差，说明制冷剂已经漏光；若出风口不够冷，而且关闭压缩机后无气泡、无流动，说明制冷剂过多。

② 偶尔出现气泡，并且伴有膨胀阀结霜，说明系统中有水分；若无膨胀阀结霜现象，可能是制冷剂略缺少或混有空气。

③ 有气泡且泡沫不断流过，说明制冷剂存量不足。如果泡沫很多，说明系统内可能有空气。若判断为制冷剂存量不足，则要查明原因，不要随便补充制冷剂。胶管一年可能有 10~20g 的制冷剂自然泄漏，若是使用两年后方发现制冷剂不足可以判断为胶管自然泄漏。

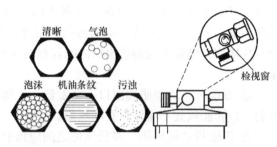

图 8-3　视液镜（检视窗）迹象

④ 有长串油纹。观察孔的玻璃上有条纹状的油渍，说明润滑油（冷冻机油）量过多。此时应想办法从系统内释放一些润滑油，再加入适量的制冷剂。若玻璃上留下的油渍是黑色的或有其他杂物，则说明系统内的润滑油已经变质、污浊，必须清洗制冷系统。

2. 各制冷部件及控制机构的检查

（1）检查压缩机　起动压缩机，进行下列检查：

1）如果听到异常响声，说明压缩机的轴承、阀片、活塞环或其他部件有可能损坏，或润滑油量过少。

2）用手摸压缩机缸体（高压侧很烫，小心！），如果进出口两端有明显温差，说明工作正常；如果温差不明显，则可能是制冷剂泄漏或阀片密封不严。

3）如果有剧烈振动，则可能是传动带太紧、带轮偏斜、电磁离合器过松或制冷剂过多。

（2）检查换热器表面并进行清洗

1）检查蒸发器通道及冷凝器表面以及冷凝器与发动机散热器之间是否有碎片、杂物、泥污，要注意清理，小心清洗。

2）冷凝器可用软长毛刷蘸水轻轻刷洗，但不要用蒸汽冲洗。换热器表面，尤其是冷凝器表面要经常清洗。发现翅片倒伏时，可用尖嘴钳校正。

3）检查冷凝器表面是否有脱漆现象，注意及时补漆，以免锈蚀。

4）蒸发器表面不能用水清洗，可用压缩机空气吹去灰尘，如果翅片弯曲，可用尖嘴钳小心校正。

（3）检查储液干燥器

1）用手摸储液干燥器进出管，并观察视液镜，如果进口很烫，而且出口管温度接近环境温度，从视液镜中看不到或很少有制冷剂流过，或者制冷剂很混浊、有杂质，则可能是储液干燥器滤网出现堵塞（多为干燥剂松散并堵住出口所致）。

2）检查易熔塞是否熔化，各接头是否有油迹。

3）检查视液镜是否有裂纹，周围是否有油迹。

（4）检查制冷软管　检查软管是否有裂纹、鼓包、油迹，是否老化，是否靠近热源，是否会与尖锐物或其他部件发生运动干涉。

（5）检查电磁离合器及低温保护开关　断开和接通压缩机电路，检查电磁离合器及低温保护开关是否正常工作。

1）小心断开电磁离合器电源，此时压缩机会停止转动，再接上电源，压缩机应立即转动，这样短时间接合试验几次，以检查离合器工作是否正常。

2）天气寒冷时，若压缩机不能起动，可能是由于低温保护开关或低压保护开关起作用，可将保护开关短路或将蓄电池正极导线（俗称"火线"）直接连到电磁离合器线圈上（连接时间不宜超过5s）。若压缩机仍不转动，则说明电磁离合器有故障。

3）在低温保护开关规定的气温以下仍能正常起动压缩机，则说明低温保护开关有故障。

4）若有焦煳味，可能是电磁离合器因过载而烧蚀。

（6）检查感温包保温层　检查膨胀阀感温包与蒸发器出口管路是否紧贴在一起，隔热保护层是否包扎牢固。

（7）检查换热器壳体　检查蒸发器壳体有无缝隙（会导致漏风），冷凝器导风罩是否完好，冷凝器与发动机散热器之间的距离是否合适，蒸发器箱体内是否有杂质、异物（柳絮、树叶、昆虫尸体等），并清除之。

（8）检查导线连接　检查导线接头是否正常，连接是否可靠。

（9）检查压缩机带轮及传动带

1）检查传动带张紧力是否适宜，表面是否完好，配对的带轮是否在同一平面。传动带刚装上时正好，运转一段时间会抻长，因此需要两次张紧。传动带过紧使传动带磨损，并导致有关总成的轴承损坏，过松则使转速降低，制冷量、冷却风扇扇风量不足。

2）若用一般的V带（图2-40），刚装上的新V带张紧力应为40～50N，运转后张紧力应为25N左右。新V带是指从未装车使用的、新生产的V带。将新V带装车、运转5min后，该V带看起来可能仍是崭新的，但它已经是旧V带了。

3）多楔带（图2-41）的张紧力若不足，将会降低传动的可靠性。但张紧力过大会发出"吱、吱"的啸叫声，一般调整在15～18N比较适宜。

调整多楔带张紧力的方法是，先将多楔带张紧，直到运转时发出啸叫声，然后逐渐减小张紧力，直到啸叫声消失为止。

4）保证由同一条传动带传动的各个带轮在同一平面内运转是非常重要的。若不在同一平面内，可用加减垫片的方法调整各个带轮的轴向位置，使之位于同一平面内。

（10）检查鼓风机　检查鼓风机工作时是否有异常声响，是否有异物塞住叶轮，是否碰到其他部件，尤其要检查冷凝器风扇电动机的轴承是否缺油、卡滞，压缩机运转时，冷凝器辅助风扇是否同步转动。

（11）定期检查压缩机油面　压缩机有视油镜的，察看油面是否在标志线以上。在侧面有放油塞的，可略松开放油塞，如果有油流出就说明油量适宜；若没有油流出，则需要添加润滑油。有油尺的，可根据说明书规定用油尺检查。

3. 空调系统的清洗

一般情况下，车辆每行驶5000km或3个月就应对空调滤清器滤芯进行一次清洁，每行驶20000km或12个月就应更换空调滤清器滤芯。此外，汽车空调冷凝器也要定期清洗。

（1）细菌的滋生机理 汽车在行驶过程中，虽然安装在空调进风口的空调滤清器滤芯能对进气进行过滤，但仍然会有少量的灰尘、脏物穿过空调滤清器滤芯，进入蒸发箱，吸附并积存在蒸发器表面和空调系统内，形成滋生细菌的营养源。

加之蒸发器表面特有的潮湿环境，滋生细菌的三大条件——适宜的温度、潮湿的环境、丰富的营养源全部具备，于是大量的细菌、霉菌、螨虫得以滋生，不仅会产生异味，还会危害乘员身体健康。

长时间处在这种环境中，人就会感到头晕、恶心，甚至诱发呼吸道疾病。因此，适时对汽车空调进行清洗，就显得尤为重要了。

（2）汽车空调系统的清洗方法

1）清洗汽车空调系统时，首先打开车门、车窗，起动发动机并使之怠速运转，开启空调并将通风模式开关置于外循环位置，将空调开关置于冷热中间位置，将鼓风机开关置于最高档。

将空调开关置于冷热中间位置，可以同时清洗蒸发器和暖风加热器；若将空调开关置于冷风最冷位置（COOL MAX），则只能清洗蒸发器；若将空调开关置于暖风最热位置（HOT MAX），则只能清洗暖风加热器。后两种方法对蒸发器和暖风加热器的清洗更为彻底。

2）关闭车内的所有空调出风口，取出空调进风口的空调滤清器滤芯，将汽车空调清洗剂（图8-4）喷入空调进风口（图8-5），使清洗剂在空调送风系统内进行内循环，确保清洗剂循环到空调系统各个风道。空调清洗剂产生的膨胀泡沫会占据空调送风系统每一个细小空间，可以有效清洁系统、杀灭细菌。

此时，空调清洗剂及进气被"憋在"空调送风系统内，只能在空调送风系统内进行内循环，并由蒸发器排水管排出车外。

图8-4 汽车空调清洗剂

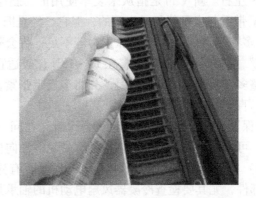

图8-5 将汽车空调清洗剂喷入空调进风口

3）伴随着清洗过程的进行，空调送风系统内的污物，会随着清洗剂从位于汽车底盘处的蒸发器排水管排出车外。待蒸发器排水管不再有污物和泡沫排出时，可逐一打开车内的空调出风口。若有污物和泡沫由此排出，可用抹布擦拭干净。

4）待蒸发器排水管和车内的空调出风口均不再有污物和泡沫排出时，更换新的空调滤清器滤芯，或将旧空调滤清器滤芯（图8-6）清理干净后再装回原位，本次清洗工作即告结束。

图8-6　新空调滤清器滤芯（右）与旧空调滤清器滤芯（左）的对比

经过清洗后的空调系统，霉菌异味彻底消失，送风更加顺畅，空气更加清新，舒适性得以显著提升。

需要注意的是，汽车空调清洗与维护的最佳时机是入秋之后，即空调停用之时进行清洗与维护，而不是在春夏之交进行清洗与维护。

8.2　常用工具与基本操作

8.2.1　汽车空调系统维护的常用工具

1. 专用成套检修工具

专用成套维修工具（图8-7）是把汽车制冷系统维修时需要的专用工具组装在一个工具箱内。专用成套维修工具中包括歧管压力表组、制冷剂泄漏检测仪、制冷剂罐注入阀、制冷剂管割刀、管夹、扩口工具等。这些专用工具组装在工具箱内，便于携带和保管，特别适用于制冷系统的快修工作。

2. 检漏设备

在拆卸或者检修汽车空调系统管路、更换零部件之后，都要进行制冷剂的检漏作业，常用检漏设备包括卤素检漏灯、电子检漏仪、紫外线荧光灯三种。

（1）卤素检漏灯　卤素检漏灯（halogen leak detector，图8-8）是一种丙烷（或酒精）燃烧喷灯，它是利用制冷剂气体进入安装在喷灯的吸入管后，会

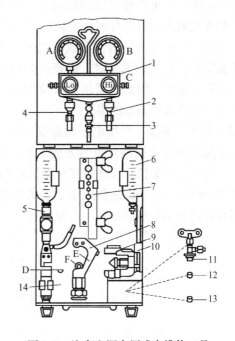

图8-7　汽车空调专用成套维修工具

1—歧管压力表组（包括A～C）　2—注入软管（红色）
3—注入软管（绿色）　4—注入软管（蓝色）
5—制冷剂泄漏检测仪（含D）　6—储气瓶　7—管夹
8—制冷剂管割刀　9—扩口工具　10—检修阀扳手
11—制冷剂罐注入阀　12—注入软管衬垫　13—检修阀衬垫
14—工具箱　A—低压表　B—高压表
C—压力表座　D—反应板　E—铰刀　F—刀片

使喷灯的火焰颜色改变这一特性，来判断系统的泄漏部位和泄漏程度的。

当系统泄漏处有制冷剂进入喷灯的吸入管时，火焰颜色会发生以下变化：泄漏量少时，火焰呈浅绿色；泄漏量多时，火焰呈浅蓝色；泄漏量很多时，火焰呈紫色。

卤素检漏灯的操作步骤如下：

1）向检漏灯储气瓶加注液态丙烷或无水酒精。

2）将划着的火柴插入检漏灯点火孔内，接着逆时针方向慢慢旋转调节把手，让丙烷气体溢出，遇火就能点燃。

3）尽量将燃烧的火焰调节到最小，火焰越小，对制冷剂泄漏反应越灵敏。

4）把吸入管末端靠近有可能泄漏的部位。

5）细心观察火焰颜色，判断出制冷系统泄漏部位和泄漏程度。

若没有泄漏发生，在空气中不存在制冷剂蒸气时，火焰是无色的；当出现较轻微的泄漏时，吸入管将泄漏的制冷剂蒸气吸入到丙烷灯燃烧室内，并在 $600 \sim 700℃$ 的燃烧区内发生制冷剂分解，形成氯化氢和氟化氢，这些气体在接触到烧红的铜片时，会把火焰颜色变成绿色并增加火焰的高度。因此，可从卤素检漏灯火焰颜色的变化来判断制冷剂泄漏量的多少。

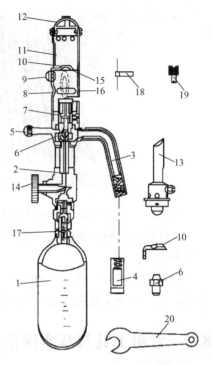

图8-8 卤素检漏灯结构

1—检漏灯储气瓶 2—检漏灯本体
3—吸入管 4—滤清器 5—燃烧
筒支架 6、17—喷嘴 7—火焰分隔
器 8—点火孔 9—反应板螺钉
10—反应板 11—燃烧筒
12—燃烧筒盖 13—栓盖
14—调节把手 15—火焰长度（上限）
16—火焰长度（下限）
18—喷嘴清洁器 19、20—扳手

（2）电子检漏仪 使用电子检漏仪（图8-9）检测制冷剂泄漏比用卤素检漏灯更为方便。如图8-10所示，检测时，将电子测漏仪的探头放在距测试点5mm处缓慢移动（30mm/s），电子检漏仪通电后会发出微弱的鸣叫声，当检测到有制冷剂泄漏时，会发出短促、连续的鸣叫声。泄漏量越大，鸣叫声越大，也越短促。制冷管路的管接头有泄漏时，应更换新的O形密封圈。

a) 电子检漏仪

b) 检查漏点

图8-9 使用电子检漏仪检查漏点

（3）紫外线荧光灯 某些汽车空调系统在制造过程中，将一种彩色（多为红色）荧光染料充注到制冷系统中，使之与制冷剂一起在管路中循环流动。如果系统中出现制冷剂泄漏，荧光染料就会伴随着制冷剂一起泄漏出来，并在泄漏处留下痕迹。

检查制冷剂泄漏时，如图 8-11 所示，用一盏特制的紫外线荧光灯照射制冷系统的每个元器件及管路。在紫外线的照射下，泄漏出来的荧光染料会发出明亮的光，非常易于发现和识别。紫外线荧光检测法的检测精度很高，对于非常轻微的制冷剂泄漏也能发现。其检测精度与电子检漏仪相仿。

3. 歧管压力表

歧管压力表（manifold pressure meter，图 8-12）也称歧管压力表组或歧管压力计，是维修汽车空调系统不可缺少的仪表。它不仅用于制冷系统抽真空、加注制冷剂和添加冷冻润滑油，还用于空调系统的故障检查及排除。

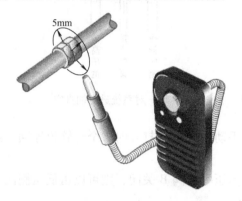

图 8-10 探头距离测试点 5mm 为宜

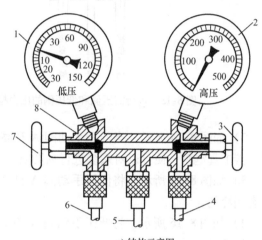

a) 结构示意图

图 8-11 紫外线荧光检测法

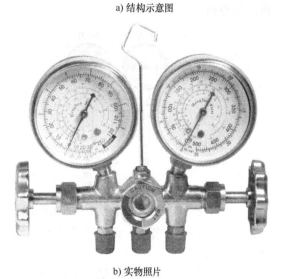

b) 实物照片

图 8-12 歧管压力表（见彩图）

1—低压表 2—高压表 3—高压手动阀

4—高压接头 5—制冷剂罐或真空泵吸入口接头

6—低压接头 7—低压手动阀 8—阀体

歧管压力表主要由低压表、高压表、高压手动阀、低压手动阀、阀体和三只软管接头组合而成。其中低压表用于检测系统低压侧压力，既可用于显示压力，也可用于显示真空度，高压表则用于检测系统高压侧的压力。歧管压力表的工作原理及使用注意事项如下。

（1）工作原理

1）如图8-13所示，将低压手动阀A和高压手动阀B同时关闭，则可以进行高压侧和低压侧的压力检测。

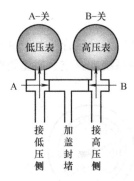

图8-13　进行高压侧和低压侧的压力检测

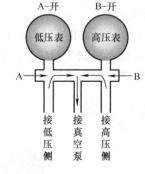

图8-14　对系统进行抽真空

2）如图8-14所示，当低压手动阀A和高压手动阀B同时打开时，全部管道连通。此时，接上真空泵，便可以对系统进行抽真空。

3）如图8-15所示，将低压手动阀A打开，高压手动阀B关闭，则可以由低压侧注入气态制冷剂。

4）如图8-16所示，将低压手动阀A关闭，高压手动阀B打开，则可以由高压侧注入液态制冷剂。

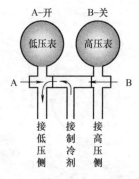

图8-15　由低压侧注入气态制冷剂

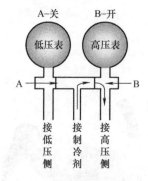

图8-16　由高压侧注入液态制冷剂

5）如图8-17所示，将低压手动阀A关闭，高压手动阀B打开，则可以由高压侧放空或回收制冷剂。

6）如图8-18所示，将低压手动阀A打开，高压手动阀B关闭，则可以由低压侧放空或回收制冷剂。

如图8-19所示，歧管压力表上的注入软管采用三种颜色，各注入软管的用法如下：一般蓝色软管连接低压侧的检修阀（即压缩机的吸入侧检修阀，一般用"S"标记）；黄色或绿色软管连接真空泵或制冷剂罐；红色软管连接高压侧的检修阀（即压缩机的排出侧检修阀，一般用"D"标记）。

（2）使用注意事项

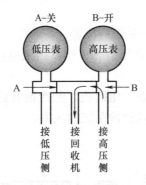

图8-17 由高压侧放空或回收制冷剂

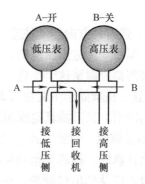

图8-18 由低压侧放空或回收制冷剂

1）压力表软管与接头连接时只许用手拧紧，不准用工具拧紧。

2）不用时，软管要与接头连起来，防止灰尘、杂物或水分进入管内。

3）使用时要把管内的空气排空。

4）歧管压力表是一种精密仪表，应当细心维护，以保持仪表及软管接头清洁，并应轻拿轻放。

4. 检修阀

（1）柱塞型检修阀　检修阀（service valve）用于汽车空调检修作业。独立式空调的压缩机一般都装有高压检修阀和低压检修阀，其结构相似，功能是当柱塞处在不同位置时，对制冷系统加注或排空制冷剂。抽真空时，此阀接上压力表组还可以检测系统的压力等。

柱塞型检修阀的结构如图8-20所示。通过改变柱塞的位置，可以构成前封闭、后封闭和中间位置三种通路形式。

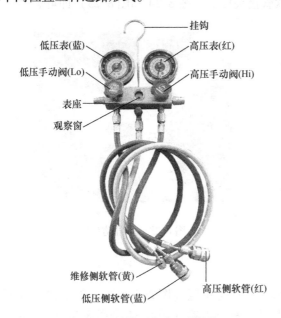

图8-19 歧管压力表及其软管

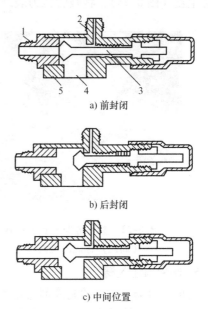

a) 前封闭

b) 后封闭

c) 中间位置

图8-20 柱塞型检修阀

1、2、5—接头 3—柱塞 4—通向压缩机

1）前封闭。顺时针转动柱塞可使其处于最前位置，使之封闭通往制冷系统的孔口，将压缩机与制冷管路分隔开，这时便可以将压缩机拆下进行检修而防止空气侵入制冷系统的管路。

2）后封闭。逆时针方向转动柱塞，可使其处于最后面的位置，将通往歧管压力表的通道封闭。这时，制冷剂可进出压缩机，但不能通往歧管压力表，所以当压缩机运转时，高、低压两侧的检修阀都应调至这个位置。

3）中间位置。柱塞处于中间位置时，歧管压力表、压缩机、制冷剂管路均全部连通。这时既可加注制冷剂，又可抽真空或用歧管压力表检查制冷系统的压力。

（2）阀芯型检修阀 非独立式空调系统一般使用阀芯型检修阀。阀芯型检修阀既有安装在压缩机吸入口及排出口处的，也有安装在制冷系统高压管路和低压管路上的，工作原理相同，结构大同小异。

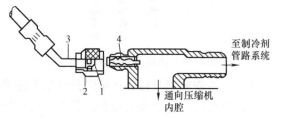

图8-21 阀芯型检修阀
1—顶销 2—螺母 3—输送软管 4—阀芯

1）安装在压缩机吸入口及排出口处的阀芯型检修阀。其结构如图8-21所示，用弯曲度为45°的输送软管接头中的顶销控制阀的开闭。工作原理：将接头螺母2用手拧紧后，顶销1便把阀芯4推离阀座，制冷剂进入检测软管。拧开螺母2，阀芯便自动关闭。

2）安装在制冷系统管路上的阀芯型检修阀。该阀的结构如图2-96所示，具体的连接方法有手轮开闭型和直接开闭型两种。如图8-22所示，阀芯型检修阀平时用塑料防尘盖盖住，其上印有H（高压）标志或L（低压）标志，以示区别。若防尘盖上没有标志，则可根据制冷剂管路的粗细进行判别，管径较细的是高压管路，管径较粗的是低压管路。使用时，打开防尘盖（图8-23），将歧管压力表维修软管接头接上（图8-24和图8-25）即可。

图8-22 塑料防尘盖上印有H
（高压）标志的检修阀

图8-23 打开防尘盖

5. 制冷剂注入阀

目前，市场上常见的制冷剂储罐有两种，一种是小罐（图2-6和图2-7），外形与听装啤酒罐类似，每罐装有液态制冷剂350g；另外一种是大罐（图8-31和图8-32），外形与家用煤气罐类似，每罐装有液态制冷剂几千克到几十千克不等。大罐上装有手阀（与家用煤气

图 8-24　直接开闭型检修阀的连接

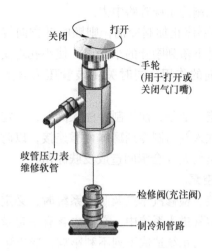

图 8-25　手轮开闭型检修阀的连接

罐的手阀类似），便于与歧管压力表的维修软管接头直接连接。小罐是密封的，需要借助制冷剂注入阀（Refrigerant Charging Valve）来配套开罐，才能完成制冷剂储罐与歧管压力表维修软管的连接。

　　制冷剂注入阀的实物照片如图 8-26 所示，结构示意图如图 8-27 所示，与制冷剂罐体的连接如图 8-28 所示。

图 8-26　制冷剂注入阀实物照片

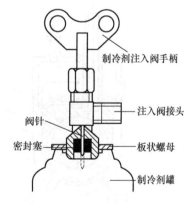

图 8-27　制冷剂注入阀结构示意图

制冷剂注入阀的使用方法如下：

1）按逆时针方向旋转注入阀手柄，直至阀针完全缩回。

2）将注入阀装到小型制冷剂罐口上，逆时针方向旋转板状螺母（圆板）直到最高位置，然后顺时针拧动制冷剂注入阀手柄，直到注入阀阀针嵌入制冷剂密封塞。

3）将板状螺母顺时针旋到底，再将歧管压力表上的中间软管固定在注入阀接头上。

4）用手充分拧紧板状螺母。

5）继续顺时针方向旋转制冷剂注入阀手柄，使阀针在罐体密封塞上扎开一个小孔。

6）若要加注制冷剂，则逆时针方向旋转手柄，使阀针升起，打开小孔。同时，打开歧管压力表的相应手动阀，制冷剂便可经由密封塞上的小孔→注入阀接头→歧管压力表维修软

管，被注入制冷系统管路中去。

7）若要停止加制冷剂，则顺时针方向旋转手柄，使阀针下落到刚开的小孔里，使小孔封闭，起密封制冷剂的作用，同时关闭歧管压力表上的手动阀。

需要指出的是，使用制冷注入阀时，一定要确保制冷剂注入阀与制冷剂罐体可靠连接，以防制冷剂意外喷出伤人（会瞬间造成皮肤冻伤）。

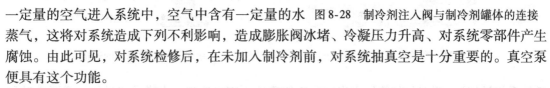

图 8-28　制冷剂注入阀与制冷剂罐体的连接

6. 真空泵

在安装、检修汽车空调制冷系统时，必定会有一定量的空气进入系统中，空气中含有一定量的水蒸气，这将对系统造成下列不利影响，造成膨胀阀冰堵、冷凝压力升高、对系统零部件产生腐蚀。由此可见，对系统检修后，在未加入制冷剂前，对系统抽真空是十分重要的。真空泵便具有这个功能。

真空泵（vacuum pump，图 8-29）的工作原理是工作时在离心力和内部弹簧的张力作用下，刮片紧贴在定子缸壁上，并将其分隔成吸气腔和压缩腔。转子旋转时进气腔容积逐渐扩大，腔内压力下降，从而吸入气体。与此同时，压缩腔容积逐渐减小，压力升高，气体从排气阀排到大气中。这样不断循环，便可以把制冷系统内的空气抽出，从而达到抽真空的目的。

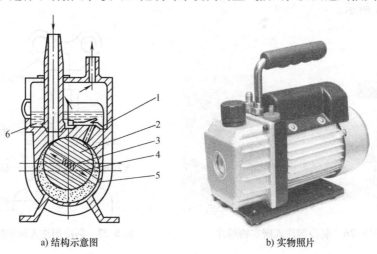

a) 结构示意图　　　　　　　　b) 实物照片

图 8-29　真空泵
1—排气阀　2—转子　3—弹簧　4—刮片　5—定子　6—润滑油

8.2.2　汽车空调系统维护的基本操作

1. 注意事项

因为制冷剂 R134a 在 1 个大气压下的沸点很低，所以在维修、操作空调制冷系统时必须遵守以下安全守则：

1）在维修、操作空调制冷系统时应该戴防护眼镜、戴橡胶手套（图 8-30），不允许戴线手套。如果戴线手套，一旦手套上喷到液态制冷剂，造成的冻伤会比不戴手套还要严重。

图 8-30　护目镜及橡胶手套

2）不要让制冷剂碰到皮肤，以免冻伤。

3）不要对制冷剂罐加热（图 8-31），不要借助输液泵在两个制冷剂罐之间泵送制冷剂（图 8-32）。

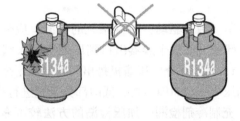

图 8-31　不要对制冷剂罐加热　　　　　图 8-32　不要泵送制冷剂

4）避免吸入 R134a 气体（图 8-33）。

5）使用某些罐体底部带有紧急放气装置的制冷剂罐（指图 8-31 和图 8-32 所示的大型罐体，而非图 2-6 和图 2-7 所示的小型罐体）时，不要将制冷剂罐体底部对着人体，以免发生意外。

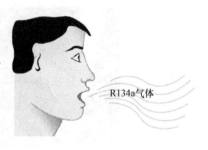

2. 制冷系统的检漏

每当检修或拆装制冷系统管路或更换零部件之后，都必须进行气密性检查，防止制冷剂泄漏。

一般在维修汽车制冷系统时，采用三种方法进行检漏：加压检漏、充制冷剂检漏和抽真空检漏。三种方法都要使用歧管压力表，从压力表的读数来进行判断。

图 8-33　避免吸入 R134a 气体

（1）加压检漏　加压检漏时，首先应正确连接歧管压力表，如图 8-34 所示。

将高压软管连接在排气管道上（高压侧），低压软管连接在吸气管道上（低压侧）。操作时注意，将歧管压力表与压缩机高、低压检修阀连接时，只能用手（不能用工具）拧紧其锁紧螺母，以防损坏。另外，还应正确判断压缩机高、低压侧。判断方法有以下三种：

1）按制冷剂流向判断。从压缩机流向冷凝器方向的是高压侧，从蒸发器流向压缩机方向的是低压侧。

2）按管道的冷热判断。将压缩机工作几分钟后停止运转，用手触摸压缩机向外连接的管路，热的为高压侧，冷的是低压侧。

3）按制冷剂管路粗细判断。与粗管路连接的检修阀是压缩机低压吸入阀；与细管路连接的检修阀是压缩机的高压排出阀。

在正确地把软管连接在压缩机的高、低压的检修阀之后，打开高低压检修阀，向系统中充入干燥氮气。如果没有氮气也可用干燥的压缩空气代替氮气，压力一般应在1.5MPa左右。然后停止充气，24h后压力应无明显下降。

用肥皂水涂在系统各处进行检漏（图8-35），特别应重点检查充注阀、压缩机、冷凝器、储液干燥器、膨胀阀和蒸发器进、出口处的管路接头。一旦有制冷剂泄漏，就会有气泡逸出，便于发现漏点。

应重点检查的可能发生制冷剂泄漏的部位如图8-36所示。

大客车（独立驱动）制冷系统的检漏，应分两步进行：低压部分（储液干燥器出口到压缩机吸入阀）需加压0.8MPa，高压部分（压缩机排出阀到储液干燥器进口前）需加压2~2.5MPa，高、低两部分分别进行检查。

（2）充制冷剂检漏 加压检漏的方法较可靠，但时间太长，而且对所有的接头处涂肥皂水检查，工作量太大。

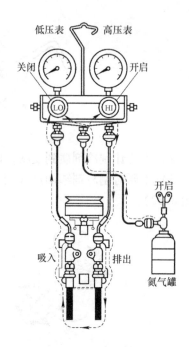

图8-34 对制冷系统进行加压检漏

a) 充注阀泄漏

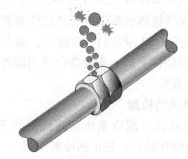

b) 管路接头泄漏

图8-35 用肥皂水涂在系统各处进行检漏

充制冷剂检漏就是在图8-34接管的基础上，不是向系统充注氮气而是气态制冷剂，使系统中压力高达0.35MPa，然后用检漏仪进行检漏。

充注制冷剂检漏时要注意，一定要使系统的压力低于制冷剂储罐中的压力，以防空气倒流到制冷剂储罐中去，影响制冷剂的纯度。

（3）抽真空检漏 若系统内的气体抽不净或无法达到规定的真空度，则说明制冷系统仍有渗漏的现象，应进一步检查。

3. 系统抽真空

汽车制冷系统修理完之后，由于接触了空气，必须用真空泵抽真空。系统内部变成真空之后，降低了水的沸点，水在较低温度下就会沸腾，会以蒸汽形式被抽出。

抽真空之前，应进行泄漏检查。抽真空也是进一步检查系统在真空情况下的气密性能。抽真空的具体步骤如下：

1）如图 8-37 所示，把制冷系统、歧管压力表以及真空泵连接好，压缩机高、低压检修阀置于微开位置，歧管压力表座上高、低压手动阀置于关闭位置，拆除真空泵吸、排气口护盖，将表座上的中间软管与真空泵进口相连接。

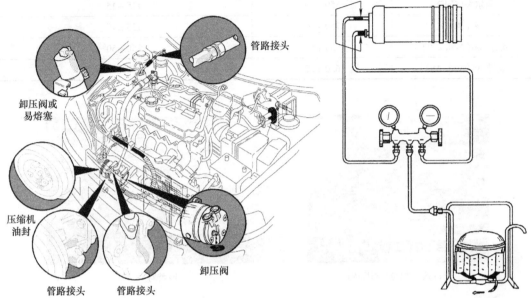

图 8-36　应重点检查的可能发生制冷剂泄漏的部位　　图 8-37　系统抽真空时的连接方法

2）打开歧管压力表的高、低压手动阀，起动真空泵，观察低压表表针，应该有真空度数值显示。

3）抽真空作业进行 5min 后，低压表应达到 33.6kPa（绝对压力），高压表表针应略低于零刻度，如果高压表表针没有低于零刻度，表明系统内有堵塞，应停止，排除故障后，再抽真空。

4）在真空泵工作 15min 后观察压力表，如果系统无泄漏，低压值应达到 20.05～13.28kPa 的绝对压力。

5）如果达不到此数值，应关闭低压侧手动阀，观察低压表表针，如果表针上升，说明真空有损失，要检查泄漏点，进行检修后才能继续抽真空，这一步也就是用真空检漏法检漏。

6）抽真空总的时间不应少于 30min，然后关闭低压手动阀，就可以向系统中充注制冷剂了。

4. 制冷剂的充注

制冷系统完成抽真空作业并经检漏确认制冷系统不存在泄漏部位后，即可向制冷系统充注制冷剂。充注前，应先弄清注入制冷剂的类型数量，充注量过多或过少，都会影响空调制冷效果。一般在汽车前围（图 8-38）或发动机舱盖内侧都贴有标签，注明该车所用制冷剂的种类及其充注量，以资参考。部分车型空调制冷系统的制冷剂及润滑油加注量见表 8-2。

表 8-2　部分车型空调制冷系统的制冷剂及润滑油加注量

车　　型	R134a 制冷剂/g	润滑油/冷冻机油/mL
捷达（Jetta）	800±50（700）	115＋15
波罗（Polo）	550±25	140

（续）

车　　型	R134a 制冷剂/g	润滑油/冷冻机油/mL
途安(Touran)	525 ± 25	180 ± 10
高尔夫(Golf)	850 + 30	115 + 15
宝来(Bora)	750 + 50	135 ± 15
奥迪 200(Audi 200)	750 + 50	250 + 50
奥迪 A6(Audi A6)	650 + 50	250

a) 远景(绿色矩形框内)   b) 特写

图 8-38　大众途安汽车前围上的制冷剂标签

充注制冷剂的方法有两种，一种是从压缩机排气阀（高压阀）的旁通孔（多用通道）充注，称为高压端充注，充入的是制冷剂液体。其特点是安全、快速，适用于制冷系统的第一次充注，即经检漏、抽真空后的系统充注。但使用该方法时必须注意，充注时不可起动发动机（压缩机停转），且制冷剂罐要求倒立。另一种是从压缩机吸气阀（低压阀）的旁通孔（多用通道）充注，称为低压端充注，充入的是制冷剂气体，其特点是充注速度慢，可在系统补充制冷剂的情况下使用。

（1）高压端充注液态制冷剂　通过高压端向制冷系统充注液态制冷剂的操作步骤如下：

1）当系统抽完真空之后，关闭歧管压力表上的高、低压手动阀。

2）将中间软管的一端与制冷剂罐注入阀的接头连接起来，如图 8-39 所示，打开制冷剂罐注入阀，再拧开歧管压力表软管一端的螺母，让气体溢出几分钟，把空气排净；然后再拧紧螺母。

3）拧开高压侧手动阀至全开位置，将制冷剂罐倒立，以便从高压侧充注液态制冷剂。

4）从高压侧注入规定量的液态制冷剂后，关闭制冷剂罐的注入阀及压力表上的手动高压阀，然后将仪表卸下。特别要注意，从高压侧向系统充注制冷剂时，不能起动发动机（压缩机停转），更不可拧开歧管压力表上的手动低压阀，以防产生液击。

（2）低压端充注气态制冷剂　通过歧管压力表上的手动低压阀可向制冷系统的低压侧充注气态制冷剂，其具体操作步骤如下：

1）如图 8-40 所示，将歧管压力表与压缩机和制冷剂罐连接好。

2）打开制冷剂罐注入阀，拧松中间注入软管在歧管压力表上的螺母，直到听见有制冷剂蒸气流动的声音，然后拧紧螺母。其目的是将进入软管中的空气排净。

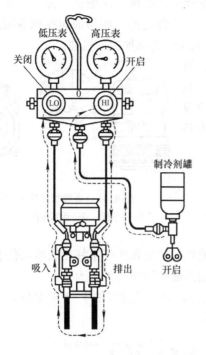

图 8-39　从高压端充注液态制冷剂

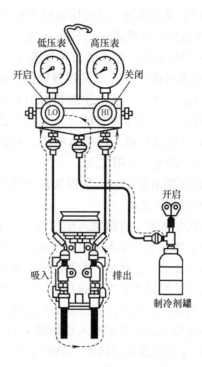

图 8-40　从低压端充注气态制冷剂

3）打开手动低压阀，让制冷剂进入制冷系统。当系统的压力值达到 0.4MPa 时，关闭手动低压阀。

4）起动发动机，将空调开关接通，并将鼓风机开关和温控开关都调至最大。

5）再打开歧管压力表上的手动低压阀，让制冷剂继续进入制冷系统，直至充注量达到规定值。

6）在向系统中充注规定量制冷剂之后，从视液镜处观察，确认系统内无气泡、无过量制冷剂。随后将发动机转速调至 2000r/min，鼓风机转速开到最高档，若气温在 30~35℃，系统内低压侧压力应为 147~192kPa，高压侧压力应为 1370~1670kPa。

7）充注完毕后，关闭歧管压力表上的手动低压阀，关闭装在制冷剂罐上的注入阀，使发动机停止运转；将歧管压力表从压缩机上卸下，卸下时动作要迅速，以免有过多的制冷剂泄放到大气中。

5. 加注冷冻机油

汽车空调制冷系统在一般情况下，冷冻机油的消耗量很少，可以每两年更换一次，每次加入规定的数量。添加时一定要保证是同一牌号的冷冻机油，因为不同牌号的冷冻机油会生成沉淀物。

制冷系统如果制冷剂泄漏速度很慢，对冷冻机油泄漏影响不大。制冷剂如果泄漏速度很快，冷冻机油也会随之很快泄漏。

如果压缩机里冷冻机油存油过少，压缩机会过热，甚至发生卡缸现象。如果系统内冷冻机油过多，膨胀阀、蒸发器会发生故障，因此，压缩机里必须保持适宜的存油量。

压缩机冷冻机油存量的检查一般有两种方法。

（1）观察视液镜法　通过压缩机上安装的视液镜，可观察压缩机存油量。如压缩机冷冻机油油面达到视液镜高度的80%位置，一般认为是合适的。如果油面在此界限之上，应引出多余的冷冻机油；如果油面在此界限之下，则应酌情添加冷冻机油。

（2）观察量油尺法　未装视液镜的压缩机，可用量油尺检查其油量。这种压缩机有的只有一个加油塞，加油塞下面有的装有油尺，有的加油塞没有装油尺，需另外用专用油尺插入检查，观察油面位置是否在规定的上、下限之间。

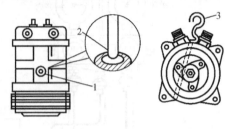

若检查发现油量偏少，则需加注冷冻机油。加注冷冻机油有两种方法。

图8-41　直接加注冷冻机油
1—加油塞　2—活塞连杆　3—油尺

1）直接加入法。直接加入法如图8-41所示。

① 卸下加油塞，注入规定型号的冷冻机油。

② 通过加油塞孔观察，旋转压缩机离合器前板，使活塞连杆正好在加油塞孔中央位置。

③ 把油尺插到活塞连杆的右边，直至油尺端部碰到压缩机外壳为止。

④ 取出油尺，检查冷冻机油的刻度数（沟纹），应该在油尺的4～6格之间。

2）真空吸入法。真空吸入法如图8-42所示。

先将制冷系统抽真空到0.002MPa，然后开始加注冷冻机油，步骤如下：

① 关闭高压手动阀，关闭辅助阀。

② 把高压侧软管从歧管压力表上拆下，插入油杯内。

③ 打开辅助阀，将冷冻机油从油杯吸入制冷系统。

④ 当油杯中的冷冻机油快被抽空时，立即关闭辅助阀，以免系统中吸入空气。

⑤ 把高压侧软管接头拧在歧管压力表上，打开高压手动阀，起动真空泵，将

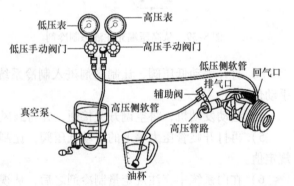

图8-42　抽真空加注冷冻机油

高压侧软管抽真空。然后再打开辅助阀，将系统抽真空至0.002MPa，然后再加抽15min，以便排除随油进入系统里的空气。此时，冷冻机油在高压侧，待系统运转后，冷冻机油返回压缩机。

6. 制冷剂纯度检测

（1）制冷剂纯度检测的意义　如果制冷剂中混有杂质、制冷剂纯度不达标，会使汽车空调制冷系统工作不正常，影响制冷效果。制冷剂纯度过低时，甚至会导致制冷剂泄漏，压缩机、冷凝器、储液干燥器、蒸发器等总成、零部件过早损坏。对于带有制冷剂回收功能的空调检测维修设备，如果回收的制冷剂纯度达不到要求，将会污染制冷剂储存罐中纯净的制冷剂，最终影响到空调制冷系统的维修质量，降低空调系统的一次修复率。

根据交通运输部部颁标准JT/T 774－2010《汽车空调制冷剂回收、净化、加注工艺规范》的规定，当制冷剂纯度低于96%时，在完成回收操作后，应再次采用制冷剂鉴别设备检测已回收到储存罐中的制冷剂纯度，当纯度仍低于96%时，应按相关技术要求再次进行

净化操作，直到制冷剂纯度不低于96%为止。

另外，我国2000年后生产的汽车，其空调制冷系统是专为R134a制冷剂设计的，如果加入R12、R22等其他非R134a制冷剂，短时间内系统是可以制冷的，但长期使用，轻则会产生泄漏，导致汽车空调制冷效果劣化，严重的会对整个汽车空调制冷系统造成不可挽回的损失。

因此，在空调维修作业中，既需要对制冷剂的类型进行鉴别，又需要对制冷剂的纯度进行检测，以确保汽车空调制冷系统使用的是符合技术要求的、纯净的制冷剂。

（2）制冷剂纯度分析仪　制冷剂纯度分析仪（亦称制冷剂纯度鉴别仪）是基于不分光红外线（Non-Dispersive InfraRed，NDIR）分析原理，对制冷剂的类型、纯度进行检测的。

下面以美国罗宾耐尔（ROBINAIR）公司生产的16910型制冷剂纯度分析仪（图8-43和图8-44）为例，介绍其结构组成和使用方法。

16910型制冷剂纯度分析仪的功用是检验制冷剂的类型、纯度、非凝性气体（指在正常工作条件下，汽车空调制冷系统中不能凝结为液相的气体，如空气、冷冻机油蒸气等）以及其他杂质，可鉴别R134a、R12、R22、HC（碳氢化合物）、AIR（空气）五种气体的类型和纯度。被检测物的纯度以百分比显示，精度为0.1%。

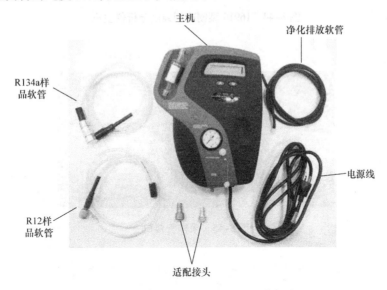

图8-43　16910型制冷剂纯度分析仪组件

1）采样管接口。如图8-45所示，采样入口用于连接制冷剂管路，汽车空调制冷系统内的制冷剂样品由此接口进入仪器；采样出口用于检验后排出制冷剂样品，系统标定期间该口用于排出空气。采样入口、采样出口需要保持清洁、无堵塞。

2）采样管及接头。采样管及接头不能有裂纹、脏堵或污染。在进行制冷剂纯度检测时，应选择与制冷剂型号一致的采样管。

如图8-46所示，R134a采样管的接头是快速接头式，与制冷系统的低压维修阀匹配；R12采样管的接头是螺纹连接式，与制冷系统的低压维修阀匹配。

3）过滤器。过滤器（图8-47）用于对制冷剂样品进行清洁和过滤。在外观上，过滤器滤芯不得有红色斑点。若过滤器滤芯出现红色斑点，说明滤芯已经被污染，必须更换新件。

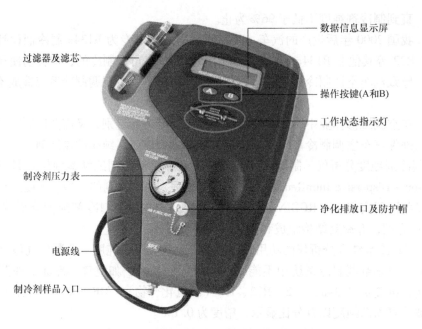

过滤器及滤芯

数据信息显示屏

操作按键(A和B)

工作状态指示灯

制冷剂压力表

净化排放口及防护帽

电源线

制冷剂样品入口

图 8-44 16910 型制冷剂纯度分析仪主机

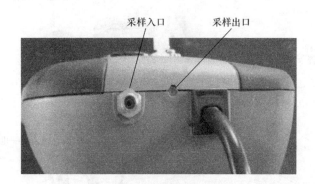

采样入口

采样出口

图 8-45 采样管接口

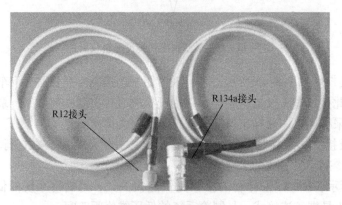

R12接头

R134a接头

图 8-46 采样管及接头

4）进气口。在系统标定过程中，新鲜空气从进气口（图 8-48）进入仪器，用于对测量元件进行标定，同时排出多余的制冷剂。进气口应保持洁净，无堵塞。

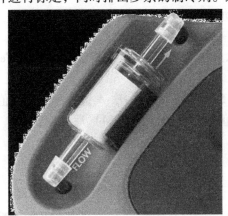

图8-47 过滤器

空气进气口

图8-48 空气进气口

5）净化排放口。净化排放口（图8-49）在净化过程中排放制冷剂和空气的混合物。排放口设有一个防护帽，净化作业时必须与净化排放软管一起更换。为避免制冷剂过度流失，在制冷剂鉴别过程中，防护帽必须始终装在排放口上。

（3）制冷剂纯度分析仪的使用 制冷剂纯度分析仪的使用流程如图8-50所示。

1）开机、预热。如图8-51所示，将纯度分析仪挂在发动机舱盖上，连接电源后分析仪自动开机、预热，预热时间约为2min。

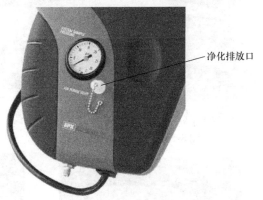

净化排放口

图8-49 净化排放口

在预热过程中，如果不进行海拔设定，分析仪将自动跳到系统标定环节。

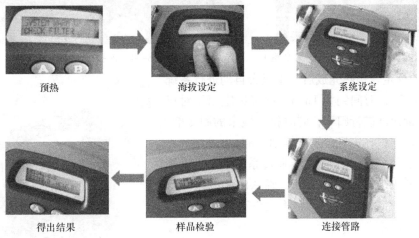

预热 海拔设定 系统设定

得出结果 样品检验 连接管路

图8-50 制冷剂纯度分析仪的使用流程

2）设定海拔值。按照操作界面（图8-52）的提示，进行仪器所在地的海拔值的设定。

① 仪器在预热过程中显示"TO SET ELEVATION"。表示没有输入海拔值，需要人工输

入海拔数值。

② 如果不进行海拔值设定，预热完成后将自动进行系统标定。

③ 海拔默认值是400ft（1ft＝0.3048m）。

④ 在预热的过程中，按住A、B键直到显示屏出现 "USAGE ELEVATION，400Feet"（出厂设置，默认海拔高度为400ft，约为122m）。

⑤ 使用A键和B键，可设定海拔值。如图8-53所示，每按一次A键，海拔高度值升高100ft；每按一次B键，海拔值降低100ft。海拔值设定完成（图8-54）后，静置20s，系统会自动切换到预热步骤。

图8-51　连接纯度分析仪电源

图8-52　设定海拔值界面

图8-53　设定海拔值（使用A键和B键）

图8-54　海拔值设定完成

3）系统标定。预热完成后，主机会自动进行系统标定（图8-55），时间约为1min。系统标定用于对仪器内部的测量元件进行归零，同时排出残余的制冷剂。在系统标定过程中，主机会发出提示声响。

4）连接管路。首先检查汽车制冷系统的低压维修阀——按下低压维修阀内的顶针，确认由制冷系统低压维修阀溢出的制冷剂为气态，不允许有液态制冷剂或冷冻机油流出。

进行此项操作时，应佩戴护目镜和橡胶手套，做好安全防护工作。

确认正常后，即可按照管路连接关系（图8-56），

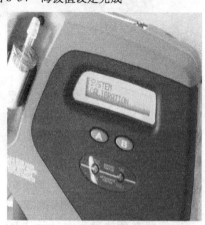

图8-55　系统标定界面

在汽车空调制冷系统的低压维修阀上安装低压快速接头（图8-57）。方法如下：

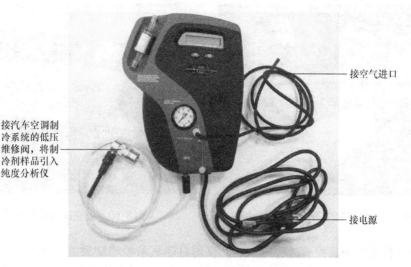

接空气进口

接汽车空调制冷系统的低压维修阀，将制冷剂样品引入纯度分析仪

接电源

图8-56　管路连接关系

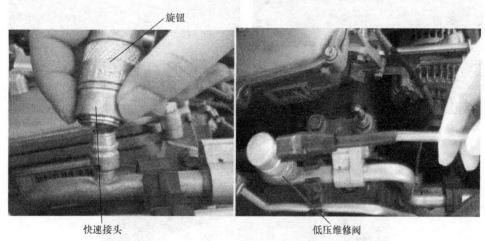

旋钮

快速接头　　　　　　　低压维修阀

图8-57　在低压维修阀上安装快速接头

① 逆时针旋转旋钮到底。

② 提拉快速接头，将其连接到低压维修阀上。

③ 顺时针缓慢旋转旋钮，同时观察纯度分析仪主机上的压力表示值，调节样品压力（即制冷剂压力），使样品压力保持在10psi（1psi = 6.89kPa）左右（图8-58），以不超过15psi为宜。

5）制冷剂检测。如图8-59所示，按A键，制冷剂样品立即流向纯度分析仪。稍后，系统则开始对制冷剂样品进行检测和分

5～15psi

图8-58　调节样品压力

析（图8-60）。检测时间约为1min。

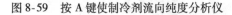

图8-59　按A键使制冷剂流向纯度分析仪　　　　　图8-60　正在进行检测分析

6）显示检测结果。检验过程完成后，仪器自动显示检测结果（图8-61）。分析结果保留在显示屏上，按A键，可打印检测结果；按B键，可退出检测界面（图8-62）。

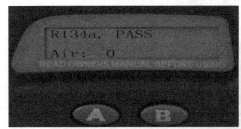

图8-61　显示检测结果（两种实测结果）

图8-62　打印检测结果或退出检测界面

7）检测结果释意。几种可能出现的检测结果见表8-3。

可根据实测数据，将检测结果记录在表8-4中，并进行有针对性的分析和处理。

7. 制冷剂的循环利用

在传统的车用空调维修作业中，一般将用过的空调制冷剂直接排放到大气中去，不再使用。这样，一方面造成制冷剂的无端浪费，另外，也促进了环境破坏（臭氧层空洞日益扩大），劣化了人类的生存环境。

为进一步保护环境，坚持科学发展观，倡导和推动循环经济，我国相继加入了《保护

表8-3　检测结果释意

检测结果	原因及结论
PASS	制冷剂纯度达到98%或更高。制冷剂纯度符合技术要求，可以回收再利用或继续在制冷系统中正常使用
FAIL	制冷剂为R12和R134a的混合物。其中，任一种制冷剂的纯度都达不到98%。杂质太多，被检测制冷剂无法继续使用
FAIL CONTAMINATED	制冷剂已经被污染（如在R134a制冷剂中，混入的R22或HC含量达到4%或更多），不可使用
NO REFRIGERANT/CHK HOSE CONN	未检测到制冷剂/检查管路连接。制冷剂管路中的空气含量达到90%或更高，说明制冷剂管路存在泄漏，制冷剂已经大量溢失

表8-4　检测结果记录表

检测项目	检测数据	原因分析及处理方法
R134a		
R12		
R22		
HC		
AIR		

臭氧层维也纳公约》、《蒙特利尔议定书》和《京都议定书》等一系列国际环境保护公约，通过立法禁止使用对环境有害的制冷剂（如R12），并明确规定，空调制冷系统中的残余制冷剂不得随意排放，应该回收利用。

回收制冷剂除了可以带来较好的社会效益外，其巨大的经济效益也是不容忽视的。

至于回收的制冷剂，由于R134a性能稳定，不易分解，不易与其他物质发生化学反应，所以车用空调中残余制冷剂的性质与性能并没有发生变化，只是在制冷剂中混入了杂质，因而影响了制冷效果。只要把这些杂质充分过滤掉，回收再生的制冷剂与未使用过的新制冷剂相比，其性能是完全相同的。

回收制冷剂中常见的杂质有冷冻机油、空气、水分等，只需对这三种杂质分别进行净化，就可以达到再生净化制冷剂的目的。

对制冷剂的回收循环利用可以采用如图8-63和图8-64所示的制冷剂回收加注机进行。

图8-63　55D1-2K型制冷剂回收加注机

图8-64　FJ-M2000型制冷剂回收加注机

制冷剂回收加注机集制冷剂回收、加注、抽真空、除油、除水气、除杂质等功能于一体，能够把混入制冷剂中的冷冻机油分离出来，并可加入相应的新油，实现制冷剂的回收再利用。除具有压力检测、显示及高压保护功能之外，制冷剂回收加注机一般还配有电子计量装置（电子秤），以确保制冷剂的充注量符合空调系统的要求。

为进一步规范制冷剂的循环利用，交通运输部还出台了部颁标准JT/T 774—2010《汽车空调制冷剂回收、净化、加注工艺规范》，提出了明确的制冷剂回收、净化、加注作业工艺流程（图8-65），使得我国车用空调制冷剂的循环利用有章可循、有法可依。

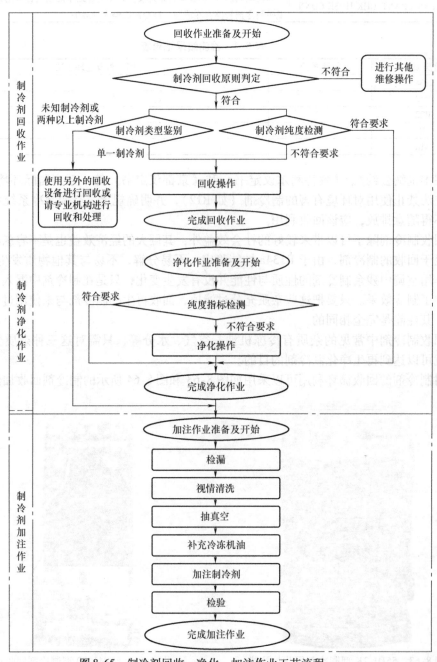

图 8-65　制冷剂回收、净化、加注作业工艺流程

8.3 汽车空调系统的检测

8.3.1 汽车空调系统的检测设备

对于汽车空调这样集机械、电子、制冷、采暖、通风于一体的复杂系统的检测，除了上述的制冷系统检修工具之外，万用表与汽车检测仪也是不可或缺的。

1. 万用表

（1）万用表的基本功能 万用表（multi-meter）又称多用表、三用表、复用表，分为指针式万用表和数字式万用表两大类。万用表是一种多功能、多量程的测量仪表，一般万用表可测量直流电流、直流电压、交流电流、交流电压、电阻和音频电平等，有的还可以测电容量、电感量及半导体的一些参数（如晶体管共发射极电流放大系数 β 等）。

（2）数字式多功能汽车万用表 目前，在汽车维修领域，多使用数字式多功能汽车万用表。

数字式多功能汽车万用表（图8-66）除具有一般万用表的通断性、电压、电流、电阻测试功能之外，还具有信号频率测量、发动机转速测量、脉宽测量、温度测量、占空比测量等汽车电路检测的实用功能，是汽车电工必备的得力工具（图8-67）。

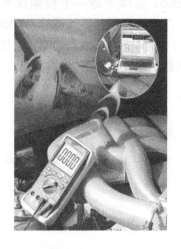

图8-66 AT–9995多功能汽车万用表　　图8-67 多功能汽车万用表的使用

（3）万用表的使用 使用多功能汽车万用表进行汽车电路检测时，必须遵循以下基本原则：

1）检测电压时必须并联万用表。

2）检测电流时必须串联万用表。

3）检测电阻、二极管时必须在断路状态下进行，不得带电测试。

4）测试时应根据测试项目及数据大小选择适当的档位、量程及表笔插孔。

2. 汽车检测仪

汽车检测仪是现代汽车自动空调系统故障诊断、检测和维修必不可少的设备。主流汽车制造商均提供自己车系专用的汽车检测仪，如大众汽车集团 VAS505X 系列汽车检测仪、宝马汽车集团 GT1（Group Tester 1）汽车检测仪、标致雪铁龙汽车集团的 PPS（Peugeot Planet System）汽车检测仪、美国通用汽车公司 Tech2、MDI（Multiple Diagnostic Interface）＋GDS（Global Diagnostic System）汽车检测仪等。

汽车检测仪一般都具有读取故障码、清除故障码、动态数据分析和执行元件测试等功能。此外，还具有对特定的车系/车型支持专业功能，如提供系统基本调整、自适应匹配（含防盗控制单元及钥匙匹配）、编码、单独通道数据、登录系统、传送汽车底盘号码等专业功能。

图 8-68　VAS5051
汽车检测仪总成

大众汽车集团专用汽车检测仪 VAS5051（图 8-68）是大众、奥迪车系的专用汽车检测仪，是一个集车辆诊断、检测、信息系统于一体的综合式检测仪，在大众、奥迪车系电路检测，特别是电控自动空调系统的故障诊断、检测和数据分析中发挥着不可替代的作用。

VAS5051 实际上是一个检测仪系列，按照其推出时间和功能上的差异，可以分为 VAS5051 汽车检测仪（图 8-69）、VAS5051B 汽车检测仪（图 8-70）、VAS5052 汽车检测仪（图 8-71）和 VAS5053 汽车检测仪（图 8-72）四种。可用于捷达、宝来、迈腾、速腾、高尔夫、奥迪、桑塔纳、高尔、帕萨特、波罗以及红旗等车型的自动空调系统的故障诊断与检测。

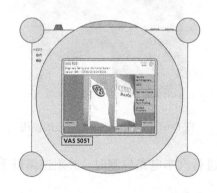

图 8-69　VAS5051 汽车检测仪

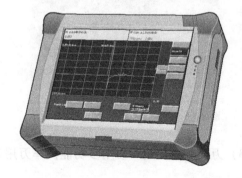

图 8-70　VAS5051B 汽车检测仪

作为大众早期检测仪 VAG1551 和 VAG1552 的更新换代产品，凡是 VAG1551 和 VAG1552 具有的功能，VAS505X 系列检测仪也都具备。

VAS505X 系列汽车检测仪通过 CAN 总线诊断接口与汽车进行通信（图 8-73），实现汽车自动空调故障的诊断、检测和维修指导。

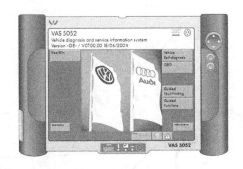

图 8-71　VAS5052 汽车检测仪

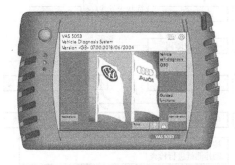

图 8-72　VAS5053 汽车检测仪

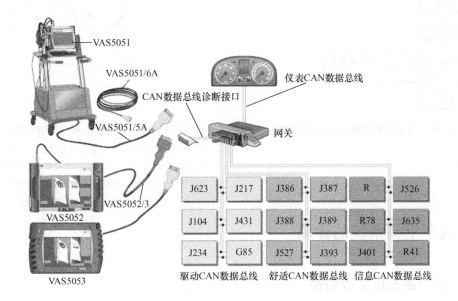

图 8-73　VAS505X 系列汽车检测仪通过 CAN 总线诊断接口与汽车进行通信

8.3.2　汽车空调系统的检测方法

1. 自动空调系统的检测

自动空调系统的故障检测可采用汽车检测仪，按照图 8-74 所示的检测流程进行。

2. 元器件的电气性能检测

如图 8-75 所示，具体元器件的电气性能检测可通过万用表等专业工具，按照该车的维修手册进行。

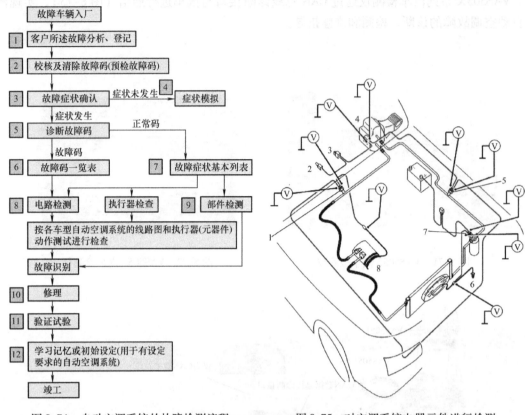

图 8-74　自动空调系统的故障检测流程

图 8-75　对空调系统电器元件进行检测

1—低压压力开关　2—空调开关（A/C 开关）

3—温度控制器　4—鼓风机电动机及其控制电路

5—高压压力开关　6—冷凝器风扇电动机及其控制电路

7—中压压力开关　8—电磁离合器线圈

8.4　汽车空调系统的诊断

8.4.1　制冷系统压力诊断法

1. 系统压力的影响因素

对汽车空调制冷系统的精确诊断，特别是对故障的判断，主要是通过维修人员分析歧管压力表上的读数来进行的。制冷系统维修人员所使用的歧管压力表和各类量具，如同医生的听诊器一样，都是不可或缺的诊断利器。

歧管压力表的具体读数与特定的问题相关联，多个问题可能导致同一个特定的读数。系统正常运行时，空气经过蒸发器表面带走热量，制冷剂变成气态，因此，低压侧压力读数与液态制冷剂温度有关；外界空气经过冷凝器，系统放出热量，制冷剂变为液态，因此，高压侧压力表读数与气态制冷剂温度有关。

歧管压力表读数偏离正常范围即表明系统存在故障。这种故障可能是由系统内部的控制元件或部件故障引起的。

必须注意的是，在新装配的系统上，装配不正确或元器件位置偏离都可能影响系统的工作性能。汽车发动机也可能影响制冷系统的工作性能，造成歧管压力表上的读数不正确。

2. 歧管压力表的预检

在使用中，需要经常检查歧管压力表，确保其高压表和低压表的指针停留在"零"位置。如果指针没有在"零"位，而是偏离在其他位置，可拆开表盘上盖，用一字槽螺钉旋具(俗称平口螺丝刀)轻轻转动校准螺钉（图8-76），直到指针指向"零"为止。

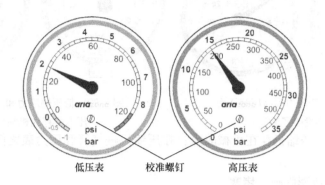

低压表　　　　校准螺钉　　　高压表

图8-76　歧管压力表的校准螺钉（采用英制单位的歧管压力表）

3. 标准压力

连接好歧管压力表，使发动机怠速运转，运行空调制冷系统约15min，待制冷系统进入正常工作状态、出风口持续稳定地吹出冷风后，观察表压。

如图8-12和图8-76所示，歧管压力表一般具有多种不同的压力单位，需要熟记以下换算关系，才能做到得心应手、运用自如：

1bar(巴)=1atm(标准大气压)=1kgf/cm^2(千克力/平方厘米)=100kPa(千帕)=0.1MPa(兆帕)

另外，欧美国家习惯上使用英制单位psi。psi的英文全称为pounds per square inch，即"pounds/inch^2，磅每平方英寸"，psi与bar的换算关系为1bar≈14.5psi。

如图8-77所示，制冷系统正常工作时，其标准压力：低压侧压力为1.5～2.5bar，高压侧压力为15～20bar。

注意：本节所述的测量数据是以定排量压缩机为基准的。对于采用变排量压缩机的空调制冷系统，在测试系统压力时，应将温度设在最冷位置（Cool MAX），鼓风机转速设在最高档，以便使压缩机全负荷工作。

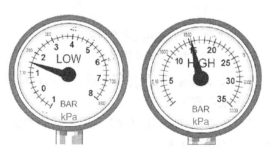

图8-77　低压侧压力和高压侧压力（正常压力）

4. 制冷剂泄漏

（1）故障现象　如图8-78所示，低压侧压力和高压侧压力均较正常值低，且能感觉到出风口温度不够低，出风（冷风）不够冷。

（2）故障原因　制冷剂存量不足、制冷剂流量不够或制冷剂发生了泄漏。

5. 压缩机故障

（1）故障现象　如图8-79所示，低压侧压力较正常值高，高压侧压力较正常值低；压缩机有噪声；感觉出风口温度高；触摸高压侧管路时，感觉管路不热。

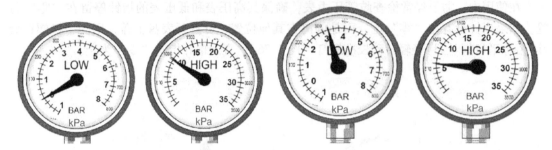

图8-78　低压侧压力和高压侧压力　　　　　图8-79　低压侧压力和高压侧压力
（制冷剂发生了泄漏）　　　　　　　　　　（压缩机存在机械故障）

（2）故障原因　压缩机存在机械故障；在压缩机进气管和压力表之间有堵塞，或储液干燥器出现堵塞。

6. 节流孔管（或膨胀阀）堵塞

（1）故障现象　如图8-80所示，低压侧压力较正常值低，甚至趋于真空，高压侧压力较正常值低；出风口温度不够低，仅略有凉意，但低压侧管路可能已经结霜。

（2）故障原因　节流孔管（或膨胀阀）被杂物堵塞。

7. 高压端堵塞

（1）故障现象　如图8-81所示，低压侧压力和高压侧压力均较正常值低；出风口温度不够低，仅略有凉意；高压端在堵塞点以后有大量的水珠或结霜。

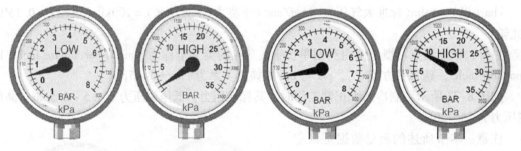

图8-80　低压侧压力和高压侧压力　　　　　图8-81　低压侧压力和高
（节流孔管被杂物堵塞）　　　　　　　　　压侧压力（高压端堵塞）

（2）故障原因　高压侧部件或管路出现堵塞。

8. 系统内有空气

（1）故障现象　如图8-82所示，低压侧压力和高压侧压力均较正常值高；出风口温度不够低，仅略有凉意。

（2）故障原因　在系统部件更换或维修后没有充分抽真空，使系统内有残存的空气；部件密封不良，导致空气进入制冷系统。

9. 系统内水分过多

（1）故障现象　如图8-83所示，低压侧压力较正常值低，甚至趋于真空，高压侧压力正常；出风口温度不稳定，有时较凉，有时则仅略有凉意，但低压侧管路可能已经结霜。

（2）故障原因　系统内水分过多，有可能使节流孔管或膨胀阀内部结冰。

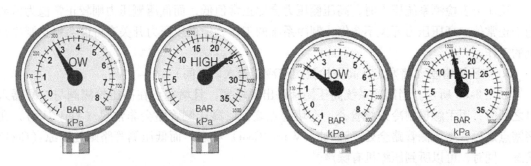

图 8-82　低压侧压力和
高压侧压力（系统内有空气）

图 8-83　低压侧压力和
高压侧压力（系统内水分过多）

8.4.2　制冷系统触摸诊断法

触摸诊断法亦称感觉诊断法，是指用手去触摸制冷系统管路，感觉其温度的高低，据此判断制冷系统的工作是否正常。

触摸法是一种非常实用、有效的制冷系统诊断方法，特别是对于制冷系统堵塞的诊断，具有简单、方便、快速、直观的效果。利用触摸法与压力表检测相结合，可以非常方便、准确地判断出制冷系统的堵塞点。

1. 系统工作正常

如图 8-84 所示，制冷系统工作正常时，用手触摸制冷系统管路，其高压侧应该是热（Hot）的，低压侧应该是冷（Cold）的。

用压力表检测系统压力时，高压侧和低压侧的压力都应该是正常的。

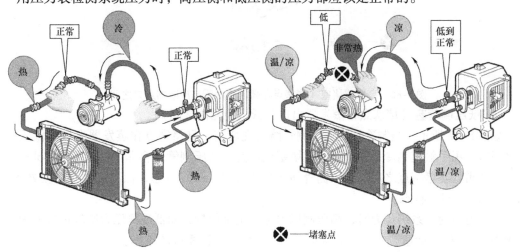

❈——堵塞点

图 8-84　制冷系统工作正常（见彩图）

图 8-85　高压侧堵塞（堵塞点
在压缩机出口与高压检测阀之间）

2. 高压侧堵塞（堵塞点在压缩机出口与高压检测阀之间）

如图 8-85 所示，当制冷系统高压侧管路出现堵塞，且堵塞点在压缩机出口与高压检测阀之间时，用手触摸制冷系统管路，在堵塞点之前（按照制冷剂的流动方向来说，下同），

高压侧管路会非常热（Very Hot），在堵塞点之后，高压侧管路会处于温/凉（Warm/Cool）状态；而低压侧管路则处于凉（Cool）状态。同时，可以听到压缩机有噪声。

用压力表检测系统压力时，高压侧压力会比正常值低，而低压侧压力则较正常值为低或趋于正常值。高压压力开关不会停止制冷系统的工作，但低压压力开关有可能会停止制冷系统的工作。

3. 高压侧堵塞（堵塞点在高压检测阀与冷凝器入口之间）

如图8-86所示，当制冷系统高压侧管路出现堵塞，且堵塞点在高压检测阀与冷凝器入口之间时，用手触摸制冷系统管路，在堵塞点之前，高压侧管路会非常热（Very Hot），在堵塞点之后，高压侧管路会处于温/凉（Warm/Cool）状态；而低压侧管路则处于凉（Cool）状态。同时，可以听到压缩机有噪声。

用压力表检测系统压力时，高压侧压力会比正常值高，而低压侧压力则较正常值为低或趋于正常值。高压压力开关不会停止制冷系统的工作，但低压压力开关有可能会停止制冷系统的工作。

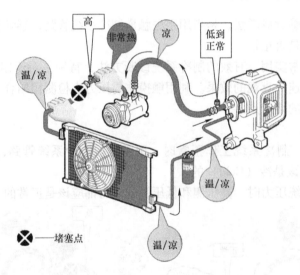

图8-86　高压侧堵塞（堵塞点在高压检测阀与冷凝器入口之间）

4. 低压侧堵塞（堵塞点在蒸发器出口与低压检测阀之间）

如图8-87所示，当制冷系统低压侧管路出现堵塞，且堵塞点在蒸发器出口与低压检测阀之间时，用手触摸制冷系统管路，在堵塞点之前，低压侧管路会非常冷（Very Cold），甚至已经结霜。在堵塞点之后，低压侧管路会处于凉（Cool）状态；而高压侧管路则处于温/凉（Warm/Cool）状态。

用压力表检测系统压力时，高压侧压力会比正常值低，而低压侧压力则较正常值为低或趋于零（真空）。堵塞严重时，低压压力开关会停止制冷系统的工作。

5. 低压侧堵塞（堵塞点在低压检测阀与压缩机入口之间）

如图8-88所示，当制冷系统低压侧管路出现堵塞，且堵塞点在低压检测阀与压缩机入口之间时，用手触摸制冷系统管路，在堵塞点前后，低压侧管路会处于凉（Cool）状态，而蒸发器出口到低压检测阀之间的低压软管会非常冷（Very Cold），甚至已经结霜。此时，高压侧管路则处于温/凉（Warm/Cool）状态。

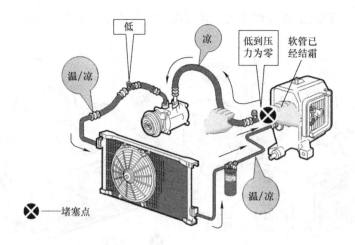

图 8-87　低压侧堵塞（堵塞点在蒸发器出口与低压检测阀之间）

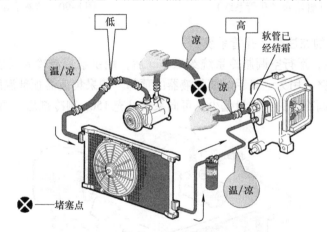

图 8-88　低压侧堵塞（堵塞点在低压检测阀与压缩机入口之间）

　　用压力表检测系统压力时，高压侧压力会比正常值低，而低压侧压力则较正常值为高。堵塞严重时，低压压力开关会停止制冷系统的工作。

6. 孔管堵塞（孔管系统）

　　如图 8-89 所示，对于孔管系统，当孔管发生堵塞时，用手触摸制冷系统管路，高压侧管路会处于温（Warm）状态，而低压侧管路会处于凉（Cool）状态。蒸发器出口到低压检测阀之间的低压软管会非常冷（Very Cold），甚至已经结霜。

　　用压力表检测系统压力时，高压侧压力会比正常值低，而低压侧压力则较正常值为低，甚至可能趋于零（真空）。堵塞严重时，低压压力开关会停止制冷系统的工作。

7. 储液干燥器堵塞

　　如图 8-90 所示，当储液干燥器发生堵塞时，用手触摸制冷系统管路，由压缩机出口到储液干燥器之间的高压侧管路会处于温（Warm）状态，而由储液干燥器到蒸发器入口之间的高压侧管路会处于温/凉（Warm/Cool）状态。低压侧管路会处于凉（Cool）状态。蒸发器出口到低压检测阀之间的低压软管会非常冷（Very Cold），甚至已经结霜。

　　用压力表检测系统压力时，高压侧压力会比正常值高，而低压侧压力则较正常值为低，甚至可能趋于零（真空）。堵塞严重时，低压压力开关会停止制冷系统的工作。

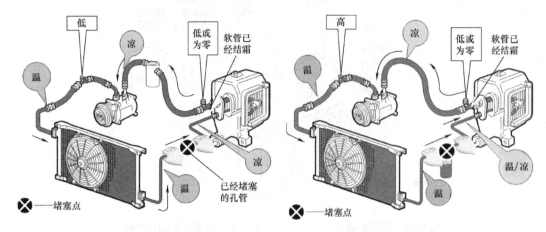

图 8-89　孔管堵塞（孔管系统）　　　　　　图 8-90　储液干燥器堵塞

8. 检查制冷剂的充注量（孔管系统）

如图 8-91 所示，运行空调制冷系统约 15min 后，用手触摸制冷系统管路。用一只手触摸孔管出口处的管路，用另一只手触摸集液器的顶部。如果集液器顶部温度高于孔管出口处的管路温度，说明制冷剂的充注量偏少，可向系统补充 150g 制冷剂后，再进行检查。

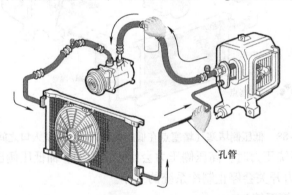

图 8-91　检查制冷剂的充注量（孔管系统）

9. 冷凝器管路堵塞

如图 8-92 所示，用手触摸冷凝器（管片式或管带式冷凝器）管路，感受其温度。一般而言，在冷凝器内部，高压气态制冷剂转变为高压液态制冷剂的地方（即气液转变点），应该位于冷凝器管路前部约 1/3 的位置（理论位置，亦即正常位置）。一边改变双手的触摸位置，一边感受冷凝器管路的温度。随着触摸点的变化（移动），会觉察到冷凝器管路温度的细微变化（取决于环境温度）。

沿着冷凝器管路，耐心地用手指感受冷凝器管路的温度变化（冷凝器管路温度很高，要小心谨慎，以免皮肤被烫伤），就一定会觉察到在什么位置发生了制冷剂的气液转变。制冷剂的气液转变点是非常微妙、难以捉摸的，需要有足够的耐心和敏锐的感觉才能发现。如果发觉制冷剂的气液转变点不是出现在冷凝器管路前部约 1/3 的位置，而是出现在其他位置，则说明，在当前检测到的气液转变点处，可能发生了管路堵塞。

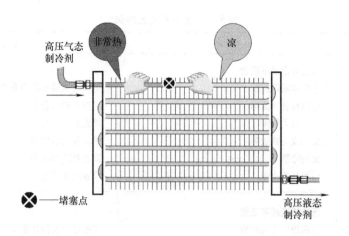

图8-92 冷凝器管路堵塞（管片式或管带式冷凝器）（见彩图）

如图8-93所示，对于平流式冷凝器，由于制冷剂的走向是横向平流的，同时流过多根冷凝器管路，因此，即便是冷凝器管路发生了局部堵塞，但在环境温度较低时，冷凝器仍然可能维持正常工作。但当环境温度升高，制冷系统的热负荷增大、对制冷剂流量的需求增大时，某一根冷凝器管路发生的局部堵塞，仍会使制冷系统的工作性能劣化或冷凝器内部压力过高。

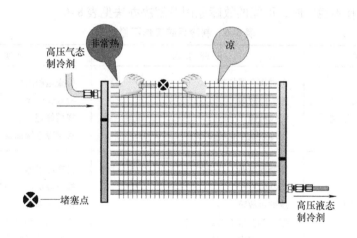

图8-93 冷凝器管路堵塞（平流式冷凝器）

8.5 汽车空调系统的维修

8.5.1 汽车空调系统常见故障的维修

1. 制冷系统无冷风

制冷系统无冷风吹出时，可能的故障原因及解决办法见表8-5。

表8-5　制冷系统无冷风

故障现象	可能原因	解决办法
无冷风吹出	**电磁离合器不吸合** 电路熔断器烧断 电磁离合器故障 空调开关故障 配线或搭铁故障 无制冷剂 压力开关故障	更换熔断器并检查是否存在短路 检查电磁离合器 检查空调开关 按需要进行修理 检查制冷剂压力 检查压力开关
	压缩机运转不正常 传动带松弛或断裂 压缩机故障	调整或更换传动带 视情修理
	鼓风机不工作 鼓风机操纵机构故障 鼓风机电动机故障 配线故障	检查鼓风机控制模块 检查鼓风机电动机 视情修理

2. 制冷系统工作不稳定

制冷系统工作不稳定时，可能的故障原因及解决办法见表8-6。

表8-6　制冷系统工作不稳定

故障现象	可能原因	解决办法
断续有冷风 （冷风时有时无，不连续）	电磁离合器打滑 膨胀阀故障 配线故障 制冷系统中含较多水分	检查电磁离合器 检查膨胀阀 视情修理 对制冷系统抽真空并充入制冷剂
仅在高速时有冷风	冷凝器堵塞 传动带打滑 压缩机故障 制冷剂存量不够或太多 制冷系统内有空气	检查冷凝器 检查或更换传动带 检查压缩机 检查制冷剂存量并视情调整 对系统抽真空并充入制冷剂
冷风风量不够	蒸发器堵塞或结霜 冷却装置或空气管路渗漏空气 空气进口堵塞 鼓风机电动机故障	清洁、清理蒸发器 视情修理 视情修理 视情修理

3. 制冷能力弱

制冷能力弱，冷风不足时，可能的故障原因及解决办法见表8-7。

表 8-7　制冷能力弱

故障现象	可能原因	解决办法
冷风不足	冷凝器堵塞 传动带打滑 压缩机故障 电磁离合器故障 膨胀阀故障 制冷剂存量不够或太多 系统内有空气或压缩机润滑油过多 空调控制机构故障	检查冷凝器 检查或更换传动带 检查压缩机 检查电磁离合器 检查膨胀阀 检查制冷剂存量 对系统抽真空并充入制冷剂 检查蒸发器传感器及空调控制器

4. 发动机舱内有噪声

发动机舱内有噪声时，可能的故障原因及解决办法见表 8-8。

表 8-8　发动机舱内有噪声

故障现象	可能原因	解决办法
发动机舱内有噪声	**电磁离合器断开时** 电磁离合器轴承不良 惰轮轴承不良 传动带过松或过紧 螺栓类紧固件松动	修理或更换
	电磁离合器吸合时 压缩机活塞破损、阀片折断 垫圈损坏 带轮窜动引发振动 螺栓类紧固件松动	修理或更换

5. 采暖系统工作不稳定

采暖系统工作不稳定时，可能的故障原因及解决办法见表 8-9。

表 8-9　采暖系统工作不稳定

故障现象	可能原因	解决办法
无暖风	暖风加热器冷却液流失 鼓风机不转 暖风加热器堵塞	检查并补充冷却液 检查并修理鼓风机及其电路 疏通暖风加热器
暖风时有时无	热水阀工作不良 温度风门工作不良 鼓风机工作不良 冷却液循环不畅	视情修理
供暖量不足	暖风加热器堵塞 暖风风道堵塞	视情修理

8.5.2　汽车空调系统零部件的维修

1. 零部件的维修与更换

由于压缩机、膨胀阀等部件加工和装配精度都比较高，相应地，对维修技术要求也比较高。不但维修成本高，而且修复件的可靠性也比较差。因此，从技术经济学的角度考虑，目前，对经过诊断，确系出现故障的压缩机、膨胀阀等部件，一般都是直接更换新件，而不做维修处理。

此外，对于储液干燥器（焊装的一体式结构）、节流孔管（易碎的塑料件）等不可修复件，也是直接更换新件，而不做维修处理。

从目前的实际情况来看，能够进行维修的汽车空调系统零部件，多为冷凝器、蒸发器、暖风加热器、发动机散热器以及管路等铝制件，维修方法多为对破损、泄漏之处进行焊补。

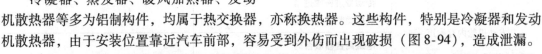

图 8-94　冷凝器被石子击伤
而出现破损（图中绿圈处）（见彩图）

2. 热交换器的焊补

冷凝器、蒸发器、暖风加热器、发动机散热器等多为铝制构件，均属于热交换器，亦称换热器。这些构件，特别是冷凝器和发动机散热器，由于安装位置靠近汽车前部，容易受到外伤而出现破损（图 8-94），造成泄漏。

可采用氩弧焊对出现破损的热交换器进行焊补（图 8-95 和图 8-96），焊补完毕之后，还要按照要求进行压力检测，以确保修复质量。关于铝制构件氩弧焊的焊接方法和注意事项，请读者参阅本书参考文献 [8]，为节省篇幅，在此不再赘述。

图 8-95　冷凝器的焊补

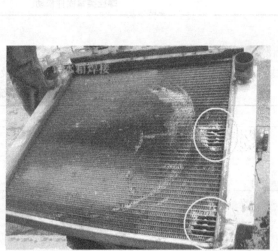

图 8-96　发动机散热器的焊补

8.6　汽车空调系统的竣工检验

汽车空调系统维修完毕之后，必须进行竣工检验，确保维修之后汽车空调系统的各项运行参数达到了技术要求。检验合格之后，汽车空调系统的维修工作方可告竣。

8.6.1　竣工检验设备

汽车空调制冷系统的性能是汽车空调的重要技术指标，其运行参数（高、低压侧压力及空调出风口温度、相对湿度等）一般都是随环境参数的变化而变化的。

汽车空调诊断仪可以对上述动态技术参数进行准确的检测，是汽车空调制冷系统竣工检验中不可或缺的专用设备。下面以美国罗宾耐尔（ROBINAIR）公司的 RA007 PLUS 型汽车空调诊断仪（图8-97）为例，介绍其结构组成和使用方法。

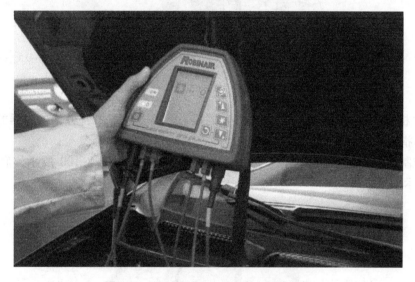

图 8-97　RA007 PLUS 型汽车空调诊断仪

1. 汽车空调诊断仪的功能

汽车空调诊断仪既可以检测空调制冷系统的零部件性能，又可以检验空调制冷系统的综合性能，并据此给出综合诊断报告，用于汽车空调制冷系统的竣工检验。

汽车空调诊断仪可以检测的技术参数一般包括：制冷系统的高/低压管路的工作压力、高/低压管路的温度、环境温度和相对湿度、空调出风口的温度和相对湿度以及线性压力传感器、压缩机工作电压等。

2. 汽车空调诊断仪的结构组成

RA007 PLUS 型汽车空调诊断仪是专门针对采用 R134a 制冷剂的汽车空调系统设计开发的，主要由主机、低压传感器及连接线、高压传感器及连接线、温度和相对湿度传感器、温度传感器及连接线（四个）组成。此外，还有系统软件安装光盘、数据线、电源线、充电器等附件。

RA007 PLUS 型汽车空调诊断仪的系统组成如图 8-98 所示。

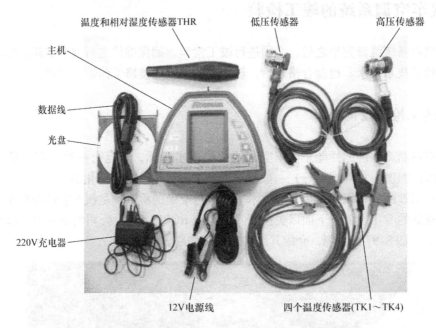

图 8-98　RA007 PLUS 型汽车空调诊断仪的系统组成

（1）主机　主机是整个汽车空调诊断仪的核心，负责处理来自各个传感器的信息及执行各种操作指令，完成空调系统的诊断和检测。

主机控制面板的结构布局如图 8-99 所示，顶部接口如图 8-100 所示，底部接口如图 8-101所示。

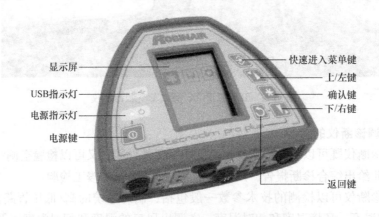

图 8-99　主机控制面板的结构布局

（2）传感器及连接线　RA007 PLUS 型汽车空调诊断仪的传感器与主机的连接关系如图 8-102所示。实际接线时，应确保各个传感连接线夹子的颜色与主机接口的颜色相对应，不得接错。

温度和相对湿度传感器 THR（图 8-103）与主机之间采用无线连接方式。

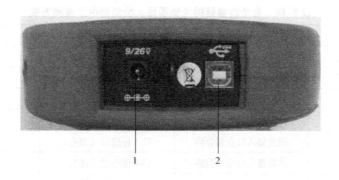

图 8-100 主机顶部接口

1—电源接口（9/26 V，初次使用应充电约 5h） 2—USB 数据线接口

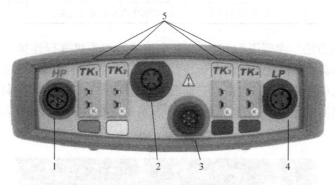

图 8-101 主机底部接口

1—高压传感器（可承受的最高压力为 40bar）输入接口 2—线性压力传感器接口（选装）

3—空调压缩机工作电压接口（选装） 4—低压传感器（可承受的最高压力为 10bar）输入接口

5—热电偶温度传感器接口（TK1 ~ TK4）

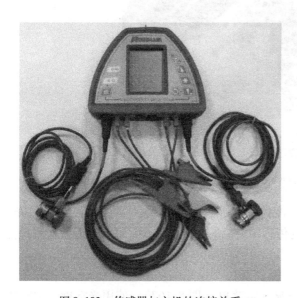

图 8-102 传感器与主机的连接关系 图 8-103 温度和相对湿度传感器 THR

各个传感器的检测项目、检测部位及检测方式见表 8-10。

表8-10　各个传感器的检测项目、检测部位及检测方式

检测项目	检测部位	检测元件	检测方式
低压侧制冷剂压力	低压维修阀	低压传感器（蓝色）	有线
高压侧制冷剂压力	高压维修阀	高压传感器（红色）	有线
冷凝器入口温度	冷凝器入口金属管路	TK1 传感器（红色）	有线
冷凝器出口温度	冷凝器出口金属管路	TK2 传感器（黄色）	有线
蒸发器入口温度	蒸发器入口金属管路	TK3 传感器（黑色）	有线
蒸发器出口温度	蒸发器出口金属管路	TK4 传感器（蓝色）	有线
环境温度和相对湿度	距车辆2m处	THR 传感器	无线
空调出风口温度和相对湿度	空调面板中央出风口处	THR 传感器	无线
制冷剂压力信号	制冷剂压力传感器的信号线	HP1000 电缆（选装）	有线
压缩机工作电压	压缩机控制线	CRCO PSA 电缆（选装）	有线

（3）系统连接方法　参照图8-102，将各个传感器与主机进行连接。然后，如图8-104所示，将高压传感器接到制冷系统的高压维修阀上，将温度传感器 TK1 和 TK2 的夹子分别夹持在冷凝器的入口管路和出口管路上；如图 8-105 所示，将低压传感器接到制冷系统的低压维修阀上，将温度传感器 TK3 和 TK4 的夹子分别夹持在蒸发器的入口管路和出口管路上。

将高压传感器(红色)接在制冷系统的高压维修阀上

将TK2传感器夹子(黄色)夹持在冷凝器出口金属管路上(确保接触可靠)　将TK1传感器夹子(红色)夹持在冷凝器入口金属管路上(确保接触可靠)

图 8-104　将高压传感器及温度传感器（TK1 和 TK2）连接到制冷系统管路上（见彩图）

连接温度传感器时须特别注意，四个温度传感器（TK1 ~ TK4）的热电偶（图 8-106）应与制冷系统的金属管壁充分接触，且温度传感器夹子的夹持位置要尽可能靠近被检测部件（冷凝器或蒸发器），以提高检测精度。

3. 汽车空调诊断仪的使用

（1）开机　按住电源键，开机，显示屏显示主菜单（图 8-107）。使用光标键，选择相应的菜单（如系统设置菜单）。按确认键，进入相应菜单。

将低压传感器(蓝色)接在制冷系统的低压维修阀上

将TK4传感器夹子(蓝色)夹持在蒸
发器出口金属管路上(确保接触可靠)　　将TK3传感器夹子(黑色)夹持在蒸
发器入口金属管路上(确保接触可靠)

图 8-105　将低压传感器及温度传感器（TK3 和 TK4）连接到制冷系统管路上（见彩图）

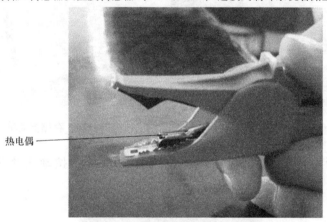

热电偶

图 8-106　温度传感器的热电偶

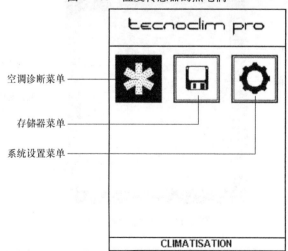

空调诊断菜单

存储器菜单

系统设置菜单

图 8-107　主菜单

（2）系统设置菜单

第一次使用 RA007 PLUS 型汽车空调诊断仪时，需要在系统设置菜单内对语言进行设置。使用光标键，选择系统设置菜单，按确认键进入系统设置菜单。然后选择"Language（语言）"菜单，再在下拉菜单中选中自己熟悉的语言（如英语），如图 8-108 所示。

（3）存储器菜单　使用光标键，选择存储器菜单，按确认键进入存储器菜单（图 8-109）。只有前期储存了相关的诊断结果和数据，存储器菜单内才会有结果显示（图 8-110）。

图 8-108　设置语言

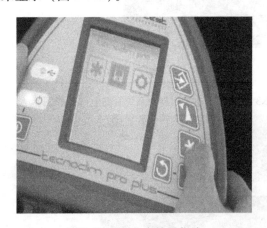

图 8-109　进入存储器菜单

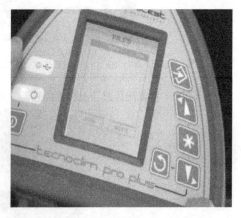

图 8-110　存储器菜单显示的内容

（4）空调诊断菜单　使用光标键，选择空调诊断菜单，按确认键进入空调诊断菜单（图 8-111）。

效率菜单

控制菜单

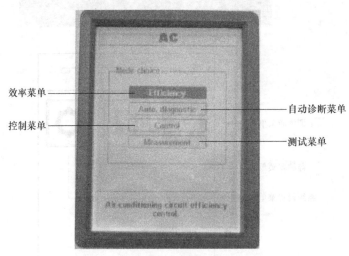

自动诊断菜单

测试菜单

图 8-111　空调诊断菜单

空调诊断菜单下有测量、控制、自动诊断三种工作模式，如图 8-112 所示。

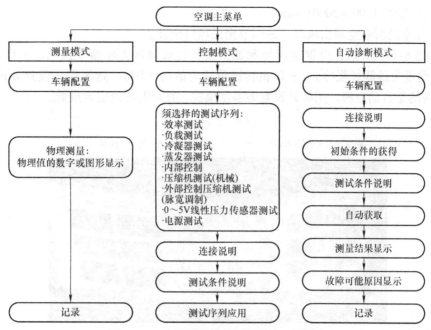

图 8-112　空调诊断菜单下的三种工作模式

可以根据实际需要，使用光标键，选择测试菜单，按确认键进入测试菜单（测量模式），即可对汽车空调制冷系统的运行参数进行检测。

8.6.2　竣工检验流程

1. 车辆准备

1）将车辆停放在阴凉处。

2）打开所有车窗、车门。

3）打开发动机舱盖。

4）将高、低压压力传感器连接到制冷系统管路的高、低压维修阀上。

5）将四个温度传感器连接到蒸发器的出入口和冷凝器的出入口上。

6）将变速杆置于 N 位（空档）或 P 位（驻车档），起动发动机，如图 8-113 所示，将

图 8-113　将发动机转速控制在 1500 ~ 2000r/min 之间

发动机转速控制在 1500 ~ 2000r/min。

7）打开车内所有空调出风口，并调节至出风口全开。

8）如图 8-114 所示，设置空调控制器：循环模式设置为外循环换风、A/C 开关置于 ON、温度设置为最低（强冷）、鼓风机转速设置为最高（HI）、送风模式设置为正面送风。若汽车装备的是自动空调，则将其设置为手动模式，并将温度设定为最低。

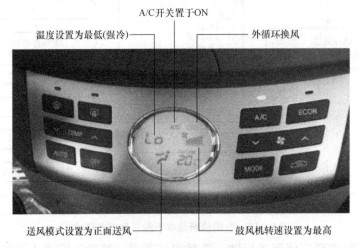

图 8-114　设置空调控制器

2. 制冷系统运行参数检测

1）按住空调诊断仪电源键，开机，显示屏显示主菜单。

2）进入空调诊断菜单，视情选择空调配置情况（图 8-115），按确认键。

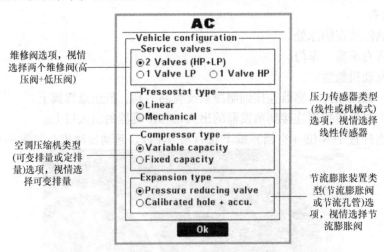

图 8-115　视情选择空调配置情况

3）如图 8-116 所示，进入效率测试菜单，将 THR 传感器放在距离车辆 2m、离地高度为 1m 处，按确认键。测量环境温度和相对湿度，并做好记录。

4）将 THR 传感器探头放置在空调出风口内 50mm 处，测量空调面板出风口的温度和相对湿度。

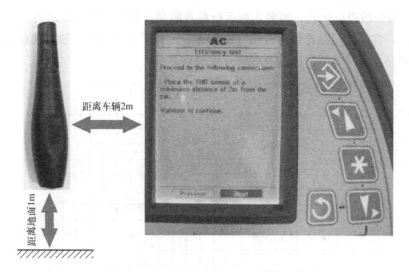

图 8-116　测量环境温度和相对湿度

5）记录制冷系统实测运行参数。当制冷系统运行参数数值趋于稳定后（图 8-117），即可将各项数据填写到汽车空调制冷系统运行参数（实测）记录表（表 8-11）中。

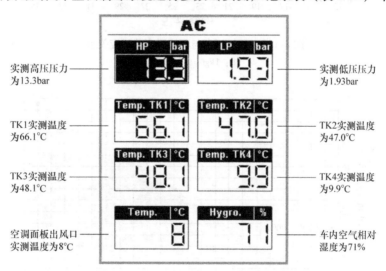

图 8-117　制冷系统实测运行参数

注：$1bar = 10^5 Pa$

表 8-11　汽车空调制冷系统运行参数（实测）记录表

项目名称	实测数据	项目名称	实测数据
高压侧压力（HP，红色）/10^5 Pa	13.3	低压侧压力（LP，蓝色）/10^5 Pa	1.93
冷凝器入口温度 TK1（红色）/℃	66.1	冷凝器出口温度 TK2（黄色）/℃	47.0
蒸发器入口温度 TK3（黑色）/℃	48.1	蒸发器出口温度 TK4（蓝色）/℃	9.9
空调面板出风口温度 THR/℃	8.0	车内空气相对湿度 THR（%）	71

6）检验判据及结论。将实测数据与汽车制造商提供的汽车空调性能图（图 8-118 和

图 8-119）上的参数进行比较，如果实测运行参数的交点落在阴影区域之内，说明空调制冷系统性能良好，性能检验结论即为合格，维修告竣；如果实测运行参数的交点落在阴影区域之外，则说明空调制冷系统性能为不合格，需要返修。

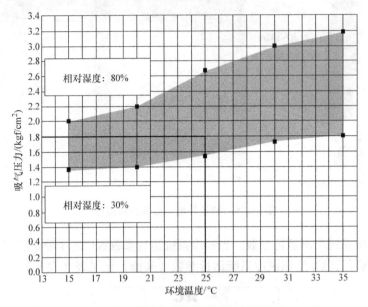

图 8-118　吸气压力与环境温度的对应关系

注：1kgf = 9.80665N

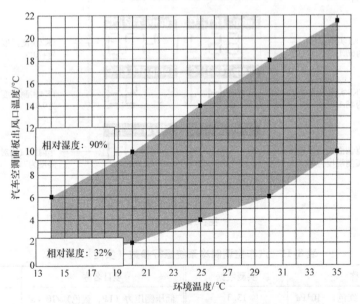

图 8-119　空调面板出风口温度与环境温度的对应关系

　　竣工检验完毕之后，还要认真填写汽车空调制冷系统维修竣工检验单（表 8-12），检验员签字并加盖检验机构公章。

表8-12 汽车空调制冷系统维修竣工检验单

车辆品牌：	车辆识别代号（VIN码）：
车辆号牌：	累计行驶里程/km：
车主姓名：	送修时间： 年 月 日
客户抱怨（主诉）：	
主要维修措施：	
承修人员：	
送检时间：	年 月 日

维修竣工检验项目

项目名称	实测数据	项目名称	实测数据
高压侧压力（HP，红色）/10^5Pa		低压侧压力（LP，蓝色）/10^5Pa	
冷凝器入口温度 TK1（红色）/℃		冷凝器出口温度 TK2（黄色）/℃	
蒸发器入口温度 TK3（黑色）/℃		蒸发器出口温度 TK4（蓝色）/℃	
空调面板出风口温度 THR/℃		车内空气相对湿度 THR（%）	

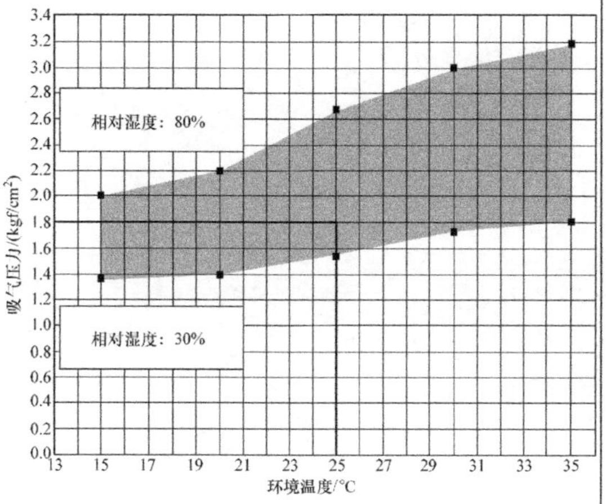

吸气压力与环境温度的对应关系

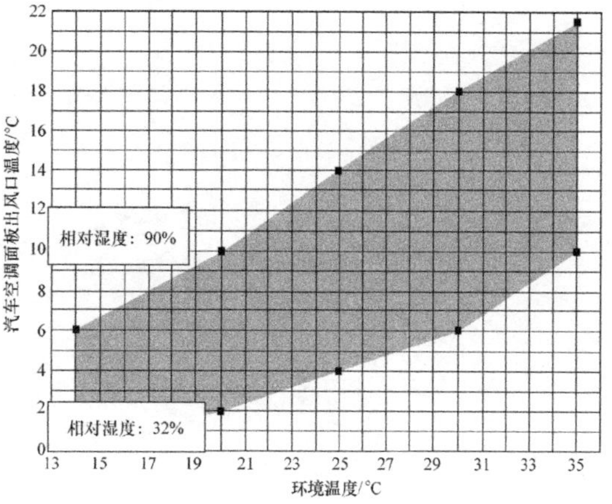

空调面板出风口温度与环境温度的对应关系

检验结论	合格 □ 不合格 □	
	检验员（签字）：	年 月 日
	检验机构（章）：	年 月 日

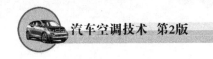

思考与实训

1. 选择题

1）在维修、操作空调制冷系统时，应该戴_____、戴_____。

A. 太阳镜　　　　　B. 防护眼镜　　　　　C. 毛线手套　　　　　D. 橡胶手套

2）对于系统内残存的制冷剂，合理的做法是_____。

A. 直接排放到大气中　　　　　　　B. 利用专门设备进行回收再利用

C. 对着同学（工友）喷射，开个玩笑　　D. 对着自己喷射，看看到底有多么凉

2. 问答题

1）常用的检漏设备和检漏方法有哪些？

2）为什么我国以立法形式要求对制冷剂进行循环利用？

3）常用的制冷系统故障诊断方法有哪些？

3. 实操题

1）结合教学车辆（或实训台架），对汽车空调系统进行清洗。

2）结合教学车辆（或实训台架），熟悉并掌握空调制冷系统的基本操作。

3）结合教学车辆（或实训台架），通过触摸法，感受和体会制冷系统各部分管路（零部件）的温度，并据此判断制冷系统的工作是否正常。

▶附 录

汽车空调系统检测诊断实训指导书

1. 实训目的

通过进行汽车空调系统检测诊断实训，进一步深化对汽车空调技术的理解和认识，熟悉汽车空调技术在汽车上的具体应用以及不同车型、不同车系的汽车空调技术特点，深刻认识和体会汽车空调系统的故障规律和故障特点，构建和积累初步的汽车空调系统检测诊断经验，切实培养和提高车汽车空调系统故障检测诊断的实际工作能力。

2. 实训项目

1）对汽车空调制冷剂的类型和纯度进行检测分析。

2）汽车空调制冷系统正常工作压力的检测。

3）汽车空调制冷系统制冷剂泄漏的检测诊断（查找具体的泄漏点）。

4）对汽车空调制冷系统实施抽真空作业。

5）对汽车空调制冷系统实施充注制冷剂作业。

6）对汽车空调制冷系统实施制冷剂回收再利用作业。

7）汽车空调系统冷凝器风扇不转的检测诊断。

8）汽车空调系统蒸发器鼓风机不转的检测诊断。

9）汽车空调系统暖风不热、出风量少的检测诊断。

10）全自动汽车空调系统风门不能正常工作的检测诊断。

11）全自动汽车空调制冷系统压缩机不能正常工作的检测诊断。

12）对在实训过程中修复完毕的汽车空调系统进行竣工检验。

注：以上故障，可由指导教师事先在教学用车（或实训台架）的汽车空调系统上进行设置。

3. 实训时间

鉴于汽车空调系统检测诊断实训内容丰富、项目繁多，对学生的实际动手能力的培养和锻炼意义重大，因此，汽车空调系统检测诊断实训应在课程结束后集中进行，实训时间为一周。

4. 实训器材

1）实训教学用车六辆（或实训台架六套）。

2）VAS5051 汽车检测仪（或通用检测仪）及万用表六套。

3）汽车空调系统检测诊断工具、设备（歧管压力表、真空泵、检漏仪、制冷剂纯度分析仪、汽车空调诊断仪等）六套。

4）其他技术资料及耗材（R134a 制冷剂、冷冻机油）、辅助工具若干。

5. 实训要求

1）熟悉汽车空调系统的工作原理、结构组成及其零部件在汽车上的布置情况，能够确认故障现象。

2）能够正确、熟练地查找、使用维修资料（可以是电子版本的，也可以是纸质的），正确、熟练地使用检测诊断仪器设备及工具。

3）能够按照正确的步骤和方法完成汽车空调系统故障诊断与维修工作。

4）应能在规定的时间内独立完成（具体时间由指导教师视作业项目的难易程度酌定）。

5）在检测诊断与维修过程中应注意职场健康和人身安全，爱护教学车辆及检测设备，杜绝人为损坏。

6）在实训作业单内填写简要的操作过程和检测诊断思路及体会。

6. 成绩评定

每个实训项目按满分 100 分计，学生的实训成绩由指导教师视其具体表现（对汽车空调系统的熟悉程度、对仪器设备的使用是否熟练、正确，能否正确、熟练地查找、使用维修资料等）和完成情况酌情评定。

汽车空调系统检测诊断实训作业单（范例）

实训日期：_____年____月____日

实训项目	汽车空调制冷系统正常工作压力的检测		
学生姓名		学号	
实训成绩		指导教师签字	

参 考 文 献

[1] 凌永成. 汽车空调技术 [M]. 北京：机械工业出版社，2014.

[2] 凌永成. 汽车电气设备 [M].4 版. 北京：北京大学出版社，2019.

[3] 凌永成. 汽车电子控制技术 [M].4 版. 北京：北京大学出版社，2019.

[4] 凌永成. 汽车运行材料 [M].3 版. 北京：北京大学出版社，2019.

[5] 凌永成. 汽车网络技术 [M].2 版. 北京：清华大学出版社，2019.

[6] 凌永成. 汽车工程概论 [M].2 版. 北京：清华大学出版社，2018.

[7] 凌永成. 汽车检测诊断技术 [M].2 版. 北京：清华大学出版社，2016.

[8] 凌永成. 汽车维修技术与设备 [M].2 版. 北京：北京大学出版社，2015.

[9] 凌永成. 车载网络技术 [M]. 北京：机械工业出版社，2013.

[10] 陈孟湘. 汽车空调——原理、结构、安装、维修 [M]. 上海：上海交通大学出版社，2001.

[11] 王若平. 汽车空调 [M]. 北京：机械工业出版社，2007.

[12] 郝军. 汽车空调 [M]. 北京：机械工业出版社，2006.

[13] 阙雄才. 汽车空调实用技术 [M]. 北京：机械工业出版社，2004.

[14] 张俊. 汽车车身电控技术 [M]. 北京：中国人民大学出版社，2009.

[15] 王长生. 汽车空调的使用与维修 [M]. 北京：人民邮电出版社，2004.